Bernd W. Klöckner | Werner Dütting

Rechentraining für Finanzdienstleister – Band 1

Achtung

In diesem Buch geht es ausschließlich um praxisorientierte, angewandte Finanzmathematik, um spannende Geldstrategien und verblüffende Rechenbeispiele für Ihre Beratungsgespräche. Kosten und Gebühren werden in einzelnen Fragen beispielhaft berücksichtigt und berechnet.

Individuelle steuerliche Aspekte können nicht pauschal berücksichtigt werden. Hier kann der Anwender bei entsprechender Übung Näherungslösungen für einzelne Fragestellungen errechnen. Eine individuelle Beurteilung der steuerlichen Auswirkungen der genannten Beispiele ist nicht Gegenstand dieses Buches und nur mit entsprechend komplexer Software nach Erfassung der steuerlichen Gesamtsituation des Kunden möglich. Im Zweifel sollte ohnehin ein Steuerberater die steuerlichen Auswirkungen eines Geldgeschäfts prüfen.

Die Inhalte dieses Buches wurden sorgfältig berechnet und geprüft. Autor, mitwirkende Autoren und Herausgeber übernehmen dennoch keine Gewähr und haften nicht für mögliche Verluste, die sich auf Grund der Umsetzung der in diesem Buch beschriebenen Gedanken und Ideen ergeben.

Alle Renditeannahmen dienen als Beispiel. Insbesondere beim Aktienfondssparen können wirtschaftliche Entwicklungen in schlechten Zeiten auch zu Kursverlusten führen.

Wichtiger Hinweis:
Die Termine von Zahlungen sowie Zins- und Tilgungsverrechnungen werden bei Berechnungen mit dem BWK Business® Taschenrechner gleichgesetzt. Im Laufe der letzten Jahre hat sich diese Gleichsetzung als üblich herausgestellt. Nur bei Sparplänen mit mehreren Raten pro Jahr (zum Beispiel monatlich oder vierteljährlich) und einmaliger Zinsabrechnung im Jahr kann es gegenüber den mit dem BWK Business® Taschenrechner ermittelten Ergebnissen zu unerheblichen Abweichungen kommen.

Bernd W. Klöckner | Werner Dütting

Rechentraining für Finanzdienstleister

Altersvorsorge – Sparpläne – Finanzierungen

6., erweiterte Auflage

Band 1

GABLER

Bibliografische Information Der Deutschen Bibliothek
Die Deutsche Bibliothek verzeichnet diese Publikation in der Deutschen Nationalbibliografie; detaillierte bibliografische Daten sind im Internet über <http://dnb.ddb.de> abrufbar.

1. Auflage 2001
Nachdruck 2002
2. Auflage 2002
Nachdruck 2003
3., aktualisierte Auflage 2004
4., erweiterte Auflage 2005
5., erweiterte Auflage 2007
6., erweiterte Auflage 2009

Lektorat: Guido Notthoff

Gabler ist ein Unternehmen von Springer Science + Business Media.
www.gabler.de

Umschlaggestaltung: Nina Faber de.sign, Wiesbaden
Foto: Manfred Riege, Nassau; Petra Sindelar, Koblenz
Satz: FROMM MediaDesign, Selters/Ts.
Druck und buchbinderische Verarbeitung: Krips b.v., Meppel
Gedruckt auf säurefreiem und chlorfrei gebleichtem Papier
Printed in Netherlands

ISBN 978-3-8349-1648-8

Inhalt

Vorwort zur sechsten Auflage

Liebe Leserinnen & Leser!

Liebe Freunde und Fans der Klöckner-Methode!

Und wieder einmal heißt es: Eine neue Auflage wird gedruckt. Damit geht die in der Trainings-Szene wohl einzigartige Erfolgsstory der Klöckner-Methode weiter. Was genau macht die Klöckner-Methode so einzigartig? Dieses mehrtägige Intervall-Training ist das einzige Training, in dem Teilnehmer/innen eine Antwort auf die Frage bekommen „Und was mache ich konkret, wenn ich morgen wieder Kunden berate?" Wichtig ist: Die Klöckner-Methode ist zudem das einzige Training mit dokumentierter Leistungsbilanz. Sie können diese Leistungsbilanz unter www.bwk-international.com abfragen. Dort lesen Sie, wie genau Teilnehmer/ innen ihren Erfolg nach dem gemeinsamen Training steigerten. Ziel der Klöckner-Methode ist die sprachliche, rechnerische und emotionale Kompetenz und Souveränität. In dieser 6. Auflage zu „Rechentraining für Finanzdienstleister" geht es um die rechnerische Kompetenz. Wenn Sie dieses Buch lesen und die genannten Übungen und Aufgaben trainieren – immer und immer wieder – werden Sie zweifelsohne zum Ansprechpartner Nr. 1 bei allen Geldfragen Ihrer Kunden. Das Kompetenz-Tool, mit dem Sie arbeiten, ist der finanzmathematische Taschenrechner BWK Business®. Es ist der einzige Finanztaschenrechner, mit dem Sie mühelos und in wenigen Sekunden alle grundsätzlichen Fragen zu den Themen Rente, Sparen, Konsumfähigkeit, x-beliebige Dynamik in Spar- und Entnahmeverträgen, Finanzierung, Tilgung und anderes mehr berechnen können.

In den Trainings sagen Ruth Watty, eine geniale Co-Trainerin der Klöckner-Methode (die Sie unbedingt einmal live erleben sollten), die übrigen Lizenztrainer und wir selbst: „Sie wissen nie, wann Sie diese finanzmathematische Kompetenz brauchen. Doch wenn Sie diese Kompetenz brauchen, sollten Sie es drauf haben". Das ist alles. Das ist die ganze Botschaft. – An dieser Stelle ein Danke erneut an Sie als Leser/in dieses Buches: Es sind Menschen wie Sie, die den großen Erfolg der Klöckner-Methode möglich machten und bis heute möglich machen. Es sind die bis heute mehreren zehntausend begeisterten Teilnehmer/innen der Klöckner-Methode. In nunmehr neun Ländern. Dafür sagen wir Danke. Und wir freuen uns bis heute über Ihre Weiterempfehlung an Freunde und Bekannte. Ihre Freunde und Bekannten werden es Ihnen danken, wenn Sie von diesem Buch in Kombination mit dem Finanztaschenrechner BWK Business® weitererzählen. Klicken Sie in jedem Fall auf www.FAF-Verlag.com. Dort finden Sie weitere Dienstleistungen zum Thema finanzmathematische Kompetenz.

Herzlichst, Ihre Autoren ...

Bernd W. Klöckner *Werner Dütting*

Vorwort zur fünften Auflage

von Bernd W. Klöckner®

Eine in der Finanzdienstleistunsbranche einzigartige Erfolgsstory geht weiter. Mit schnellerem Tempo als je zuvor. Mit mehr Erfolg als jemals zuvor. Zum Zeitpunkt des Erscheinens dieses Buches in nunmehr acht Ländern. Mit über 35.000 begeisterten, faszinierten Teilnehmern, die vielfach offensichtlich zu regelrechten Fans wurden. Erfolg, so sagt ein altes Sprichwort, hat viele Väter. Im Falle dieses Bestsellers „Rechentraining für Finanzdienstleister“ wurde der große Erfolg möglich, weil Sie, liebe Leserinnen und Leser, dieses Buch, den Inhalt, das dazu gehörende Bernd W. Klöckner® Verkaufs-, Kommunikations- und Rechentraining immer und immer wieder empfohlen haben. Und diejenigen unter Ihnen, die das, durch dieses Buch, vermittelte Know-how und das in den Trainings vermittelte Wissen trainieren und anwenden, berichten mir immer wieder von großartigen Erfolgen. Da gibt es den Bernd W. Klöckner® Kunden, der seinen Umsatz im Vergleich zum Vorjahr nach dem Buch und nach dem mehrtägigen Praxistraining verzehnfacht hat. Da gibt es eine Kundin, die mittlerweile mühelos Vorsorgesparpläne über mehrere tausend Euro, insbesondere bei Unternehmern, abschließt. Regelmäßig. Das und unzählige weitere Erfolgsberichte erreichen mich nun seit der Erstauflage dieses Bestsellers. Sie, liebe Leserinnen und Leser, haben diesen großartigen Erfolg für mich, für den Gabler Verlag und für meine Seminare und Trainings überhaupt erst möglich gemacht.

Ganz entscheidend zum Erfolg beigetragen hat ein enger Freund von mir, Werner Dütting. Er ist mit dieser 5. Auflage offizieller Co-Autor. Ohne seine unglaubliche Disziplin, ohne seine Leidenschaft für das Thema „angewandte Finanzmathematik“, ohne seine Konsequenz beim Umsetzen einmal gemeinsam ausgesprochener Ideen gäbe es diese 5. Auflage nicht. Ebenso gehört ein großer Dank Professor Heinrich Bockholt. Uns verbindet nun seit über einem Jahrzehnt ein herzliches, faires und zu jedem Zeitpunkt neidloses, unterstützendes Miteinander. Das sind Beziehungen, die ich liebe. Wort gegen Wort. Fair für alle Seiten. Ich komme zu Marcel Hotz und Mirco Neubert. Mirco Neubert stellte uns den Kontakt zu Marcel Hotz her. Herr Hotz ist der Chefkoordinator in Asien für den neuen Finanztaschenrechner BWK Business®. Und hat exzellente Arbeit geleistet. Last but not least: Edgar Holzke. Als Chefentwickler und Chefprogrammierer hat er in meinem Auftrag das „Baby" BWK Business® auf die Welt gebracht. Auftrag hin oder her. Edgar Holzke hat mit einer Leidenschaft gearbeitet und entwickelt, die beispiellos ist. Er ist der fachliche Entwicklungsvater des BWK Business®. Edgar: Das ist Dein Meisterstück. Vielen Dank für jede Minute, jeden Tag und die vielen Nächte.

Nun zu diesem Buch: Es ist mir und meinen Mitarbeitern, meinen Partnern etwas gelungen, was nahezu unmöglich schien. Gemeinsam insbesondere mit Dirk Runzheimer – dem großer Dank gebührt wurde ein eigenständiger Finanztaschenrechner entwickelt. Es ist die konsequente Weiterentwicklung der bisherigen „Hardware". Am Anfang stand meine Idee. Die Vision: Einen Finanztaschenrechner entwickeln, der entsprechend der Dokumentationspflichten dokumentieren kann. Mit dem Sie nahezu alle denkbaren Praxisfälle in wenigen Sekunden lösen können. Mit dem selbst Cash-Flow-Berechnungen einfach, mühelos und spielerisch möglich sind. Das Ergebnis ist der BWK Business®. Sie haben mit diesem Finanztaschenrechner ein offensichtlich einzigartiges wie exzellentes Tool zur Hand. Sofort in der Praxis einsetzbar. Mühelos. Sofort mit Erfolg umsetzbar. Ich verspreche Ihnen: Wenn Sie die in diesem Bestseller „Rechentraining für Finanzdienstleister" gebrachten Übungen und Aufgaben trainieren, wenn Sie zudem die Verkaufssprache, die Rhetorik gemeinsam mit anderen Teilnehmern in den Bernd W. Klöckner® Seminaren und Trainings trainieren – immer und immer wieder – werden Sie Ihren bisherigen Erfolg vervielfachen. Das ist mein Versprechen an Sie. Nahezu waffenscheinpflichtig ist die Kombination aus sprachlicher und fachlicher Souveränität. Das ist es, was Sie tun müssen. Trainieren Sie – mit diesem Besteller und in den Bernd W. Klöckner® Seminaren und Trainings die fachliche Souveränität. Trainieren Sie insbesondere in den mehrtägigen Seminaren und Trainings die sprachliche, rhetorische Souveränität. Sie haben Erfolg! Und viel wichtiger: Sie werden sehr, sehr zufriedene Kunden haben. Menschen, die Sie aus Überzeugung weiter empfehlen. Das ist alles. Ich empfehle Ihnen insbesondere das Anfang 2007 – passend zum Bernd W. Klöckner® Verkaufs-, Kommunikations- und Rechentraining – erscheinende Buch „Experte ist der Kunde – Systemisches Verkaufen und lösungsorientierte Beratung©“. Dieses Buch ist der Einstieg in das rund 1.000 Seiten starke Manual zu diesem Thema, das ebenfalls im Frühjahr 2007 erscheint. Nutzen Sie dazu in jedem Fall die Gedanken und Anregungen aus dem Bestseller „Verkaufstraining für Finanzdienstleister“. Die alles entscheidende Botschaft lautet: Gewinner verkaufen Information. Verlierer verkaufen Produkte. Für Sie gilt: Verkaufen Sie Information. Etablieren Sie sich als fachlich wie sprachlich kompetenter Ansprechpartner, die/der alle Geldfragen der eigenen Kunden mühelos, leicht und locker beantworten kann. Finanzberater statt Finanzrater®. Das ist die alles entscheidende Botschaft! Mit diesem Buch in der nunmehr 5. Auflage, basierend auf dem neuen Finanztaschenrechner BWK Business Business, haben Sie zweifelsohne alles, was Sie brauchen. Trainieren Sie! Immer und immer wieder! Wenden Sie es an! Immer und immer wieder! Sie haben Erfolg! Sie haben mehr Erfolg wie jemals zuvor.

Liebe Leserinnen! Lieber Leser! Ich freue mich über Empfehlungen! Ich freue mich, gemeinsam mit Ihnen nun einen nächsten Erfolgsschritt bei dieser einzigartigen Erfolgsstory zu machen. Als Finanzdienstleister/in haben Sie einen wundervollen Beruf. Ich will sogar sagen: Es ist der wundervollste Beruf dieser Zeit. Es ist ein wichtiger Beruf. Die Menschen brauchen Sie. Die Menschen brauchen Ihren kompetenten Rat. Jeder Tag zählt. Ich will Ihnen zum Ende meinen Lieblingsspruch nennen: Ihre Kunden haben ein Recht auf Abschluss. Mit diesem Bestseller in den Händen und dem Finanztaschenrechner haben Sie alles, was Sie brauchen, damit Ihre Kunden aus Überzeugung abschließen. Mit diesen beiden Tools werden Sie Ihre Kunden faszinieren, begeistern, überzeugen. Zusätzlich zu Ihrer bisherigen Vorgehensweise.

Ich wünsche Ihnen großartige Erfolge! Ich wünsche Ihnen persönlichen und finanziellen Erfolg!

Ihr
Bernd W. Klöckner

www.berndwkloeckner.com
mail@berndwkloeckner.com

Vorwort zur fünften Auflage

von Werner Dütting

Die Erfolgsstory geht weiter mit dem Bernd W. Klöckner® Verkaufs- und Rechentraining. National wie auch international. Auch der Bestseller „Rechentraining für Finanzdienstleister" geht nach nur 5 Jahren in die 5. Auflage. Diese 5. Auflage des Bernd W. Klöckner® Bestsellers „Rechentraining für Finanzdienstleister" ist quasi ein Meilenstein in der Finanzberatung. Setzt einen Meilenstein. Weil: Diese 5. Auflage ist komplett neu überarbeitet und basiert nun auf dem neu entwickelten, in der Finanzbranche einzigartigen, finanzmathematischen Taschenrechner BWK Business®. Der BWK Business® ist die konsequente Fortentwicklung des den Bernd W. Klöckner® Büchern bislang zugrunde liegendem finanzmathematischen Taschenrechners. Ziel war es, ein Instrument zu erschaffen, was Ihnen als Finanzverkäufer und Finanzberater Ihre tägliche Arbeit noch einmal spürbar erleichtert. Der BWK Business® ist ein konsequenter Schritt hin zu noch mehr Souveränität und spürbarer Kompetenz in jedem Kundengespräch. Fünf Jahre hat ein kleines Team von leidenschaftlichen Entwicklern, Programmierern und Praktikern an der perfekten Funktionsweise dieses neuen finanzmathematischen Taschenrechners gesessen. Wir hatten eine Vision. Nun ist es Realität. Das Ergebnis ist: Der BWK Business® schlägt alle herkömmlichen Modelle finanzmathematischer Taschenrechner. Ob die verschiedenen Zinseszinsberechnungen inklusive frei wählbarer Dynamik, ob die neuartigen Steuermöglichkeiten im Rahmen von Cash-Flow-Berechnungen. Der BWK Business® setzt Maßstäbe.

Mit diesem Bestseller und dem finanzmathematischen Taschenrechner BWK Business® können Sie noch mehr Berechnungen für Ihren Kunden durchführen. Ganz nach der Bernd W. Klöckner® Methode, nämlich: Taschenrechner, Papier und Stift. Sie werden weniger auf PC-Software zurückgreifen müssen. Sie werden nahezu alle gängigen Praxisfälle mit dem BWK Business® rechnen können. Begeistern Sie den Kunden mit noch mehr Souveränität und noch mehr Beratungsmöglichkeiten. Berechnen Sie dem Kunden die Wunschrente, welchen Sparbetrag er dafür aufbringen muss und variieren Sie mit oder ohne Dynamik. Rechnen Sie mit unterschiedlichen Zahlungsreihen. Was auch immer Sie tun! Sie werden feststellen: Sie überzeugen Ihre Kunden mit Zahlen und Begeisterung. So haben Sie Erfolg. Und wenn Sie Erfolg haben, sind wir erfolgreich. Das ist alles. Immer wieder berichten Seminarteilnehmer und Leser dieses Buches von tollen Umsatzsteigerungen, nachdem sie mit dem Taschenrechner, Zettel und Stift im Kundengespräch verkauft haben. Nachdem Sie mit der durch die Anwendung des Finanztaschenrechners neu gewonnen Flexibilität und Souveränität Beziehung geschaffen haben. Schreiben Sie uns Ihre Erfolge! Bringen Sie auf den Punkt, was genau es Ihnen gebracht hat. Welchen persönlichen Erfolg? Welchen finanziellen Erfolg? Wie wirkt sich Ihre neu gewonnene Flexibilität und Souveränität aus? Und so weiter. Gerne hören wir auch von Ihren Erfahrungen und Erlebnissen: mail@berndwkloeckner.com.

Nun wünsche auch ich Ihnen viel Spaß beim Lesen dieses Buches. Auf weitere erfolgreiche Zusammenarbeit.

Ihr
Werner Dütting

www.duetting.com
werner@duetting.com

Persönliches Vorwort

Finanzmathematik ist ein trockenes Thema. Finanzmathematik, überhaupt Mathematik, ist schlichtweg unverständlich und eigentlich doch in jeder Hinsicht überflüssig – eine Art magische Geheimwissenschaft, bestehend aus zahlreichen Formeln, die sich niemand auf Dauer oder wenn, dann nur der eingeweihte Profi und Insider merken kann. Allen anderen, denen es womöglich gelingen könnte, die Formeln zu behalten, können sie auf Dauer kaum spielerisch anwenden. Zumindest nicht so, dass es auch noch – Finanzdienstleister wie Kunde – Spaß macht. Überhaupt: Sich intensiv mit Geld zu beschäftigen hat für zahlreiche Menschen etwas Abschreckendes. Das gilt nicht nur für Verbraucher, sondern – eigentlich überraschend – für die Mehrzahl der Finanzdienstleister. Ob Call Center-Mitarbeiter, Versicherungsvertreter, freier Finanzdienstleister, Fondsspezialist oder Banker: Um Finanzmathematik machen die meisten – obwohl Finanzberater – einen großen Bogen. Nicht wenige hoffen dabei, dass ihre mangelnden Kenntnisse und Fähigkeiten auf diesem Gebiet niemandem auffallen mögen.

Diese Scheu hat dabei für viele mit Erinnerungen an den Mathematikunterricht in der Schule zu tun. Also mit Erlebnissen in einem Unterrichtsfach, das für die meisten graue Theorie blieb – von wenigen Lichtblicken und Aha-Erlebnissen einmal abgesehen. Nicht selten endeten diese mathematischen Kämpfe mit einer Vier oder Fünf auf dem Zeugnis. War die Note gut oder sehr gut in anderen Fächern grundsätzlich realistisch und erreichbar, galten doch für uns alle diejenigen unserer Mitschüler, die in Mathe mit sehr gut glänzten, als kleine Genies. Mathematik, das ist die lebendige Erinnerung an in der Regel schwer verdauliche Unterrichts-Kost, von höheren Mächten ausgedacht, anscheinend nur, um Schüler und Studenten gleichermaßen zu ärgern. Ich erinnere mich persönlich genau an die Hochachtung, die ich meiner älteren Schwester gegenüber empfand, wenn sie mal wieder eine Eins in einer Mathe-Arbeit oder gar im Zeugnis nach Hause brachte. Sie erschien mir in diesen Momenten stets unerreichbar weit weg. Offenbar hatte meine Schwester Zutritt zu einer Welt, die mir in jeglicher Hinsicht verschlossen war.

Damit nicht genug. Bis auf wenige glückliche Momente setzten sich meine eher frustrierenden mathematischen Erlebnisse gleich zu Beginn meines Studiums fort. Bereits in den ersten Stunden ging es los mit Zins- und Zinseszinsrechnungen und unzählige Beispiele prasselten auf mich ein: Zu Erbschleicher Bruno Schwindel, der jeden Tag seiner Tante Erna Harmlos eine Prise Arsen verabreicht und mit dem Tod seiner Tante in 2 Jahren rechnet. Er verkauft sein Erbe zu 28 Prozent Zins vorab (Barwert) an einen Mafiosi. Ich erinnere mich ebenso an den Fall des armen Schluckers Hugo Mäuschen und der Kreditvermittlung via Kredithai sowie an die Geschichte des Erblassers Hugo Raffer und des Erbneffen Theobald Lustig.

Während wir Studenten, nachdem wir mühevoll versucht hatten, Zinseszinsformeln zu verstehen und nach beliebigen Variablen aufzulösen, uns nun um Lösungen diverser Spar- und Leasingaufgaben bemühten, hatte offensichtlich unser Professor, dem ich einiges zu verdanken habe, jede Menge Spaß. Nach sorgfältiger Beobachtung wurde mir klar, dass irgendetwas nicht mit rechten Dingen zugeht. Denn: Bereits wenige Sekunden, nachdem er eine Aufgabe gestellt hatte, wusste er deutlich sichtbar und bereits entspannt lächelnd die richtige Lösung. In der Hand hielt er dabei stets einen kleinen Taschenrechner. War ich anfangs noch der Meinung, es sei eine mit den Grundrechenarten ausgestattete übliche Version (umso mehr stieg die mit diesem Irrtum verbundene, ohnehin vorhandene Ehrfurcht des Studenten vor seinem Professor), konnte ich eines Tages den Namen des Herstellers erkennen. Kaum gelesen, schon gehandelt. Zum ersten Mal erlebte ich die Bedeutung des Gewinnerprinzips „Tue es jetzt!". Noch am gleichen Tag besorgte ich mir einen Prospekt der Taschenrechner und siehe da, ich stieß auf finanzmathematische Taschenrechner. Ich suchte mir eine günstige Variante aus und wenige Tage später war ich glücklicher Besitzer eines finanzmathematischen Taschenrechners. Nach einigen Seiten Handbuchstudium und ersten kleinen Übungen spürte ich den Beginn einer faszinierenden Leidenschaft. Plötzlich verbanden sich Fragestellungen rund ums Thema Geld mit der Möglichkeit, diese Fragen nach eigenen Grundüberlegungen in Sekundenschnelle zu lösen. Die im Handbuch beschriebenen Beispiele waren für mich einleuchtend, verständlich, praxisorientiert. Aus der wenig spaßigen Theorie wurde plötzlich faszinierende Praxis. Mit jeder richtig gelösten Aufgabe aus dem Handbuch, mit jeder in der Folge selbst ausgedachten und berechneten Aufgabe stieg die Motivation, besser, immer besser zu werden und immer schneller rechnen zu können. Ich erinnere mich noch genau an die nächsten Vorlesungen im Fach Finanzierung und Investition. Zum ersten Mal spürte ich Freude und Neugier auf die nächsten Aufgaben, die mittels der Finanzmathematik zu lösen waren. Und als die Aufgaben kamen, machte mir der Unterricht Spaß wie nie zuvor. Warum erzähle ich Ihnen das so ausführlich? Ich möchte Sie anstecken mit der Faszination der Zahlen. Ich möchte in Ihnen die Leidenschaft für angewandte, praxisorientierte Finanzmathematik wecken. Ich möchte Ihnen sagen, dass sich Ihr Leben als Finanzdienstleister erheblich verändern wird, wenn Sie nach Studium dieses Buches und Anwendung der zahlreichen Praxisfälle schneller als je zuvor mit Zahlen „spielen" können. Sie werden bereits nach wenigen Seiten und den ersten Übungen feststellen, dass Sie selbst immer wieder neue Berechnungsvarianten der vorgegebenen Fälle ausprobieren. Sie werden Ihren Beruf als Finanzdienstleister in einem völlig neuen Licht und als völlig neue Herausforderung sehen. Möglicherweise werden Sie, gleich wie lange Sie dabei sind, den Beruf des Finanzberaters erstmals so richtig entdecken.

Glauben Sie mir: Wenn Sie bis heute zu den Menschen zählten, die sich sagten: „Das werde ich niemals spielerisch beherrschen", dann stimmt das nicht. Testen Sie sich und Ihre Einstellung einmal mit meiner so genannten „Wollen-Sie-das-wirklich"-Methode. Fragen Sie sich einfach, ob Sie das mit der praxisorientierten, spaßbringenden Finanzmathematik wirklich niemals beherrschen wollen. Auf diese Frage werden viele von Ihnen antworten „Nein, so war das nicht gemeint. Ich würde schon gern wollen ... ". Diesen Test mache ich im Übrigen auch in allen meinen Seminaren zu diesem Rechentraining. Ich frage in die Runde: „Wer von Ihnen glaubt, praxisorientierte Finanzmathematik niemals ganz zu beherrschen?" Grundsätzlich bejahen diese Frage bis zu 90 Prozent der Teilnehmer. Dann bitte ich, die Hände zunächst oben zu lassen, während ich die zweite Frage stelle. Sie lautet, wie Sie sicherlich längst erraten haben: „*Wollen* Sie das wirklich niemals beherrschen?" Und schon ziehen fast immer alle Befragten ihr Ja-Wort mit Entschlossenheit zurück. Die Botschaft lautet also: Sie *wollen* es können. Sie *wollen* praxisorientierte Finanzmathematik beherrschen. Verstehen Sie. Sie wollen es!

Mit diesem Buch haben Sie nun erstmals die Möglichkeit, Ihr Wollen mit Tun zu verbinden. Die alles entscheidende Botschaft lautet: Nehmen Sie das Buch und den finanzmathematischen Taschenrechner BWK Business® zur Hand und legen Sie los. Ich verspreche Ihnen: Jede der vor Ihnen liegenden rund 390 Seiten wird Ihnen Spaß machen.

Ihr Geldtrainer
Bernd W. Klöckner

Einleitung

Geldgeschäfte – alltägliche Notwendigkeit

Immer wieder müssen wir, ob wir wollen oder nicht, in unserem Leben rechnen. Denn: Geldgeschäfte begleiten Sie und Ihre Kunden ein Leben lang. Sie – und Ihre Kunden – legen Geld an, schließen Versicherungen ab, finanzieren Immobilien oder tun sonst was. Geldgeschäfte, im Wesentlichen die beiden Bereiche Geldanlage und Kredite, gehören dazu. Wer hier selbst kein Know-how aufbaut, muss sich stets auf Angaben Dritter verlassen. Das wiederum ist auf Dauer höchst gefährlich. Denn: Am 13. Januar 2000 fällte der Bundesgerichtshof, immerhin das höchste deutsche Zivilgericht, ein Urteil, aus dem sich (auszugsweise) folgende Pflichten bezüglich der Beraterhaftung für Finanzdienstleister ableiten lassen:

1. *Fehlt es einem Anlageberater, einem Finanzdienstleister an Sachkunde, muss er diese fehlende Sachkunde offen legen. Das bedeutet: Können Sie selbst als Finanzdienstleister nicht rechnen, müssten Sie zu Ihren Kunden sagen „Hey, ich kann zwar Sparpläne und Sparplanvariationen nicht unbedingt richtig und sicher berechnen, würde Sie aber gern in Sachen Geldanlage beraten."*

2. *Finanzdienstleister haben vermittelte Finanzprodukte auf die wirtschaftliche Tragfähigkeit hin zu prüfen. – In der Praxis bedeutet das: Sie müssen Angaben im Zweifel auch mal nachrechnen können.*

Fazit: Sie *können* nicht mit dem Rechnen beginnen. Sie *müssen*! Auf jeden Fall müssen Sie mit dem Selbst-Rechnen-können beginnen, wollen Sie auf Dauer als Finanzdienstleister erfolgreich (über)leben. Sie haben richtig gelesen: Es geht auch ums Überleben, also nicht nur darum, dass

Sie heute von Ihren Abschlüssen leben können, sondern auch darum, dass Sie so gut beraten, dass Sie nicht übermorgen mit dutzenden von Kundenklagen überzogen werden. Es gilt also für Kunden und Finanzdienstleister: Nicht glauben, rechnen!

Die alles entscheidende Botschaft – ob Sie das gerne hören oder nicht – lautet: Rechnen Sie als Finanzdienstleister. Lernen Sie es. Jetzt! Mit diesem Buch und dem in diesem Buch vorgestellten finanzmathematischem Taschenrechner BWK Business® . Sie haben keine Wahl, es sei denn, Sie wollen statt Finanzberater auf Dauer Finanzrater sein.

Finanzberater & Finanzrater

Als Finanzdienstleister vertrauen Ihnen Ihre Kunden. Ihre Kunden gehen davon aus, dass Sie rechnen, dass Sie mit Zahlen umgehen können. Diese Erwartungshaltung ist selbstverständlich. Schließlich gehen Sie, wenn Sie einen Zahnarzt aufsuchen, auch davon aus, dass dieser Zahnprobleme erfolgreich lösen kann. Welches Vertrauen würde ein Zahnarzt auslösen, der lediglich erklären würde?

„Ich habe hier einige Produkte, mit denen ich Ihre Zähne gern behandeln würde. Ich glaube, dass diese Produkte gut sind, überprüft habe ich jedoch noch nichts davon. Ehrlich gesagt: Ich handele ein wenig aus dem Bauch heraus. Sie sind doch damit einverstanden, oder ...?“

Hand aufs Herz. Erstens würden wir fluchtartig die Praxis dieses Zahnarztes verlassen, zweitens würden wir jedem von unserer schlechten Erfahrung berichten. So einfach und einleuchtend uns dieses Verhalten im Fall des Zahnarztes erscheint, umso weniger wird es von Finanzdienstleistern beachtet. Denn: Bei einem Finanzdienstleister, der mit dem Geld seiner Kunden arbeiten will, gehen Kunden zu Recht davon aus, dass dieser Finanzdienstleister selbst rechnen kann. Schließlich ist er ja Finanzberater. Würde er dagegen beim Thema Geldgeschäfte und Rechnen selbst im Dunkeln tappen, wäre es eben kein Finanzberater, sondern, so wie ich es immer nenne, ein Finanzrater.

Finanzrater ⟷ Finanz~~be~~rater

Finanzrater sind also alle die Finanzberater, die gemeinsam mit ihren Kunden beim Thema Geld und Geldprodukte immer mal wieder mehr oder weniger raten, was besser sein könnte.

Die Botschaft an Sie lautet also: Nehmen Sie den Beruf des Finanzberaters ernst. Verabschieden Sie sich von allem, was Sie zum Finanzrater stempeln könnte. Wenn Sie beim Thema Finanzen nicht ständig raten wollen, müssen Sie nachrechnen können. Und genau das erfahren Sie mit den zahlreichen Praxisfällen in diesem Buch.

Mein Versprechen an Sie ist: Dieses Buch ist ein richtig gutes Geschäft!

In meinem Buch „Die Magie des Erfolges" beschreibe ich meine Definition eines guten Geschäftes. Demnach ist dann grundsätzlich ein Geschäft ein gutes Geschäft, wenn es danach besser geht als davor. Nach diesem Buch geht es Ihnen besser als zuvor. Deswegen ist der Kauf dieses Buches ein wirklich gutes Geschäft. Sie müssen lediglich das tun, was Sie in diesem Buch üben. Dazu sollten Sie jeden Tag zwei oder drei Menschen in das etwas andere, in diesem Buch beschriebene Verkaufsgespräch verwickeln. Ich verspreche Ihnen: Wenn Sie die in diesem Buch genannten Rechenbeispiele, das etwas andere Verkaufsgespräch und die Strategien für das Kundengespräch anwenden, wird die Zahl Ihrer Geschäftsabschlüsse rapide zunehmen. Noch besser: Die Höhe je Geschäftsabschluss wird steigen. Statt mühevoll Sparpläne für 100 oder 150 € zu verkaufen, werden Sie erleben, wie Ihre Kunden freiwillig 200 oder 300 € investieren *wollen* – was wiederum einem Zuwachs von 100 Prozent entspricht. Sie werden mehr Empfehlungen als früher bekommen. Es wird passieren, dass Ihnen Ihre zufriedenen Kunden von sich aus weitere Namen von Freunden und Bekannten nennen, mit denen Sie unbedingt sprechen müssen. Alles, was Sie künftig für diese Form der Überzeugung benötigen, ist ein Blatt Papier, ein Stift und den ganz speziellen Taschenrechner.

Die Botschaft lautet schlicht: Wenden Sie die in diesem Buch beschriebenen Methoden jeden Tag ein oder zweimal in Ihren Gesprächen an. Sie werden dann bereits nach kurzer Zeit mehr Geldgespräche mit interessierten Kunden führen als jemals zuvor. Ich möchte Ihnen, wenn Sie schon ein Buch über ein ganz besonderes Rechentraining lesen, Ihren möglichen Zusatzerfolg einmal ausrechnen. Stellen wir uns vor, Sie führen nach Studium dieses Buches ab sofort jeden Monat mit den in diesem Buch beschriebenen Methoden und Ansätzen fünf zusätzliche Geldgespräche mit interessierten Menschen. Also im Durchschnitt fünf Geldgespräche mehr als in der Vergangenheit. Von diesen fünf Geldgesprächen entscheiden sich auf Grund Ihres überzeugenden Auftretens und Ihrer praxisorientierten, am Bedürfnis der jeweiligen Kunden ausgerichteten Zahlenbeispielen jeweils drei Gesprächspartner je Monat für den Abschluss eines Sparvertrages, sagen wir einer leistungsstarken, fondsgebundenen Lebensversicherung.

Ihre Provision je Vertragsabschluss beträgt 1.500 €. Macht zusammen monatlich 4.500 € Mehreinnahmen. Wenn Sie jetzt eine der wichtigsten Sparregeln „Spare im Überfluss“ selbst beachten, legen Sie diese 4.500 € monatlich einfach zur Seite. Nach 10 Jahren, angelegt zu angenommen effektiv 10 Prozent, beträgt Ihr Vermögen bereits rund 900.000 €.

Ich garantiere Ihnen: Das in diesem Buch beschriebene Programm kostet Sie bei entsprechend konsequenter Anwendung kein Geld, sondern bringt Ihnen das Vielfache dessen, was Sie für das Buch und den Rechner ausgegeben haben. Das alles ist im Übrigen keine Theorie, sondern von mir selbst in den Jahren 1988 bis 1995 aktiv im Verkauf gelebte Praxis. Meine Hilfsmittel für meine eigenen beachtlichen Verkaufserfolge waren: ein Stift, ein Blatt Papier und mein damaliger finanzmathematischer Taschenrechner.

Die Botschaft für Sie lautet: Das in diesem Buch beschriebene Programm und Know-how ist für Sie ein wirklich gutes Geschäft. Es ist ein Geschäft, bei dem es Ihnen nachher besser geht als zuvor. Sollten Sie bereits eines meiner Seminare zum Thema Rechentraining besucht und den Rechner seitdem regelmäßig angewandt und im Kundengespräch eingesetzt haben, werden Sie das mit dem guten Geschäft bestätigen können.

Ausbildung für Finanzberater & Rechenkenntnisse

Im Folgenden lesen Sie den Originalwortlaut eines Finanzberaters, der 1998 eine Ausbildung zum Fachberater für Finanzdienstleistungen absolvierte.

Brief im Original

„Die Ausbildung 1998 umfasste für den Bereich *„Grundzüge der Finanzmathematik“* 11 so genannte *„Arbeitseinheiten“*, die sich in die Unterbereiche *„Zinsrechnung“* und *„Rentenrechnung“* aufteilten.

Alle finanzmathematischen Problemstellungen wurden mittels der entsprechenden mathematischen Formeln behandelt. Bekanntermaßen sind zur Lösung bestimmter Fragestellungen Berechnungen über die so genannte höhere Mathematik notwendig, wenn zum Beispiel Logarithmen berechnet werden müssen. Kursteilnehmer ohne fortgeschrittene Mathematikkenntnisse (ich zum Beispiel besuchte ein mathematisch-naturwissenschaftliches Gymnasium) haben hier ernsthafte Verständnisschwierigkeiten gehabt. Über die Anwendung des finanzmathematischen Taschenrechners, der auch von *„Nicht-Mathematikern“* problemlos genutzt werden kann, konnten aber die komplexen Berechnungsverfahren anschaulich und für den Anwender verständlich gemacht werden. Da der Taschenrechner alle finanzmathematischen Berechnungen durchführt, haben wir im Gruppenstudium die Übungsaufgaben sowohl über die Eingabe aller Daten der mathematischen Formeln gelöst, als auch über die Zuhilfenahme der Speicherfunktionen für die praktische Anwendung. Die Lösung musste ja identisch sein.

Diese Form des „doppelten“ Lernens mit dem finanzmathematischen Taschenrechner hat nicht nur viel Spaß gemacht (es wurden kleine Wettkämpfe ausgetragen, wer die Lösung zuerst richtig berechnet hatte), auch bei der schriftlichen Prüfung war unsere Gruppe zum Teil nach nur einem Drittel der vorgegebenen Zeit fertig, da über die Berechnung mittels der Speicherfunktionen das Ergebnis korrekt war, aber die mühselige Anwendung der Formeln nicht mehr vonnöten war. Aus Sicherheitsgründen wurden die Formeln auswendig gelernt, aber sofort wieder vergessen (Kurzzeitgedächtnis).

Neben den Grundzügen der Finanzmathematik wurden auch in anderen Ausbildungseinheiten finanzmathematische Probleme behandelt. So z. B. in den Arbeitseinheiten über Investment oder zum Bausparen. Die Anforderungen hier waren eher bescheiden. Lösungen wurden immer über den finanzmathematischen Taschenrechner herbeigeführt.

Der Vorteil war eindeutig der, dass die Teilnehmer sowohl komplexe finanzmathematische Zusammenhänge begreifen konnten, als auch schnell den Rechner in seiner immensen Bedeutung für ihre tägliche Praxis schätzen gelernt haben. Kein Kundenberater unseres Hauses geht mehr ohne den finanzmathematischen Taschenrechner zum Kunden."

Warum zitiere ich diesen Brief? Es ist wichtig, dass die Ausbildungsinhalte in Bezug auf Finanzmathematik generell an die Praxis angepasst werden müssen. Der Teilnehmer, der mir den Brief zur Verfügung stellte, hatte den Vorteil, dass er bei einem Seminar in meinem Institut das Rechnen erlernt hatte und innerhalb seiner Ausbildung zum Finanzberater sich eine Gruppe Gleichgesinnter traf. Doch noch immer absolvieren hunderte Finanzdienstleister eine wie auch immer geartete Ausbildung, ohne praxisorientiert rechnen zu lernen. Wir alle können diesen Zustand ein wenig besser machen. Erzählen Sie von diesem Buch und den in Kombination von Buch und Rechner gebotenen Möglichkeiten. Sie sind Finanzdienstleister in der Ausbildung. Dann fordern Sie die in diesem Buch beschriebene Form der praxisorientierten Finanzmathematik.

Wer rechnet, verkauft nicht!

An diesen Spruch glauben bis heute noch so manche Vertriebsprofis. Vermittler dürfen nicht so schlau gemacht werden, lautet häufig der Kommentar unter der Hand, sonst verkaufen sie ja nichts. Irrtum! Ein Finanzdienstleister, der fasziniert von Geld ist, verkauft immer erfolgreicher als derjenige, der beim Verkauf noch den richtigen Sinn sucht. Als Vertriebsvorstand, als Führungskraft lade ich Sie ein: Buchen Sie ein Seminar zum Thema Rechentraining. Schenken Sie Ihren Mitarbeitern das Buch zum Rechentraining und üben Sie. Gestehen Sie sich und für Ihre Organisation ein, dass Sie bis heute nicht locker und leicht rechnen können. Dann handeln Sie. Das sind die Erfolgsschritte eins und zwei. Die Kundentermine und Geschäftsabschlüsse Ihrer Organisation werden steigen. Die Botschaft lautet: Steigern Sie Ihre Umsätze, indem Sie Ihren Mitarbeitern das Rechnen beibringen (lassen). Sie werden auf Dauer nur gewinnen. Im Folgenden möchte ich Ihnen einige Stellungnahmen von Teilnehmern meiner bisherigen in Deutschland, Österreich und der Schweiz durchgeführten Seminare wiedergeben:

- Udo Heiermann, Deutsche Vermögensberatung AG:
  Ich fand es hervorragend, weil der Rechner überall (länderübergreifend) einsetzbar ist. Man bzw. ich kann kompetenter auftreten. Die Souveränität wird größer. Das Selbstbewusstsein wird erhöht. Ich bin in der Lage junge Vermögensberater schneller kompetent zu machen!
  VIELEN DANK!
- Manfred Kornweibel, Swiss Life:
  Ein Weg, um Kompetenz gegenüber dem Geschäftspartner zu dokumentieren und auf diesem Wege höhere Sparbeiträge zu generieren. Wenn man das Rechnen beherrscht, kann man „zaubern".
- Mario Maihold, Deutsche Bank AG:
  Nach 14 Jahren Tätigkeit im Finanzwesen habe ich heute einfachste Methoden kennen lernen dürfen um meinen Kunden finanzmathematische Zusammenhänge in Zukunft selbstsicherer vortragen zu können. Danke
- Ulrike Zeh, Württembergische Versicherung:
  „IST-Zustand 9.30 Uhr: Total überraschend, interessant, einleuchtend – Praktische Handhabung des Rechners: Überzeugend bei kompletter Beherrschung. ERGO: Training, Training, Training! Kurzer knapper Tipp zum Verkaufsgespräch: SUPER Erfolge für die Zukunft: Ein ‚Muss' bei künftigen Beratungen!"

Zusammenfassend gilt: Geldgeschäfte gehören in unserem Leben dazu. Ohne Geldgeschäfte geht nichts. Je phantasievoller die Produktnamen der Geldprodukte, je vielfältiger die angebotenen Leistungen und Konditionen, desto wichtiger wird es, rechnen zu können. Wer als Finanzdienstleister hofft, auf Dauer ohne Rechenkenntnisse auszukommen, verliert jede Menge Geschäft und hat schlichtweg den falschen Beruf (bleibt Finanzrater). Rechnen können ist für Finanzdienstleister wie Verbraucher gleichermaßen wichtig. Nur Finanzdienstleister und Verbraucher, die rechnen, schützen ihr Geld vor falschen Geldentscheidungen. Nur wer rechnet, kann auf die wichtige und bei allen Geldgeschäften wesentliche Frage „Was fließt mir aus der Tasche raus (Auszahlungen) und was fließt mir in die Tasche rein (Einzahlungen)?“ eine verlässliche Antwort geben. Qualifizierte Finanzdienstleister rechnen ihren Kunden vor, was eine Geldentscheidung an Gewinn bringt oder bringen kann, signalisieren damit Kompetenz als Basis für auch weiteres Kundenvertrauen und sichern sich das wichtigste Kapital eines jeden Verkäufers: Empfehlungen.

Erlernen Sie den in diesem Buch beschriebenen, spielerischen Umgang mit Zahlen und Geldgesprächen. Dann machen Sie sich ein paar schöne Stunden, machen Sie möglichst viele Termine und erzählen Sie es möglichst vielen Kunden!

Hinweis 1 – Mitarbeit

Wenn Sie selbst, während Sie dieses Buch lesen, auf eigene, nicht in diesem Buch genannte Berechnungsbeispiele kommen oder über spannende Einzelfälle berichten können, die Sie mittels des finanzmathematischen Taschenrechners BWK Business® erfolgreich lösen, schreiben Sie mir von diesen Rechenaufgaben. Ich bitte Sie, mir dann das Recht zum Abdruck zu überlassen.

Wichtiger Hinweis!
Das Rechnen mit dem BWK Business® zeichnet sich dadurch aus, dass Sie grundsätzlich unterschiedlich schnelle Lösungsvarianten zu einer Aufgabe berechnen können. In diesem Buch hat man sich aus Platzgründen auf eine Lösung konzentriert. Betrachten Sie diese Lösung als Leitfaden. Nach einiger Übung werden Sie möglicherweise unterschiedliche Ansätze finden, den genannten Lösungsweg abzukürzen.

Bei der nächsten Auflage dieses Buches werde ich die interessantesten Fälle – falls Sie wünschen unter Angabe Ihres Namens – vorstellen. – Besten Dank!

Hinweis 2 – Eigene Rechenseminare

Hin und wieder nahmen an meinen Seminaren Finanzdienstleister teil, die in Folge eigene Rechentrainings veranstalteten. Leider jedoch ohne die nötige Sicherheit im Umgang mit dem Rechner und ohne die ausreichende Fachkenntnis.

Ich empfehle Ihnen daher: Üben Sie zunächst den in jeder Hinsicht sicheren Umgang mit einem finanzmathematischen Taschenrechner, bevor Sie eigene Seminare veranstalten. Für Basis- und Intensivtrainings stehe ich Ihnen darüber hinaus gern zur Verfügung. Ebenfalls zur Ausbildung als lizenzierter Trainer im Bereich Rechentraining.

Kontakt: mail@berndwkloeckner.com – Besten Dank!

Teil 1

Unsere Ausgangspunkte

Banken – zu doof zum Rechnen

Vorab eine kleine Geschichte:

Treffen sich ein Jurist, ein Ingenieur und ein Finanzberater. Es wird die Frage gestellt, wie viel 12 multipliziert mit 20 ergibt. Der Jurist antwortet: „Unter Abwägen aller Tatsachen und ohne Anerkennung einer Rechtspflicht nenne ich als Vergleichvorschlag den Betrag von 240.“ Der Ingenieur meint: „Unter Hinzuziehen aller – auch unbekannten – Variablen und Berücksichtigung aller denkbaren möglichen Einflüsse sage ich 240.“ Darauf antwortet der Finanzberater: „Wissen Sie, sagen Sie mir doch einfach, was in etwa rauskommen soll, und dann biege ich das schon hin.“

Diese Geschichte des ratenden Finanzberaters, der mal so, mal so rechnet und eigentlich nicht so recht Ahnung davon hat, wie er mit Zahlen umgehen soll, wiederholte sich abgewandelt in der Praxis vor einiger Zeit.

Tatzeit: Juli 1998. Eine Verbraucherzeitschrift veröffentlicht unter meiner redaktionellen Leitung Testergebnisse eines Beratungstests. Tatort: Durchgeführt wurde der Test bei acht großen deutschen Banken beziehungsweise Sparkassen. Jeweils in fünf Städten wurden Berater der Filialen getestet. Tathergang: Es ging um Fragen zu den Themen Inflation, Kaufkraft, Berechnung von Sparraten und Effektivzinsen von Sparplänen. Auf dem Prüfstand: Das Rechentalent der Banken. Drei Vorgaben waren Gewähr dafür, dass es bei diesem Bankentest in höchstem Maße fair zuging.

1. *Jedes Hilfsmittel zur Lösung der Rechenaufgaben war zugelassen.*
2. *Es gab keinerlei Zeitvorgaben.*
3. *Jederzeit konnten Kollegen oder Vorgesetzte zur Beantwortung hinzugezogen werden.*

Im Folgenden möchte ich Ihnen einige der Fragen nennen. Vielleicht nutzen Sie als aktiver Finanzdienstleister die Möglichkeit und versuchen die Fragen möglichst kurzfristig zu beantworten. Testen Sie sich einfach einmal selbst, dann lesen Sie, was die Banken so alles rechnen konnten (oder auch nicht), und zum Schluss erfahren Sie, welche Eindrücke die Tester der Zeitschrift von der Beratungsqualität der Banken gewonnen haben.

Musteraufgaben

Aufgabe 1 – Sparplan

Wie hoch ist die Sparrate, um in 20 Jahren ein Vermögen in Höhe von 540.000 DM aufzubauen? Annahme: Zins pro Jahr 7 Prozent.

Auswertung: 3 korrekte Antworten von 40 Filialen

Aufgabe 2 – Unterbrechung eines Sparplans

Jemand möchte 540.000 DM in 20 Jahren bei 7 Prozent angenommenem Zins pro Jahr mit der Lösung aus Aufgabe 1 sparen (bei den 37 Filialen, in denen Berater keine Antwort wussten, wurde die Lösung aus Frage 1 vorgegeben). Aus persönlichen Gründen weist er jedoch darauf hin, dass er vom 5. bis zum 10. Jahr mit dem Sparen aussetzen will. Dann spart er weiter vom zehnten bis zum 20. Jahr. Wie hoch ist jetzt die notwendige Sparrate in den letzten 10 Jahren, um das Ziel von 540.000 DM zu erreichen?

Auswertung: 0 korrekte Antworten von 40 Filialen

Aufgabe 3 – Bonussparplan & Effektivzins

In Kopie wurde ein Original eines Bonussparvertrages vorgelegt. Monatlich 500,00 DM Sparrate ergaben laut diesem Sparvorschlag über 25 Jahre inklusive des einmaligen Bonus zum Ende 267.310,00 DM. Gefragt war nach dem Effektivzins des gesamten Bonussparplans.

Auswertung: 1 korrekte Antwort von 40 Filialen

Urteil der Tester

Andrea M.: *„Nach den ersten Bankbesuchen war ich regelrecht schockiert. Statt unsere Fragen zu beantworten, herrschte oft große Hilflosigkeit. Auch wenn wir in Ruhe nachfragten und selbst dann, wenn in der Bank Kollegen zu Hilfe gerufen wurden, zeigten sich viele Lücken. Schlimm ist, wenn Berater stur an ihrem PC-Rechenprogramm festhalten, auch wenn dies keinen Sinn macht. Eine Super-Leistung zeigte der Hypo-Banker in Berlin. In weniger als einer Stunde nannte er fast zu allen Fragen kompetent, freundlich und zuvorkommend die Antworten."*

Carmen M.: *„Mein persönlicher Eindruck: Nur die wenigsten Berater können individuell auf die einfachen Bedürfnisse und Fragen einer interessierten Kundin eingehen. Sobald eine Frage nicht mehr zu der festen Abfragereihenfolge bankinterner, finanzmathematischer PC-Programme passt, haben viele Berater ein großes Problem und finden keine Antwort mehr. Schlimm fand ich persönlich einen Fall, wo die mangelnde Leistung darauf geschoben wurde, dass die Beraterin soeben erst aus dem Urlaub zurückgekehrt und der PC noch nicht geladen sei."*

Christoph G.: *„Für mich als gelernter Bankkaufmann mit Berufserfahrung waren die erschreckenden Ergebnisse keine Überraschung. So werden zum Beispiel im Rahmen der Bankausbildung finanzmathematische Kenntnisse nur in geringem Umfang vermittelt. Erschreckend waren die Testergebnisse für mich insbesondere deshalb, weil unsere Fragen durchaus übliche Fragen eines interessierten Kunden waren und den Beratern wirklich Zeit gegeben wurde. Mein Fazit: Es fehlte an einfachem Fachwissen und es mangelt an Sicherheit."*

Das klare Urteil des gesamten Beratungstests in Sachen Rechenkünste der Finanzdienstleister: Rechnen mangelhaft! Verstehen Sie: Damit meine ich selbstverständlich nicht Sie. Ich meine die anderen. Doch ist es nicht wirklich blamabel für einen Berufsstand? Ohne wenn und aber war das Ergebnis in 30 Prozent aller Filialen die Note mangelhaft. Über 60 Prozent schnitten gerade einmal mit der Gesamtnote ausreichend ab, wobei in diesen Fällen die vereinzelten Wissensfragen die erheblichen Lücken in Sachen Rechenkenntnisse zum Teil ausglichen.

Die Botschaft für Sie: Tun Sie alles und gehören Sie zu denjenigen, die mit Rechen-Know-how und praxisorientierter Finanzmathematik spielerisch umgehen können. Sorgen Sie – insbesondere als verantwortliche Führungskraft – dafür, dass Ihre Mitarbeiter spielerisch rechnen können. Ihre Mitarbeiter werden es Ihnen in Cent und Euro an zusätzlichen Geschäftsabschlüssen zurückzahlen! Aus zahlreichen Seminaren und aus der Praxis darf ich Ihnen versichern: Sie verlieren jedes Jahr immense Umsätze, weil Ihre Mitarbeiterinnen und Mitarbeiter zum großen Teil nicht spielerisch mit den Kunden rechnen können. Rechnen können ist für Finanzdienstleister keine „Kann-Regel". Rechnen können ist ein Muss!

Einzigartige Gelddialoge statt Produktverkauf

Finanzdienstleister tun gut daran, sich öfter einmal in die Lage ihrer Kunden zu versetzen. Denn: Die Vorgehensweise der Gewinner „Die Botschaft muss dem Fisch schmecken, nicht dem Angler" wird regelmäßig von Finanzdienstleistern verletzt. Ich empfehle Ihnen meine eigene Testmethode: Hin und wieder höre ich Finanzdienstleistern aufmerksam zu (etwa bei Gesprächen mit Freunden). Ich halte mich aus dem Beratungsgespräch, in den meisten Fällen aus dem Beratungsmonolog, heraus und höre einfach nur zu. Meistens wird es bereits nach kurzer Zeit unerträglich, wie mühevoll zahlreiche Finanzdienstleister versuchen, ihre Produkte anzupreisen. Spielen Sie selbst auch einmal Kunde! Tun Sie es. Sie werden erleben: Statt einfach nur über Geld, Geldbedürfnisse und Altersvorsorge zu sprechen, wird mit allen Tricks und Argumenten versucht, das eigene Produkt als besonders geeignet darzustellen. Ich empfehle Ihnen wirklich: Nehmen Sie häufiger an solchen Beratungsgesprächen von Freunden teil. Sie werden innerhalb weniger Gespräche mehr über clevere und auch vor allem ungeschickte Verkaufstechnik lernen als auf einem anderen Weg. Die häufigste Erfolgsformel, die verletzt wird, lautet:

Wer fragt, der führt!

Diese Grundregel für Verkaufserfolge – eine der bekanntesten überhaupt – wird in den meisten Fällen schlichtweg verletzt. Stattdessen argumentieren sich die jeweiligen Finanzdienstleister um Kopf und Kragen. Nicht selten aus Unsicherheit und nach dem Motto „Lieber viel erzählen, als den Kunden zu Wort kommen lassen." Fatal daran ist: Je mehr Sie erzählen, desto mehr Nachfragen stellt der Kunde, desto mehr antworten Sie und so weiter und so fort. Jedes neue Detail in Ihrer Antwort löst neue Fragen nach noch mehr Details auf Kundenseite aus. Wie geht denn das? Und was ist dann, wenn ...? Was ist denn jetzt der Unterschied zu ...? Verstehen Sie! Dieser Kreislauf kann nicht funktionieren. Die Erfolgsschritte lauten eins und zwei: Clevere Finanzdienstleister fragen erstens, und zweitens führen sie auf diese Weise. Wissen Sie, wie viel an Kompetenz Sie ausstrahlen?

Nehmen Sie Abschied vom Produktverkauf und sprechen Sie mit Ihren Kunden einfach über Geld. Sie fragen, der Kunde, die Kundin antwortet. So einfach laufen erfolgreiche Verkaufsgespräche grundsätzlich ab. Verstehen Sie: Es ist Ihre Aufgabe, Ihre Kunden dahin zu führen, wohin sie selbst wollen. Ihre Kunden wollen nicht zu einem wandelnden Fachlexikon werden. Ihre Kunden wollen in der Regel wissen, wie man am besten spart und investiert. Wenn ich schreibe „Sie fragen, der Kunde, die Kundin antwortet", dann meine ich selbstverständlich, dass Kunden jederzeit Fragen stellen sollen. Sicherlich müssen Sie Fragen beantworten. Aber durch „Wer fragt, der führt" beherrschen Sie einen Großteil des Gesprächs und vor allem der Gesprächsrichtung. Fragen Ihrer Kunden wie „Und was geschieht, wenn ich jetzt die gleichen 200 € monatlich statt über 20 Jahre bei 6 Prozent nun über 30 Jahre und angenommen 9 Prozent Rendite anlege? Wie hoch ist dann mein Vermögen?" sollen Sie selbstverständlich beantworten (können). Dennoch werden Sie zu diesem Zeitpunkt das Gespräch führen – und das ist auch gut so.

Grundlagen der Finanzmathematik

Grundlage der Finanzmathematik ist die Berechnung von Zins und Zinseszins. Von einer Verzinsung spricht man, wenn zu einem Kapital zu bestimmten Zeitpunkten ein festgelegter Anteil (Zins) gewissermaßen als Lohn, als Preis für die Überlassung des Geldes hinzugerechnet wird. In der Praxis ist dieses Vorgehen bei jeder Form von Geldanlage oder Darlehen bekannt.

Auf den folgenden Seiten werden die Formeln vorgestellt, mit denen Finanzdienstleister täglich zu tun haben können. Mit diesen Formeln wird auch beispielsweise bei der Ausbildung zum Finanzfachwirt gearbeitet. Immer wieder taucht bei Seminaren die Frage nach diesen Formeln auf, die alle Interessierten auf den folgenden Seiten finden werden. Dazu eine kleine Anekdote. Bei einem meiner zahlreichen Seminare, bei denen zum Schluss die Teilnehmer stets die Möglichkeit haben, einen schriftlichen Kommentar zu Inhalt und Form der Veranstaltung abzugeben, kam es bislang ein einziges Mal vor, dass ein Teilnehmer sinngemäß schrieb:

„Leider sind meine Erwartungen nicht ganz erfüllt worden. Schön wäre es gewesen, einmal die Formeln zu erfahren und mit den Formeln zu rechnen.“

Dabei gilt: Niemandem wird es je gelingen, mit diesen Formeln bei Kunden zu arbeiten und gleichzeitig noch faszinierende Geld- und Verkaufsgespräche zu führen. Die Kenntnis der Formeln ist wichtig für das Verständnis der Komplexität des Themas Finanzmathematik. Einzelne Formeln wie die zur Berechnung des Endkapitals bei einer Einmalanlage sind dabei durchaus nachvollziehbar. Ja, ich empfehle Ihnen sogar, die eine oder andere Aufgabe einmal mit Formel und mit Taschenrechner gleichzeitig zu rechnen.

In diesem Zusammenhang wünsche ich mir auch – wie bereits gesagt – in allen denkbaren Ausbildungswegen für werdende Finanzdienstleister oder solche, die sich als erfolgreiche Finanzdienstleister fortbilden möchten, dass der Umgang mit praxisorientierter Finanzmathematik Standard wird; sowohl in der einfachen und spielerischen Form – wie in diesem Buch dargestellt – mittels einfacher Finanzrechner als auch in der aufwändigeren Form für kompliziertere und anspruchsvollere Rechnungen mittels entsprechender PC-Programme (meine persönliche Empfehlung, da das Team meines Institutes mit dieser Software arbeitet, es ist die Beratungssoftware von Dr. Kriebel, Kontakt: www.beratungsrechner.de).

Die Berechnung von Sparvorgängen

Einmalige Einzahlung eines Kapitals

Ein zu Jahresbeginn eingezahlter Betrag soll jährlich mit einem festen Zinssatz verzinst werden. Die zum Jahresende gutgeschriebenen Zinsen werden mit dem Kapital weiter verzinst.

Das Endkapital nach n Jahren ergibt sich nach der folgenden Formel:

$$K_n = K_0 \cdot \left(1 + \frac{p}{100}\right)^n$$

K_n = Endkapital nach n Jahren
K_0 = Anfangskapital
p = jährliche Verzinsung mit p Prozent
n = Verzinsungsdauer in Jahren

Sind alle Variablen der Formel mit Ausnahme einer Variable bekannt, lässt sich die Unbekannte durch Umstellung der Formel ermitteln.

BEISPIELE

1. Ein Kapital von 5.000 € soll für 5 Jahre zu einem Zinssatz von 5 Prozent p. a. angelegt werden. Wie hoch ist das Endkapital?

$$K_n = 5.000 \cdot \left(1 + \frac{5}{100}\right)^5$$

$$K_n = 6.381{,}41\ €$$

2. Ein Sparer möchte in 10 Jahren über ein Vermögen von 10.000 € verfügen. Dazu möchte er heute eine einmalige Anlage zu einem Zins von 4 Prozent p. a. tätigen. Welches Kapital muss er heute investieren?

$$10.000 = K_0 \cdot \left(1 + \frac{4}{100}\right)^{10}$$

$$K_0 = \frac{10.000}{\left(1 + \frac{4}{100}\right)^{10}} \qquad K_0 = 6.755{,}64\ €$$

3. Der Sparer aus Beispiel 2 verfügt heute nur über ein Kapital von 5.000 €. Welchen Zins muss er realisieren, um trotzdem nach 10 Jahren über ein Vermögen von 10.000 € verfügen zu können?

$$p = 100 \cdot \left[\left(\frac{K_n}{K_0}\right)^{\frac{1}{n}} - 1\right]$$

$$p = 100 \cdot \left[\left(\frac{10.000}{5.000}\right)^{\frac{1}{10}} - 1\right] \qquad p = 7{,}18 \text{ Prozent}$$

Fortlaufende Einzahlung eines gleich bleibenden Kapitalbetrags

In der Praxis werden viele Anlagen nicht einmalig getätigt, sondern es findet ein gleich bleibender, regelmäßiger Zahlungsfluss statt. Sie haben hier grundsätzlich die Möglichkeit, für jede Sparzahlung separat das Anlageergebnis zu ermitteln und anschließend alle Einzelergebnisse zu addieren, doch es geht auch einfacher, indem alle Zahlungen in einer einzigen Formel zusammengefasst werden.

Das Endkapital einer fortlaufenden Zahlungsreihe bei Einzahlung zum Periodenbeginn:

$$K_n = E \cdot \left(1 + \frac{p}{100}\right) \cdot \frac{\left(1 + \frac{p}{100}\right)^n - 1}{\left(1 + \frac{p}{100}\right) - 1}$$

K_n = Endkapital nach n Jahren
E = regelmäßige Einzahlung
p = jährliche Verzinsung mit p Prozent
n = Einzahlungsdauer

Wird die erste Einzahlung zum Ende der Zinsperiode geleistet, sieht die Formel wie folgt aus:

$$K_n = E \cdot \frac{\left(1 + \frac{p}{100}\right)^n - 1}{\left(1 + \frac{p}{100}\right) - 1}$$

BEISPIELE

1. Ein Sparer zahlt jährlich zum Jahresende einen Betrag von 500 € in einen Sparvertrag ein. Die Verzinsung beträgt 3,5 Prozent. Wie hoch ist der Kontostand nach 12 Jahren?

$$K_n = 500 \cdot \frac{\left(1 + \frac{3{,}5}{100}\right)^{12} - 1}{\left(1 + \frac{3{,}5}{100}\right) - 1} \qquad K_n = 7.300{,}98\ €$$

2. Welchen Betrag muss der Sparer einzahlen, wenn er nach 12 Jahren über ein Kapital von 10.000 € verfügen will?

$$E = K_n \cdot \frac{\left(1 + \frac{p}{100}\right) - 1}{\left(1 + \frac{p}{100}\right)^n - 1}$$

$$E = 10.000 \cdot \frac{\left(1 + \frac{3{,}5}{100}\right) - 1}{\left(1 + \frac{3{,}5}{100}\right)^{12} - 1} \qquad E = 684{,}84\ €$$

3. Wie lange muss der Anleger sparen, um mit einer jährlichen Sparrate von 660 € ein Vermögen von 10.000 € anzusparen?

$$n = \frac{\lg\left(1 + \frac{\left(1 + \frac{p}{100}\right) - 1}{E} \cdot K_n\right)}{\lg(q)}$$

$$n = \frac{\lg\left(1 + \frac{\left(1 + \frac{3,5}{100}\right) - 1}{660} \cdot 10.000\right)}{\lg(1,035)} \qquad n = 12,37 \text{ Jahre}$$

4. Welches Endkapital erreicht ein Sparer, der über 25 Jahre jährlich einen Betrag von 600 € in eine Anlage mit einer Verzinsung von 6 Prozent p. a. einzahlt, wenn zu Beginn der Sparzeit zusätzlich ein Betrag von einmalig 10.000 € angelegt wird?

$$K_n = K_0 \cdot \left(1 + \frac{p}{100}\right)^n + E \cdot \frac{\left(1 + \frac{p}{100}\right)^n - 1}{\left(1 + \frac{p}{100}\right) - 1}$$

K_n = Endkapital nach n Jahren
K_0 = Anfangskapital
E = regelmäßige Einzahlung
p = jährliche Verzinsung mit p Prozent
n = Einzahlungsdauer

$$K_n = 10.000 \cdot \left(1 + \frac{6}{100}\right)^{25} + 600 \cdot \frac{\left(1 + \frac{6}{100}\right)^{25} - 1}{\left(1 + \frac{6}{100}\right) - 1}$$

$K_n = 75.837{,}41$ €

An dieser Stelle möchten wir Ihnen die Umformungen der Gleichung nach Rate, Anfangskapital und Zinssatz ersparen. Wer möchte, kann sich selbstverständlich gern daran versuchen.

Unterjährige Einzahlung eines gleich bleibenden Kapitalbetrags

Viele Geschäfte sehen nicht nur Zahlungen zum Ende eines Jahres vor, sondern auch laufende Zahlungen während eines Jahres. So werden zum Beispiel viele Sparpläne monatlich bespart. Für diesen Fall muss die Berechnungsformel so angepasst werden, dass eine monatliche Verrechnung der Einzahlungen erfolgt.

Shift P/YR = EB → "Beginn" nur wenn vorschüssig

Bei einer unterjährig nachschüssigen Einzahlung von Sparraten in einen Sparvertrag ermittelt sich das Endvermögen nach n Jahren nach der folgenden Formel:

$$K_n = K_0 \cdot \left(1 + \frac{p}{100 \cdot m}\right)^{n \cdot m} + E \cdot \frac{\left(1 + \frac{p}{100 \cdot m}\right)^{n \cdot m} - 1}{\left(1 + \frac{p}{100 \cdot m}\right) - 1}$$

K_n = Endkapital nach n Jahren
K_0 = Anfangskapital
E = regelmäßige Einzahlung
p = jährliche Verzinsung mit p Prozent
n = Einzahlungsdauer
m = Anzahl der Zahlungsperioden pro Jahr

Anhand dieser Formel lassen sich alle nachschüssigen Sparvorgänge berechnen.

BEISPIELE

1. Ein Anleger möchte einmalig einen Betrag von 20.000 € anlegen. In den folgenden 20 Jahren investiert er monatlich einen Betrag von 200 €. Wie hoch ist das Endvermögen, wenn er einen Zins von 7 Prozent mit dieser Anlage erzielt?

$$K_n = 20.000 \cdot \left(1 + \frac{7}{100 \cdot 12}\right)^{20 \cdot 12} + 200 \cdot \frac{\left(1 + \frac{7}{100 \cdot 12}\right)^{20 \cdot 12} - 1}{\left(1 + \frac{7}{100 \cdot 12}\right) - 1}$$

K_n = 184.960,11 €

2. Welchen Betrag muss der Anleger monatlich investieren, wenn er ein Endvermögen von 250.000 € erreichen will?

Durch Gleichungsumstellungen ergibt sich aus

$$K_n = K_0 \cdot \left(1 + \frac{p}{100 \cdot m}\right)^{n \cdot m} + E \cdot \frac{\left(1 + \frac{p}{100 \cdot m}\right)^{n \cdot m} - 1}{\left(1 + \frac{p}{100 \cdot m}\right) - 1}$$

die folgende Formel für die Berechnung der notwendigen Sparrate:

$$E = \left(K_n - \left(K_0 \cdot \left(1 + \frac{p}{100 \cdot m}\right)^{n \cdot m}\right)\right) \cdot \frac{\left(1 + \frac{p}{100 \cdot m}\right) - 1}{\left(1 + \frac{p}{100 \cdot m}\right)^{n \cdot m} - 1}$$

Damit ist die Sparrate

$$E = \left(250.000 - \left(20.000 \cdot \left(1 + \frac{7}{100 \cdot 12}\right)^{20 \cdot 12}\right)\right) \cdot \frac{\left(1 + \frac{7}{100 \cdot 12}\right) - 1}{\left(1 + \frac{7}{100 \cdot 12}\right)^{20 \cdot 12} - 1}$$

$E = 324{,}85$ €

Berechnung von Darlehen

Für die Berechnung von Darlehen benötigen wir eine etwas abgewandelte Zinseszinsformel. Bei der Vergabe eines Darlehens wird zu Beginn ein Betrag S an den Darlehensnehmer ausgezahlt. Dieser Betrag wird anschließend in gleichen Raten (Annuitätendarlehen) an den Darlehensgeber zurückgeführt.

Dieser Vorgang lässt sich für Darlehen mit jährlicher Zins- und Tilgungsleistung in der folgenden Gleichung beschreiben:

$$S_0 \cdot \left(1 + \frac{p}{100}\right)^n = S_n + A \cdot \frac{\left(1 + \frac{p}{100}\right)^n - 1}{\left(1 + \frac{p}{100}\right) - 1}$$

S_0 = ursprünglicher Darlehensbetrag (Bruttodarlehen)
P = Nominalzins des Darlehens
A = Annuität
n = Darlehenslaufzeit
S_n = Restschuld des Darlehens nach einer Laufzeit von n Jahren

Zur Berechnung von Darlehen, die unterjährig bedient werden, muss die Formel noch einmal leicht abgewandelt werden. Sie lautet dann wie folgt:

$$S_0 \cdot \left(1 + \frac{p}{100 \cdot m}\right)^{n \cdot m} = S_n + A \cdot \frac{\left(1 + \frac{p}{100 \cdot m}\right)^{n \cdot m} - 1}{\left(1 + \frac{p}{100 \cdot m}\right) - 1}$$

S_0 = ursprünglicher Darlehensbetrag (Bruttodarlehen)
P = Nominalzins des Darlehens
A = Annuität
n = Darlehenslaufzeit
m = Häufigkeit der unterjährigen Zahlungen
S_n = Restschuld des Darlehens nach einer Laufzeit von n Jahren

Aus dieser Formel lassen sich wiederum die Gleichungen für Restschuld, etc. entwickeln.

Die Restschuld eines Darlehens zum Zeitpunkt n ergibt sich demnach nach der Formel:

$$S_n = S_0 \cdot \left(1 + \frac{p}{100 \cdot m}\right)^{n \cdot m} - A \cdot \frac{\left(1 + \frac{p}{100 \cdot m}\right)^{n \cdot m} - 1}{\left(1 + \frac{p}{100 \cdot m}\right) - 1}$$

BEISPIELE

1. Ein Darlehen von 50.000 € wurde zu einem Nominalzins von 6 Prozent vergeben. Der Darlehensnehmer zahlt monatlich 1.000 € an den Darlehensgeber zurück. Wie hoch ist die Restschuld nach 2 Jahren?

$$S_n = 50.000 \cdot \left(1 + \frac{6}{100 \cdot 12}\right)^{2 \cdot 12} - 1.000 \cdot \frac{\left(1 + \frac{6}{100 \cdot 12}\right)^{2 \cdot 12} - 1}{\left(1 + \frac{6}{100 \cdot 12}\right) - 1}$$

S_n = 30.926,03 €

2. Wie lange dauert es, bis der Darlehensnehmer bei gleich bleibender monatlicher Darlehensrate schuldenfrei ist?

$$n = \frac{\lg\left(\frac{A}{\left(\left(-S_0 \cdot \frac{P}{100 \cdot m}\right) + A\right)}\right)}{\lg\left(1 + \frac{P}{100 \cdot m}\right)}$$

$$n = \frac{\lg\left(\frac{1.000}{\left(-50.000 \cdot \left(\frac{6}{100 \cdot 12}\right) + 1.000\right)}\right)}{\lg\left(1 + \frac{6}{100 \cdot 12}\right)}$$

n = 57,68 Monate

Die Tilgung des Darlehens dauert 57,68 Monate oder 4,81 Jahre.

3. Bei welcher monatlichen Rate ist der Darlehensnehmer bereits nach 3 Jahren schuldenfrei?

$$A = \left[S_0 \cdot \left(1 + \frac{p}{100 \cdot m}\right)^{n \cdot m} - S_n\right] \cdot \frac{\left(1 + \frac{p}{100 \cdot m}\right) - 1}{\left(1 + \frac{p}{100 \cdot m}\right)^{n \cdot m} - 1}$$

$$A = \left[50.000 \cdot \left(1 + \frac{6}{100 \cdot 12}\right)^{3 \cdot 12} - 0\right] \cdot \frac{\left(1 + \frac{6}{100 \cdot 12}\right) - 1}{\left(1 + \frac{6}{100 \cdot 12}\right)^{3 \cdot 12} - 1}$$

A = 1.521,10 €

Auf den vorangegangenen Seiten haben Sie die wichtigsten Abwandlungen und Umformungen der Zinsesformeln für Sparpläne und Darlehen kennen gelernt. Beherrschen Sie den alltäglichen Umgang mit diesen Formeln, können Sie getrost auf die Anwendung anderer Hilfsmittel verzichten.

Doch wenn wir ganz ehrlich sind, arbeiten auch wir im Alltag nicht mit diesen Formeln, sondern benutzen den finanzmathematischen Taschenrechner als schnelles und weniger fehleranfälliges Hilfsmittel. Bedenken Sie: Es ist zwar ohne weiteres möglich, alle Berechnungen, die wir Ihnen in diesem Buch vorstellen, manuell mit diesen Formeln zu lösen, aber welcher Kunde lässt Ihnen in einem Beratungsgespräch schon die Zeit mit Papier und Kugelschreiber mühsam eine Formel aufzulösen. Daher erfahren Sie auf den nächsten Seiten, wie Sie ein für allemal ohne das Auflösen von Formeln bequem fast jede Frage Ihrer Kunden beantworten können.

Ihr Kunde möchte in den nächsten 20 Jahren monatlich am Monatsende einen Betrag von 200 € in einen Sparplan einzahlen, der jährlich mit 5 Prozent verzinst wird. Zusätzlich zahlt er zu Beginn einen Betrag von 15.000 € als Einmalanlage ein. Über welches Vermögen kann er in 20 Jahren verfügen?

Rechnen Sie einmal mit den oben vorgestellten Formeln.

Haben Sie die richtige Formel gefunden?

$$K_n = K_0 \cdot \left(1 + \frac{p}{100 \cdot m}\right)^{n \cdot m} + E \cdot \frac{\left(1 + \frac{p}{100 \cdot m}\right)^{n \cdot m} - 1}{\left(1 + \frac{p}{100 \cdot m}\right) - 1}$$

$$K_{20} = 15.000 \cdot \left(1 + \frac{5}{100 \cdot 12}\right)^{20 \cdot 12} + 200 \cdot \frac{\left(1 + \frac{5}{100 \cdot 12}\right)^{20 \cdot 12} - 1}{\left(1 + \frac{5}{100 \cdot 12}\right) - 1}$$

$$K_{20} = 15.000 \cdot (1{,}004167)^{240} + 200 \cdot \frac{(1{,}004167)^{240} - 1}{1{,}004167 - 1}$$

$$K_{20} = 15.000 \cdot 2{,}71264 + 200 \cdot \frac{2{,}71264 - 1}{0{,}004167}$$

$$K_{20} = 4.068 + 200 \cdot \frac{1{,}71264}{0{,}004167}$$

$$K_{20} = 40.689{,}6 + 200 \cdot 411{,}03$$

$$K_{20} = 40.689{,}6 + 82.206{,}7 = 122.896{,}3 \text{ €}$$

Wie lange haben Sie gebraucht, die Aufgabe zu lösen? Selbst ein routinierter Rechner wird nicht unter ein bis zwei Minuten benötigen, das Ergebnis zu ermitteln. Länger wird es dauern, wenn anstelle des einfach zu ermittelnden Endvermögens eine andere Größe wie zum Beispiel die Laufzeit einer Anlage ermittelt werden soll.

Wie lange dauert die gleiche Berechnung mit dem finanzmathematischen Taschenrechner BWK Business® ? In der Folge finden Sie die notwendigen Eingabeschritte.

Eingabe	Display	Erklärung
12 [P/YR / E/B]	P/YR 12,00	12 Zahlungen jährlich werden durch den Kunden eingezahlt.
20 [x P/YR]	N 240,00	Der Kunde zahlt 20 Jahre lang, also 240 Monate.
5 [I/YR / NOM%]	I/YR NOM% 5,00	Der Anlagezins beträgt 5 %.
15000 [+/– /)] [PV]	PV – 15.000,00	Der Kunde leistet zu Beginn der Vertragslaufzeit eine einmalige Zahlung von 15.000 €.
200 [+/– /)] [PMT / PCL%]	PMT – 200,00	Der Kunde zahlt monatlich einen Betrag von 200 €.
Drücken Sie „FV“: [FV]	FV 122.896,34	Ergebnis: Der Kunde erhält am Ende der Vertragslaufzeit einen Betrag von 122.896,34 €.

Für diese Eingaben benötigen Sie mit etwas Übung weniger als 30 Sekunden. Mit der gleichen Geschwindigkeit können Sie jede andere gesuchte Größe des Zahlungsstroms ermitteln.

Teil 2

Der Rechner zum Buch und zum Seminar

Warum BWK Business®?

Ich möchte Ihnen in wenigen Worten erklären, wieso in diesem Buch der finanzmathematische Taschenrechner BWK Business® im Vordergrund steht. Denn: Immer wieder sitzen Teilnehmer in meinen Seminaren, die danach fragen, ob nicht auch andere Rechner in Frage kämen. Meine Antwort: Der BWK Business® ist in Sachen simple Eingabelogik und Schnelligkeit nicht zu schlagen. Der Taschenrechner wurde direkt für Sie, für Finanzdienstleister, Finanzmathematiker und Kaufleute entwickelt. Er ist quasi eine Weltneuheit in Beratung und Verkauf. Sparpläne mit und ohne Dynamik, das von mir entwickelte Verkaufsmodul YOERS (JOERS) und umfangreiche Cash-Flow-Berechnungen sind die wichtigsten Bestandteile des BWK Business®. Die Bedienerfreundlichkeit und die simple Nutzung im Vertrieb direkt mit dem Kunden zeichnen den BWK Business® aus. Dieser ist nach den neuen EU-Dokumentationspflichten ausgerichtet und ist dadurch quasi ein Muss für jeden Finanzdienstleister. Kurz gesagt: Mit dem BWK Business® bleiben keine Fragen hinsichtlich Berechnungen im Kundengespräch offen.

Rechnerbeschreibung

Der finanzmathematische Taschenrechner BWK Business® bietet die Möglichkeit, einfache Zahlungsströme leicht zu erfassen und zu berechnen. Alle in diesem Buch beschriebenen Berechnungen werden mit der TVM(Time-Value-of-Money)-Funktion des Taschenrechners durchgeführt. Diese Funktion kann für alle Zahlungsströme verwendet werden, deren laufende Zahlungen regelmäßig und in gleicher Höhe anfallen. Zudem bietet der BWK Business die Möglichkeit in regelmäßige Zahlungen eine Dynamik einzubauen. Hier würde die regelmäßige Zahlung in regelmäßigen Abständen um einen gewissen Prozentsatz ansteigen.

Der BWK Business® bietet mit der Möglichkeit zur Cash-Flow-Berechnung noch eine weitere Funktion, mit der auch Zahlungsströme, bei denen unterschiedliche Zahlungen anfallen, in einem Rechenschritt erfasst werden können. Diese Funktion ist jedoch in der Bedienung komplexer als die in diesem Buch angewandte und beschriebene TVM-Funktion. Obwohl diese Funktion in einigen Fällen mehrere Rechenschritte verlangt, ist sie in der Handhabung auch im Gespräch mit dem Kunden einfacher und oft schneller als die Cash-Flow-Funktion.

Zu dieser Funktion und vielen anderen Möglichkeiten des Rechners finden Sie umfangreiche Erläuterungen im mitgelieferten Handbuch.

***Hinweis:** Die Funktionen AMORT und auch Cash-Flow werden im Buch „Rechentraining für Finanzdienstleister", Band 2 näher erläutert. Ein klarer Kauf für diejenigen, die die Funktionen des BWK Business® voll ausschöpfen möchten.*

Die alles entscheidende Botschaft, der erste Schritt lautet: Notieren Sie den Zahlungsstrom! Machen Sie Sich den Zahlungsstrom klar!

Wie bereits oben geschildert lassen sich alle Finanzgeschäfte in Form eines Zahlungsstroms darstellen. Ein Zahlungsstrom erfasst alle Geldflüsse, die während eines Geschäftes auftreten. Zahlungen können dabei entweder vom Kunden abfließen oder dem Kunden zufließen. Zusätzlich zu den Zahlungsflüssen wird ein solcher Zahlungsstrom oder Cash-Flow durch die Laufzeit, die Häufigkeit der Zahlungen und einen Zinssatz definiert. Zusätzlich zu den laufenden Zahlungen während eines Zahlungsstroms kann der BWK Business® noch je eine Zahlung zu Beginn und am Ende eines Zahlungsstroms berücksichtigen.

Ein Zahlungsstrom besteht also aus:

1. der Häufigkeit der jährlichen Zahlungen
2. der Dauer des Zahlungsstroms
3. einem Zinssatz/einer Rendite mit der die Zahlungen verzinst werden
4. einer Zahlung zu Beginn eines Zahlungsstroms

5. regelmäßigen Zahlungen während der Dauer des Zahlungsstroms
6. einer Zahlung am Ende des Zahlungsstroms

Bei einer eventuellen Dynamikberechnung kommen noch folgende Angaben hinzu:

7. Dynamiksteigerungen in Prozent
8. Häufigkeit der Dynamiksteigerungen (zum Beispiel alle 2 Jahre erfolgt eine Steigerung)

Möchten Sie Berechnungen zu einem Finanzprodukt anstellen, müssen Sie sich zunächst vergegenwärtigen, wie der Zahlungsstrom des Produkts aussieht. Dies ist am leichtesten, wenn Sie den Zahlungsstrom zunächst einmal grafisch darstellen.

BEISPIEL

Das Diagramm zeigt den Zahlungsstrom einer Kapitalanlage, bei der ein Anleger zu Beginn eine Einmalanlage leistet und in der Folge regelmäßige Sparzahlungen einzahlt. Am Ende der Anlagelaufzeit erhält er das Ergebnis seiner Kapitalanlage in einer Summe zurückgezahlt. Zusammen mit der Angabe der Laufzeit und der Verzinsung ist die Anlage in dieser Form vollständig beschrieben. Finanzmathematisch lässt sich ein solcher Zahlungsstrom durch eine Zinseszins-Formel beschreiben.

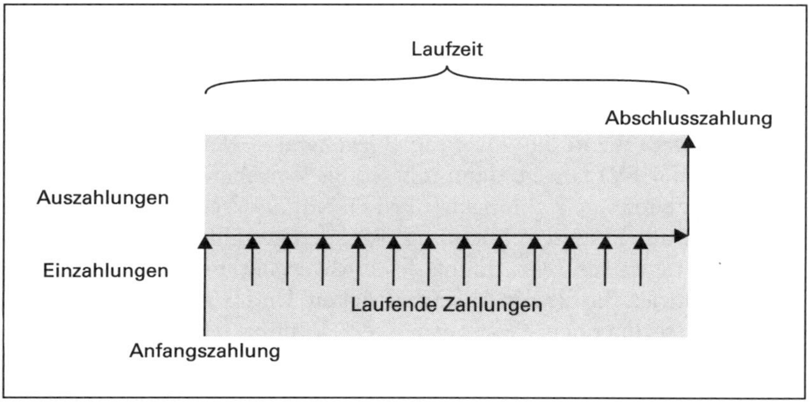

Die hier genannten Informationen müssen bei der Berechnung von Zahlungsströmen bekannt sein. Kennen Sie alle Informationen mit Ausnahme einer Angabe, können Sie die fehlende Angabe ermitteln.

Eselsbrücke fürs Rechnen

Wenn Sie im Folgenden mit dem BWK Business® rechnen, dann wird jeder Zahlungsstrom über die Tasten PV (steht für **P**resent **V**alue = Gegenwartswert), PMT (steht für **P**ay**m**en**t** = hier werden alle laufenden Zahlungen gespeichert) und FV (steht für **F**uture **V**alue = Zukunftswert) eingegeben beziehungsweise errechnet. Immer wieder passiert es dabei Teilnehmern in meinen Seminaren, dass sie diese Endzahlungen über die Taste PV (Einmalzahlungen zu Beginn) eingeben oder den Gegenwartswert (PV) über die Taste für den Endwert (FV) abfragen wollen. Um das zu verhindern, merken Sie sich bitte die folgende Skizze:

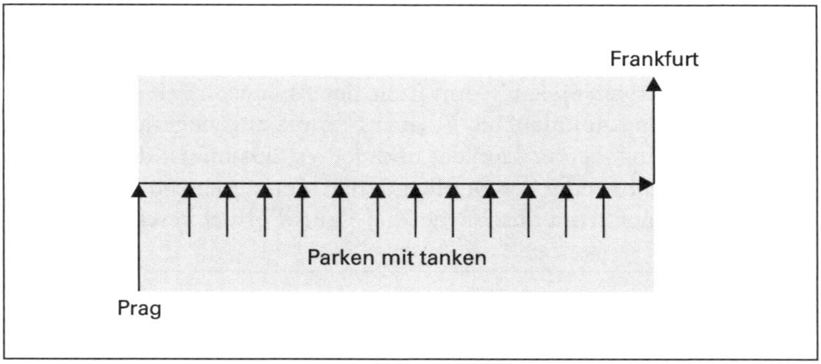

Das bedeutet: Wenn Sie von Prag (Gegenwart = PV) nach Frankfurt (Endstation = FV) fahren, dann müssen Sie zwischendurch parken und tanken (regelmäßige Zahlungen = PMT). Mit anderen Worten: Merken Sie sich für alle in diesem Buch im Folgenden gestellten Aufgaben, dass bei einer Frage nach Berechnung des Endwerts immer nur Frankfurt = FV die Taste ist, die Sie zur Abfrage drücken. Und bei der Frage nach einem zu errechnenden Gegenwartswert kommt nur die Taste Prag (Gegenwert = PV) in Frage.

Der BWK Business® wurde konkret auf die Bedürfnisse von Finanzdienstleister entwickelt. Er besitzt die Verkaufs- und Wiedergabefunktion YOERS. Diese dient dazu, noch mal die gemachte Berechnung anzusehen oder auch zu speichern. Hierzu stehen bis zu 40 Speicherplätze zur Verfügung. Lästiges notieren der einzelnen Berechnungen fällt somit beim Kunden weg. Zudem kann der Kunde hier nochmals die gemachte Berechnung bestätigen. Durch die USB-Schnittstelle können die gespeicherten Berechnungen auf dem PC geladen werden. Durch die YOERS-Funktion wird somit die EU-Dokumentationspflicht beachtet. Mehr zu der YOERS-Funktion erhalten Sie später in diesem Buch oder in dem beim BWK Business® mitgelieferten Handbuch.

Der finanzmathematische Taschenrechner BWK Business®

Wenn Sie sich den Taschenrechner, mit dem wir in diesem Buch gemeinsam arbeiten, zum ersten Mal anschauen, werden Sie vielleicht erschrecken angesichts der vielen Funktionen und mehrfach belegten Tasten, die das Gerät bietet. Oder sind Ihnen Abkürzungen PRC, CST bekannt und vertraut? Eines versichere ich Ihnen, bevor Sie vor lauter Tastenfrust den Rechner zur Seite legen: Es handelt sich hier nicht um ein hochkompliziert zu bedienendes Wundergerät. Jeder kann sich leicht damit zurechtfinden. Wir benötigen für die von uns vorgestellten finanzmathematischen Berechnungen nur wenige der Funktionen, die das Gerät anbietet.

Übrigens: Für die oben beschriebene TVM-Rechnung benötigen Sie die zwei oberen Tastenreihen des BWK Business®. Diese sind, leicht zu erkennen, die roten Tasten. Zudem sehen Sie unter der oberen Tastenreihe einen roten Pfeil. Dieser dient Ihnen quasi als Gedankenstütze für den oben beschriebenen Zahlungsstrom „von Prag nach Frankfurt".

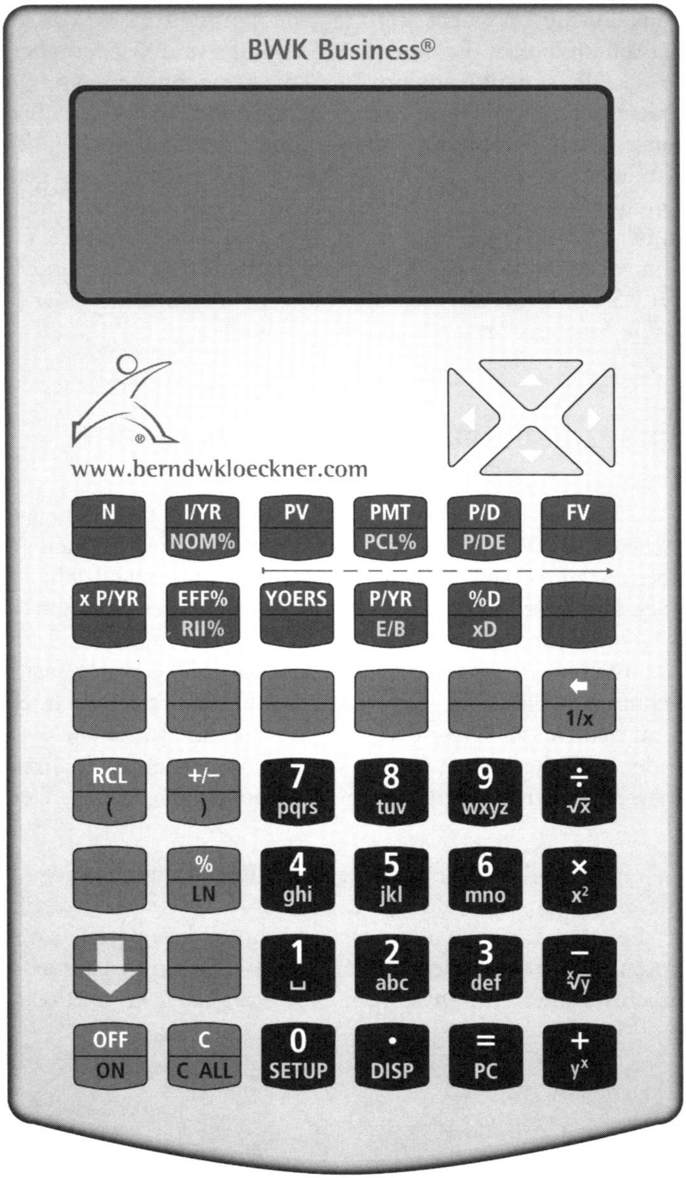
BWK Business®
www.berndwkloeckner.com
N
I/YR
NOM%
PV
PMT
PCL%
P/D
P/DE
FV
x P/YR
EFF%
RII%
YOERS
P/YR
E/B
%D
xD
1/x
RCL
(
+/–
)
7
pqrs
8
tuv
9
wxyz
÷
√x
%
LN
4
ghi
5
jkl
6
mno
×
x²
1
2
abc
3
def
–
OFF
ON
C
C ALL
0
SETUP
·
DISP
=
PC
+
yˣ

Legen Sie den Rechner jetzt bei Seite und schauen einmal auf die systematische Darstellung auf der gegenüberliegenden Seite. Wir werden nur die in dieser Darstellung hervorgehobenen Funktionstasten benutzen. Alle anderen Funktionen und Tasten des Rechners benötigen Sie nicht in diesem Buch.

Wie Sie sehen, kein Grund zur Panik, außer den üblichen Grundrechenarten und den Zifferntasten müssen Sie sich lediglich die Funktionen von zwölf Tasten einprägen. Das genügt bereits, um fast jede (einfache) finanzmathematische Fragestellung zu lösen. Mit Sicherheit stimmen Sie mir zu, dass es leichter ist, sich diese wenigen Funktionen und Bedienschritte einzuprägen, als mit den im vorigen Kapitel dargestellten mathematischen Formeln zu arbeiten.

Grundbeispiele

Haben Sie sich den Zahlungsstrom eines Geschäfts wie auf den vorigen Seiten beschrieben, können Sie die Daten direkt in den Taschenrechner eingeben.

Der BWK Business® verfügt über eine so genannte TVM(Time-Value-of-Money)-Funktion, in der beliebige Zahlungsströme mit gleich bleibenden laufenden Zahlungen erfasst werden können. Sie finden diese Funktionstasten in den obigen beiden Reihen des Tastenfeldes.

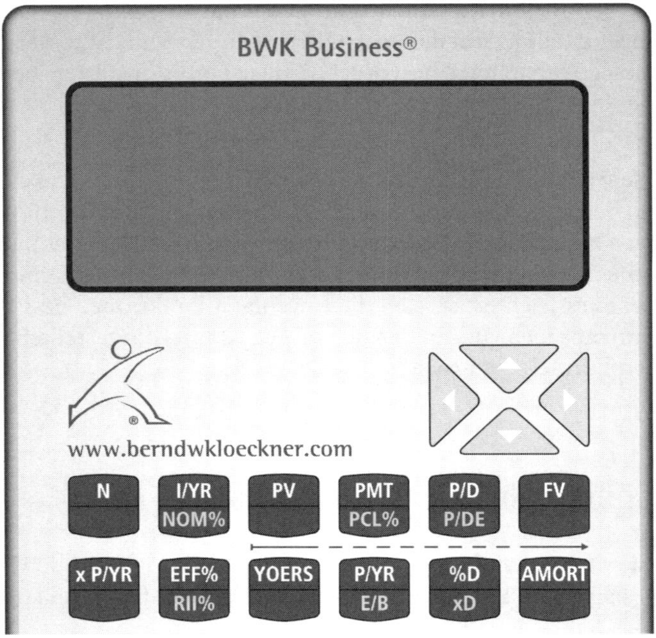

Die einzelnen Tastenbezeichnung und ihre Bedeutung:

N Number, Dauer der Anlage/des Darlehens, Anzahl Zahlungsperioden

I/YR Interest per Year, jährlicher Nominalzins

PV Present Value, Barwert oder Anfangszahlung, einmalige Zahlung zu Beginn einer Anlage/eines Darlehens

PMT Payment, regelmäßige Zahlung während der Laufzeit

FV Future Value, Zukunfts- oder Endwert einer Zahlungsreihe

Die einzelnen Tasten funktionieren als Speicher, die durch die oben dargestellten finanzmathematischen Formeln miteinander verknüpft sind. Möchten Sie einen Wert abspeichern, geben Sie den Wert über die Zifferntasten ein und drücken anschließend die gewünschte Speichertaste. Der Wert wird danach nochmals im Display wiedergegeben, mit der zugehörigen Bezeichnung der Speichertaste, auf der Sie den Wert gespeichert haben.

Drücken Sie eine Speichertaste ohne vorher über die Zifferntasten einen Wert eingegeben zu haben, ermittelt der Rechner aus den Speicherwerten der übrigen Tasten anhand der oben dargestellten Formeln den Wert.

Zwei Tasten sind in der zweiten Reihe, die bei der Erfassung von Zahlungsströmen benötigt werden:

P/YR

Periods per Year, Perioden pro Jahr/Häufigkeit unterjähriger Zahlungen

xP/YR

Über die Funktion xP/YR kann die Dauer eines Zahlungsstroms unabhängig von der ausgewählten Anzahl unterjähriger Zahlungsperioden als Jahreswert angegeben werden, während unter der Bezeichnung N die absolute Zahl der Zahlungsperioden abgelegt und angezeigt wird.

So ordnen Sie den Zahlungsstrom den Speicher-/Tastenbelegungen zu:

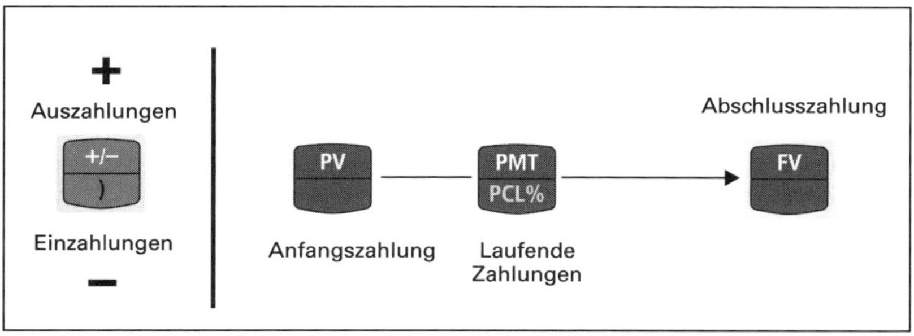

Zahlungen zu Beginn eines Zahlungsstroms werden unter der Speichertaste PV abgelegt.

Laufende Zahlungen werden unter dem Speicher PMT abgelegt.

Zahlungen am Ende eines Zahlungsstroms werden auf dem Speicherplatz FV abgelegt. Erinnern Sie sich im Zweifel, welche Zahl auf welche Taste gelegt werden soll, immer an die kleine Eselsbrücke Prag – parken und tanken – Frankfurt oder orientieren Sie sich am roten Pfeil unterhalb der Funktionstasten.

Wichtig

Zu jeder Zahlung muss zusätzlich die Information abgelegt werden, ob es sich um eine Einzahlung oder eine Auszahlung handelt. Zahlt der Kunde einen Betrag, wird dieser Wert bei der Eingabe mit einem negativen Vorzeichen versehen. Der Wechsel des Vorzeichens geschieht durch Drücken der Taste +/–.

Beträge, die dem Kunden zufließen, werden demzufolge mit positivem Vorzeichen (keine Vorzeichenanzeige im Display) erfasst.

Jeder Zahlungsstrom muss sowohl aus Einzahlungen als auch aus Auszahlungen bestehen. Denn: Es gibt keine Geschäfte im Finanzbereich, bei denen ein Kunde nur Zahlungen erhält oder leistet. Werden nur Zahlungen in einer Richtung eingegeben, das bedeutet, geben Sie nur positive Zahlen oder nur negative Zahlen ein, gibt der Rechner völlig zu Recht die Fehlermeldung „IMPOSSIBLE" – keine Lösung – aus.

So einfach dieser Tipp klingt, so wichtig ist es für Sie, ihn zu beachten. Die einfachste Methode, dieser „IMPOSSIBLE"-Falle zu entgehen ist, dass Sie sich immer wieder fragen: Fließt eine einzugebende Zahlung aus meiner Tasche raus oder rein?

Fließt eine Zahlung aus Ihrer Tasche, setzen Sie von Beginn Ihrer Rechnungen konsequent ein Minuszeichen vor die Zahl. Fließt eine Zahlung in Ihre Tasche hinein, dann geben Sie die entsprechende Zahl positiv ein.

Ein letzter Hinweis in dieser Sache: Wenn Sie beispielsweise für Ihren Sparplan, den Sie berechnen wollen, Geld (eine zusätzliche Einmalanlage) von Ihrer Oma erhalten, dann bekommen Sie zwar das Geld in Ihre Tasche, nehmen es jedoch zur Anlage wieder heraus und investieren es in den Sparvertrag. Die entsprechende Einmalzahlung sollte demzufolge mit einem Minuszeichen eingegeben werden.

Bei der Erfassung eines Zahlungsstroms halten Sie sich am einfachsten an ein festes Eingabeschema. Indem Sie diese Reihenfolge der sechs Berechnungsschritte einhalten, vermeiden Sie es, bei der Erfassung eines Zahlungsstroms einen Fehler zu machen. Als Merkhilfe gebe ich Ihnen zu jedem Eingabeschritt eine kurze Frage zu dem Geschäft/Zahlungsstrom, mit der Sie sich leicht die Tastenfolgen und Eingaben merken können.

1. Beginnen Sie immer mit der Eingabe der unterjährigen Zahlungsperioden. Den zugehörigen Speicher erreichen Sie durch Drücken der Taste P/YR.
   Fragen Sie sich: Wie oft im Jahr erfolgen regelmäßige Zahlungen? Lautet die Antwort „12“ (da es sich um einen monatlichen Sparplan handelt), geben Sie ein 12 – P/YR.
   Nach dieser Eingabe belegen wir die Speicherplätze, auf denen der Zahlungsstrom abgebildet wird, nacheinander. Damit systematisch vorgegangen wird und keine Eingabe ausgelassen wird, gehen wir dabei am besten von links nach rechts die Tastenreihenfolge durch. Dabei lassen wir die Eingabe der Größe, die wir nicht kennen aus. Diesen Wert kann der Rechner ermitteln, wenn die übrigen Speicher belegt sind.
   Gehen Sie entsprechend der zeitlichen Abfolge der Zahlungen von links nach rechts vor, so behalten Sie leicht den Überblick über die Eingaben und Berechnungen.

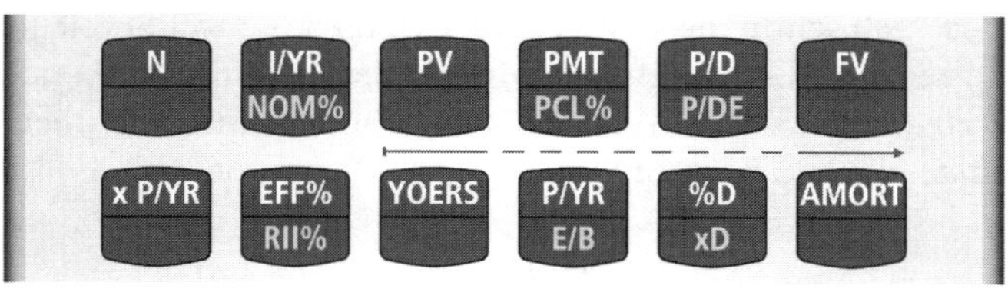

2. Geben Sie die Dauer des Zahlungsstroms ein. Am einfachsten ist es hier, die Dauer in Jahren über die Funktion xP/YR einzugeben, die als Funktionstaste unter der Taste N zu finden ist. Die Umrechnung in die entsprechende Anzahl unterjähriger Zahlungsperioden führt der Rechner dann automatisch durch.

Fragen Sie sich: Wie viele Jahre fließen Zahlungen?
Lautet die Antwort „20“ (da es sich um einen monatlichen Sparplan über 20 Jahre handelt), geben Sie ein 20 – xP/YR.

3. Geben Sie den Zinssatz über die Taste I/YR ein.
   Fragen Sie sich: Welcher Zinssatz ist dem Zahlungsstrom unterlegt?
4. Geben Sie eine Anfangszahlung über die Taste PV ein. Fließt keine einmalige Zahlung zu Beginn, geben Sie den Wert Null ein.
   Fragen Sie sich: Gibt es eine einmalige Zahlung am Beginn des Zahlungsstroms?
5. Geben Sie die Höhe der regelmäßigen Zahlungen über die Taste PMT ein.
   Fragen Sie sich: Welche Zahlungen fließen während der Laufzeit regelmäßig?
6. Geben Sie die Zahlung am Ende des Zahlungsstroms über die Taste FV ein.
   Fragen Sie sich: Welche Zahlung fließt am Ende des Zahlungsstroms?

Shift-Taste

Obige 6 Funktionstasten, die Sie am Häufigsten mit dem BWK Business® benutzen werden, können direkt gedrückt werden. Doch sicherlich haben Sie auch schon die Tasten entdeckt, die mit zwei Bezeichnungen ausgestattet sind. Um die zweite (untere) Bezeichnung zu erreichen, müssen Sie zuvor die SHIFT-Taste drücken. Diese finden Sie über der OFF/ON Taste als Pfeil nach unten:

Möchten Sie also beispielsweise auf der Taste I/YR das NOM% erreichen, drücken Sie als Erstes die Zahl, die dort gespeichert werden soll, danach SHIFT (im Display erscheint „SHIFT“) und danach die Taste I/YR. Zahl – SHIFT – I/YR. Im Folgenden wird nur noch die Bezeichnung „SHIFT“ genannt.

Dynamikberechnungen: Taste P/D

Eine Dynamikberechnung ist beispielsweise ein Sparplan, in dem die regelmäßige Zahlung nach regelmäßigen Abständen um einen bestimmten Prozentsatz ansteigt.

Sicherlich ist Ihnen die Taste P/D zwischen den Tasten PMT und FV aufgefallen. Diese Taste und die Taste %D gehören zu den notwendigen Tasten für die Dynamikberechnungen. Auch die Unterbezeichnungen „P/DE“ und „xD“, die über SHIFT erreicht werden können, sind für die Dynamikberechnungen wichtig.

P/D Payment Dynamic, regelmäßige Zahlung zu Beginn des Dynamikzeitraums
P/DE Payment Dynamic End, regelmäßige Zahlung zum Ende des Dynamikzeitraums
%D Dynamic rate, regelmäßige Erhöhung der regelmäßigen Zahlung um einen Prozentsatz
xD Dynamic Periods, Perioden nach der jeweils eine Dynamikerhöhung erfolgen soll

Haben Sie also eine Dynamikberechnung, geben Sie die regelmäßige Zahlung nicht über die Taste PMT ein, sondern benutzen die rechts direkt daneben liegende Taste P/D. Gehen wir also nach den auf der vorigen Seite beschriebenen sechs Berechnungsschritten, wird der 5. Schritt (Eingabe von PMT) mit folgenden Schritten ersetzt:

5. Geben Sie die Höhe der regelmäßigen dynamischen Zahlung über die Taste P/D oder P/DE ein.
   Fragen Sie sich: Welche Zahlung fließt zu Beginn des Dynamikzeitraums (P/D) oder welche Zahlung fließt am Ende des Dynamikzeitraums (P/DE)?

6. Geben Sie die regelmäßige Erhöhung der Zahlung/Dynamik in Prozent über die Taste %D ein.
   Fragen Sie sich: Wie hoch in Prozent ist die regelmäßige Erhöhung/Dynamik der Sparrate?

7. Geben Sie den Abstand, nach dem jeweils eine Erhöhung der Zahlung erfolgen soll, in Perioden über die Taste xD ein.
   Fragen Sie sich: Nach wie vielen Perioden erfolgt eine Steigerung der regelmäßigen Sparrate?
   Lautet die Antwort „jedes zweite Jahr“ bei monatlicher Zahlung (P/YR = 12), so müssen Sie bei xD eine 24 eingeben (alle 24 Perioden erfolgt eine Steigerung der Zahlung).

Wichtiger Hinweis zu PMT und P/D

Der Wert auf PMT wird gelöscht, sobald ein Wert auf P/D, %D oder xD abgelegt wird. Haben Sie einen Wert auf P/D gespeichert, so wird dieser gelöscht, sobald Sie PMT neu eingeben.

Der Wert auf xD richtet sich vorerst nach P/YR – Standardwert von xD ist also P/YR – also jährliche Dynamik. Natürlich können Sie auf xD einen beliebigen Wert eingeben. Geben Sie jedoch P/YR neu ein, so verändert sich auch xD auf den Wert von P/YR.

Sie sollten also grundsätzlich immer die Werte von P/D, %D und xD neu belegen, wenn Sie eine Dynamikberechnung durchführen.

Allgemeiner Hinweis zu Dynamikberechnungen

Eine Berechnung mit Dynamik kann einige Sekunden in Anspruch nehmen. Es wird dann „CALCULATING“ im Display angezeigt. Berechnen Sie den Zins I/YR, die Laufzeit N oder die Dynamik in Prozent %D, so können Sie die Berechnung durch längeres Drücken der Taste „C“ abbrechen.

Zudem können Sie nur Berechnungen bis zu 88 Jahren durchführen. Ist die Laufzeit über 88 Jahre wird folglich „OVERFLOW“ als Fehlermeldung ausgegeben.

Tilgungstaste PCL%

Für Darlehensberechnungen mit einem anfänglichen Tilgungssatz in Prozent ist die Taste PCL% (Principal = Tilgung) vorhanden. Sie können also mit dieser Taste die regelmäßige Zahlung (PMT) berechnen oder die anfängliche Tilgung in Prozent berechnen. Voraussetzung ist dafür, dass Sie vorher

1. die Taste Perioden pro Jahr (P/YR)
2. den Zinssatz (I/YR)
3. den Darlehensbetrag über die Taste (PV)

eingegeben haben. Aus diesen Werten und dem anfänglichen Tilgungssatz (PCL%) berechnet der Taschenrechner dann die regelmäßige Annuität (PMT).

Haben Sie vorher die Taste PMT berechnet, könnten Sie über die Taste PCL% den anfänglichen Tilgungssatz ermitteln.

RCL-Taste: Kontrolle der Eingaben

Der Rechner behandelt die einzelnen Werte des Zahlungsstroms zunächst wie normale Speicherplätze. Zur Kontrolle Ihrer Eingaben können Sie die Inhalte der Speicherplätze auch abrufen, ohne den Wert des Speichers zu verändern. Drücken Sie dazu die Taste RCL und im Anschluss daran die Taste, deren Belegung Sie überprüfen möchten.

Bevor Sie den Rechner das Ergebnis einer Aufgabe berechnen lassen, empfehle ich Ihnen dringend, mit dieser Recall-Taste (RCL) die Eingaben zu kontrollieren. Beispielsweise RCL N, RCL I/YR, RCL PV. Erst dann drücken Sie die letzte Taste, mit der Sie das gewünschte Ergebnis einer Aufgabe abfragen. Also beispielsweise FV, wenn Sie das Endergebnis wissen wollen. Diese Vorgehensweise kostet Sie nur wenige Sekunden, gibt Ihnen jedoch sehr große Sicherheit.

Vorschüssige/Nachschüssige Zahlungen – Anrechnung der Zahlungen

Für das Ergebnis jeder finanzmathematischen Berechnung ist der Zeitpunkt der Ein- oder Auszahlung entscheidend. Der Taschenrechner kann unterscheiden zwischen Zahlungen zum Beginn (vorschüssig) und zum Ende (nachschüssig) einer Zahlungsperiode.

Wird mit einer vorschüssigen Zahlungsweise gearbeitet, ist im Display *„BEGIN"* angezeigt. Bei nachschüssiger Zahlungsverrechnung erfolgt kein gesonderter Displayhinweis. Zwischen den unterschiedlichen Methoden der Zahlungsanrechnung können Sie durch die Tastenkombination SHIFT und Taste P/YR (E/B) wechseln. In den meisten Aufgaben rechnen wir mit nachschüssiger Zahlung, außer es wird ausdrücklich auf vorschüssige Zahlung hingewiesen.

Nominal- und Effektivzins:

Über die Bedeutung und Ermittlung des effektiven Jahreszinses beherrscht sowohl bei Finanzberatern wie auch bei Verbrauchern weitgehende Unkenntnis das Bild. Zur allgemeinen Bedeutung des effektiven Jahreszinses sollen an dieser Stelle nur einige kurze Bemerkungen erfolgen: Der effektive Jahreszins soll dazu dienen, Geldgeschäfte durch die Ermittlung der Verzinsung nach einem einheitlichen Berechnungsverfahren vergleichbar zu machen. Ein Vergleich anhand des von Produktanbietern angegebenen Zinssatzes ist in vielen Fällen nicht möglich da:

- Zahlungen zu unterschiedlichen Terminen gutgeschrieben werden,
- Zinsen zu unterschiedlichen Terminen gutgeschrieben/belastet werden, sodass unterjährige Zinsgutschriften/-belastungen, zu einem Zinseszinseffekt während des Jahres führen können,
- unterschiedliche Gebühren neben eigentlichen Zinszahlungen die Kosten und Erträge eines Geschäfts beeinflussen.

Um hier Verbrauchern einen Vergleich unterschiedlicher Angebote zu ermöglichen, hat der Gesetzgeber in der Preisangabenverordnung festgelegt, dass für Kredite, die an Verbraucher vergeben werden, der so genannte effektive Jahreszins, bzw. bei Krediten, die nicht während der Zinsfestschreibung vollständig getilgt werden, der anfängliche effektive

Jahreszins anzugeben ist. Wie dieser effektive Jahreszins zu berechnen ist, ist in § 6 der Preisangabenverordnung festgelegt. Hier finden sich auch Angaben darüber, welche sonstigen Kosten eines Darlehens wie Zinszahlungen für die Ermittlung des effektiven Jahreszinses nach Preisangabenverordnung zu berücksichtigen sind.

Der BWK Business® bietet ebenfalls die Vorgabe eines Effektivzinses bzw. die Ermittlung eines effektiven Zinssatzes an. Dabei wird der Zins ermittelt bzw. vorgegeben, der bei einer Zinsgutschrift und weiterer Verzinsung der gutgeschriebenen Zinsen zum Jahresende zu dem gleichen Endergebnis führt wie die Zinsgutschrift zu den über die Taste P/YR vorgegebenen Zahlungsterminen innerhalb des Jahres. Diese Effektivzinsberechnung entspricht der Ermittlung des effektiven Jahreszinses nach Preisangabenverordnung in der Fassung seit dem 1.9.2000 unter der Vorraussetzung, dass alle vertragsrelevanten Zahlungen im Zahlungsstrom erfasst sind.

Seit September 2000 ist die Berechnungsvorschrift der Preisangabenverordnung verändert worden. Diese neue Regelung der Effektivzinsberechnung berücksichtigt unterjährige Zahlungen eines Darlehens in anderer Art und Weise und führt somit zu einer Differenz des ausgewiesenen Effektivzinses gegenüber der vorherigen Definition.

Wichtig: Der finanzmathematische Taschenrechner BWK Business® rechnet auf der Basis der neuen Formel für den Effektivzins, die seit dem 1.9.2001 Bestandteil des § 6 PAngV ist.

Nur am Rande sei bemerkt, dass es neben der Effektivzinsermittlung nach den Vorgaben der Preisangabenverordnung noch weitere abweichende Verfahren gibt, die hier nicht weiter beschrieben werden sollen. Wichtig für Sie ist, dass Sie um die Existenz des effektiven Jahreszinssatzes als Vergleichszins wissen und Ihnen bekannt ist, dass unterschiedliche Berechnungsverfahren mit unterschiedlichen Ergebnissen verwendet werden. Möchten Sie Finanzprodukte anhand eines Effektivzinssatzes beurteilen, achten Sie darauf, dass die angegebenen Effektivzinssätze nach dem gleichen Berechnungsverfahren ermittelt wurden.

Wie rechnet der BWK Business® den Effektivzins?

Der BWK Business® stellt bei der Ermittlung des Effektivzinses auf eine einmalige Zinsgutschrift zum Jahresende ab.

BEISPIEL

Geben Sie zunächst einmal den folgenden Zahlungsstrom in den Rechner ein:

Eingabe	Display	Erklärung
12 [P/YR E/B]	P/YR 12,00	Zinsen werden monatlich gutgeschrieben.
1 [x P/YR]	N 12,00	Es wird ein Zeitraum von 12 Monaten betrachtet.
6 [I/YR NOM%]	I/YR NOM% 6,00	Der Nominalzins beträgt 6 %.
1000 [+/–)] [PV]	PV – 1.000,00	Einmalig wird ein Betrag von 1.000 € angelegt.
0 [PMT PCL%]	PMT 0,00	Weitere Zahlungen erfolgen während der Laufzeit nicht.
[FV]	FV 1.061,68	Nach Ablauf eines Jahres verfügt der Kunde über ein Kapital von 1.061,68 €.

Durch die Zinsgutschrift innerhalb des Jahreszeitraums hat der Kunde nicht nur 6 Prozent Zinsen auf sein Kapital erwirtschaftet (6 Prozent von 1.000 € sind 60 €), sondern er verfügt zum Jahresende durch den Zinseszinseffekt, der hier innerhalb des Jahres aufgetreten ist, bereits über ein Guthaben von 1.061,68 €. Er hatte Zinseinnahmen in Höhe von 61,68 €. Das heißt, auf einem klassischen Sparbuch, bei dem die Zinsen zum Jahresende gutgeschrieben werden, hätte er eine Verzinsung von 6,168 Prozent erzielen müssen, um zum gleichen Endergebnis zu gelangen.

Diesen Effektivzins ermittelt der BWK Business® durch Drücken der Taste

EFF% / RII%

Wir wollen in diesem Buch den Effektivzins als die jährliche Verzinsung unter Berücksichtigung unterjähriger Zinsgutschriften und Zins- und Zinseszins verstehen.

Möchten Sie eine effektive Verzinsung mit 6 Prozent pro Jahr vorgeben, so geben Sie diese über die Taste EFF% ein. Danach rechnet finanzmathematische Taschenrechner BWK Business® selbstständig in den nominalen Zins um und zeigt diesen direkt an.

Möchten Sie den effektiven Zins von 6 Prozent in den nominalen umrechnen, so sind folgende Schritte notwendig:

Eingabe		Display	Erklärung
12	P/YR / E/B	P/YR 12,00	Die Anzahl der unterjährigen Zinsverrechnungen wird vorgegeben.
6	EFF% / RII%	I/YR NOM% 5,84	Eingabe des Effektivzinses von 6 %. Der BWK Business® rechnet selbstständig in den nominalen Zins um und zeigt diesen direkt an.

In diesem Buch sind alle Berechnungen unter Vorgabe des Effektivzinses durchgeführt. Auch wenn die Abweichungen zwischen dem effektiven Zinssatz und dem Nominalzinssatz in dem eben angeführten Beispiel nur minimal sind, so kann sich diese Zinsdifferenz bei langen Anlagezeiträumen zu sehr großen Beträgen summieren.

Eingabe			Display
12		P/YR E/B	P/YR 12,00
1		x P/YR	N 12,00
8		I/YR NOM%	I/YR NOM% 8,00
0		PV	PV 0,00
200	+/–)	PMT PCL%	PMT – 200,00
		FV	FV 2.489,99

Wenn Sie also einen Sparplan mit 200 € monatlicher Sparrate und einer Verzinsung von 8 Prozent wie in der Tabelle eingeben, dann rechnen Sie mit einer nominalen Verzinsung von 8 Prozent.

Die Umrechnung:

Eingabe		Display
RCL (	EFF% RII%	EFF% 8,30

Unter Berücksichtigung von Zins und Zinseszins hat der Sparplan für den Kunden jedoch eine Verzinsung von 8,3 Prozent erbracht.

Hinweis

Nach Eingabe des I/YR können Sie direkt auf die Taste EFF% drücken. Hiermit wird dann direkt der effektive Zins angezeigt.

Möchten Sie einen nominalen Zins direkt in den effektiven Zins umrechnen, so nutzen Sie die Tastenkombination SHIFT I/YR. Geben Sie also den nominalen Zins auf die Zweitfunktion NOM% ein, dann zeigt der BWK Business® direkt danach den effektiven Zins an.

Weitere wichtige Funktionen

Die verschiedenen Modi des Taschenrechners

Die verschiedenen Modi des Taschenrechners sind:

- Setup-Modus
- YOERS-Modus
- AMORT-Modus
- Cash-Flow-Modus

In diesem Buch gehen wir jedoch nur auf die beiden ersten Modi ein. Der AMORT-Modus (Amortisations-Modus) und der Cash-Flow-Modus werden in diesem Buch nicht angewandt.

Um in einen jeweiligen Modus zu gelangen, drücken Sie die jeweilige Taste. Im Modus bedienen Sie weitgehend die Menüführung mit dem Steuerkreuz, welches unter dem Display zu finden ist. Um einen Modus zu beenden, drücken Sie nochmals die jeweilige Modus-Taste.

Der Setup-Modus

Drücken Sie die Taste SHIFT und nachfolgend die Taste Null, so gelangen Sie in den Setup Modus. Nun können Sie mit den Pfeiltasten rechts und links im Steuerkreuz die einzelnen Menüpunkte wechseln. Mit den Pfeiltasten oben und unten können Sie Einstellungen ändern oder mehr Informationen erhalten. Folgende Menüpunkte stehen Ihnen zur Verfügung:

1. **BWK-Setup:** Hier erhalten Sie mehr Informationen wie zum Beispiel Versionsnummer, Service-Rufnummer, Herstellerangaben und Seriennummer.
2. **DISP.Format:** Hier können Sie mit den Pfeiltasten oben/unten die Nachkommastellen auswählen.
3. **Point Comma:** Hier können Sie mit den Pfeiltasten oben/unten die amerikanische (1,000,000.00) oder die europäische Einstellung (1.000.000,00) der Punkt-/Komma-Darstellung wählen.

4. **Contrast:** Hier können Sie den Kontrast einstellen.
5. **Offtime min:** Hier können Sie das automatische Ausschalten des Rechners bei Inaktivität in Minuten auswählen.
6. **Statistics:** Hier sehen Sie, wie oft Sie welche Taste berechnet haben.
7. **Reset BWK:** Hier können Sie den Taschenrechner auf den Auslieferungsstand zurücksetzen.

Mehr Informationen zum Setup-Modus erhalten Sie im Handbuch des Taschenrechners BWK Business®.

Der YOERS®-Modus

Der Begriff YOERS® ist ein als Wortmarke eingetragener Begriff. Kreiert von Bernd W. Klöckner®. Eine einfache wie wirkungsvolle „Eselsbrücke“ gewissermaßen. Aus Platzgründen wurde auf dem Rechner auf das ® verzichtet. YOERS® (JOERS®) steht für:

Yes!	(Ja!)
OK!	(OK!)
Exactly!	(Einverstanden!)
Right!	(Richtig!)
Sure!	(Stimmt!)

Ein erfolgreicher Verkaufs- und Beratungsprozess ist ein Prozess, bei dem Kunden/Klienten die gemeinsame Vorgehensweise bestätigen. Oder Änderungen wünschen und anschließend die gewünschten Änderungen bestätigen. Für diese – für Verkäufer und Berater wie für Kunden gleichermaßen wichtige Bestätigung und auch Kontrolle – wurde beim BWK Business® der YOERS®-Modus generiert. Sie wollen die Bestätigung mittels YOERS® im Verkaufs- und Beratungsgespräch nutzen. Drücken Sie dann Taste „YOERS“. Sie gelangen zu Beginn in ACUTAL VAL. Hier finden Sie alle Werte, die zurzeit in der obigen (letzten) TVM-Rechnung gespeichert sind. Sie können mit der Pfeiltaste rechts und links die einzelnen Tasten bestätigen.

Zudem besteht die Möglichkeit 40 TVM-Rechnungen im YOERS-Modus zu speichern. Drücken Sie hier nacheinander SHIFT und dann nochmals die Modus-Taste YOERS. Haben Sie eine Rechnung gespeichert, können Sie zudem einen individuellen Namen vergeben, den Sie über die normalen Zifferntasten eingeben. Hier stehen Ihnen, wie bei einer normalen Mobiltelefon-Tastatur, die Buchstaben der einzelnen Ziffern zur Verfügung.

Gespeicherte YOERS-Berechnungen finden Sie mit den Pfeiltasten oben/unten im Steuerkreuz.

Mehr Informationen erhalten Sie im Handbuch des Taschenrechners und später in diesem Buch.

Übungen und Beispiele

Hinweis: Die folgenden Übungsaufgaben und Berechnungsbeispiele sind speziell für die Leser gedacht, die zum ersten Mal mit dem finanzmathematischen Taschenrechner BWK Business® arbeiten.

Leser, die bereits im Umgang mit dem Rechner geübt sind, können diesen Teil überspringen und sofort auf Seite 57 weiterlesen. Gerechnet wird mit Nominalzins.

1. Ein Anleger möchte in den nächsten 4 Jahren monatlich einen Betrag von 150 € sparen. Diesen Betrag kann er zu einer Verzinsung von 3 Prozent anlegen. Wie hoch ist sein Endvermögen in 4 Jahren?

a) Es handelt sich um monatliche Zahlungen, also 12 Zahlungen im Jahr.

b) Die gesamte Laufzeit des Geschäfts beträgt 4 Jahre.

c) Der Zahlungsstrom:

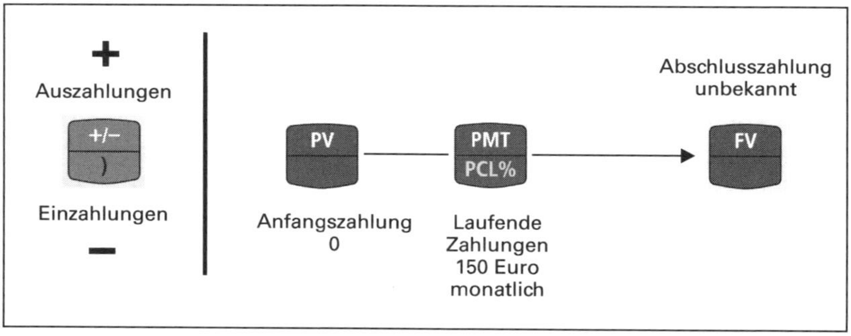

Die Eingabe in den Rechner:

Eingabe		Display	Erklärung
12	P/YR E/B	**P/YR 12,00**	12 Zahlungen jährlich werden durch den Kunden geleistet.
4	x P/YR	**N 48,00**	Der Kunde zahlt 4 Jahre lang, also 48 Monate.
3	I/YR NOM%	**I/YR NOM% 3,00**	Der Anlagezins beträgt 3 %.
0	PV	**PV 0,00**	Der Kunde leistet zu Beginn der Vertragslaufzeit keine Einmalzahlung.
150	+/–) PMT PCL%	**PMT – 150,00**	Der Kunde zahlt monatlich einen Betrag von 150 €. Dieser Betrag fließt beim Kunden ab, daher wird der Wert mit negativen Vorzeichen eingegeben.
	FV	**FV 7.639,68**	Ergebnis: Der Kunde erhält am Ende der Vertragslaufzeit eine Auszahlung von 7.639,68 €.

2. Ein Anleger möchte in den nächsten 8 Jahren monatlich sparen. Er geht davon aus, dass er eine Verzinsung seines Kapitals von 6 Prozent erzielt. Welchen Betrag muss er monatlich sparen, damit er nach 8 Jahren über ein Kapital 60.000 € verfügen kann?

a) Es handelt sich wieder um monatliche Zahlungen, also 12 Zahlungen im Jahr.

b) Die Anlagedauer beträgt 8 Jahre.

c) Der Zahlungsstrom:

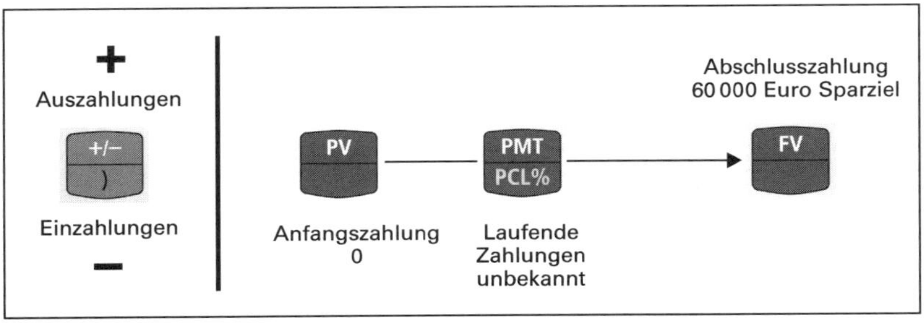

Die Eingabe in den Rechner:

Eingabe		Display	Erklärung
12	P/YR E/B	P/YR 12,00	12 Zahlungen jährlich werden durch den Kunden gezahlt.
8	x P/YR	N 96,00	Der Kunde zahlt 8 Jahre lang, also 96 Monate.
6	I/YR NOM%	I/YR 6,00	Der Anlagezins beträgt 6 %.
0	PV	PV 0,00	Der Kunde leistet zu Beginn der Vertragslaufzeit keine Einmalzahlung.
60000	FV	FV 60.000,00	Am Ende der Sparzeit möchte der Kunde über ein Vermögen von 60.000 € verfügen.
	PMT PCL%	PMT – 488,49	Der Kunde muss monatlich einen Betrag von 488,49 € aufbringen, damit er sein Sparziel erreicht. Diese Zahlung fließt dem Kunden ab, daher wird der Wert mit einem negativen Vorzeichen ausgegeben.

3. Ein Sparer möchte einen Betrag von 50.000 € für 10 Jahre anlegen. Bei einer Festgeldanlage erhält er einen Zins von 4,5 Prozent. Weitere Sparzahlungen möchte er nicht leisten.

Welches Kapital steht dem Anleger in 10 Jahren zur Verfügung?

Eingabe	Display	Erklärung
1 [P/YR E/B]	P/YR 1,00	Es handelt sich um eine Einmalanlage ohne zwischenzeitliche Einzahlungen. Hier muss die Häufigkeit der Zinsanrechnungen auf einmal jährlich umgestellt werden.
10 [N]	N 10,00	Die Anlagedauer beträgt 10 Jahre.
4,5 [I/YR NOM%]	I/YR NOM% 4,50	Der Anlagezins beträgt 4,5 %.
50000 [+/–)] [PV]	PV – 50.000,00	Der Kunde leistet zu Beginn eine einmalige Zahlung von 50.000 €. Er zahlt ein, deswegen negatives Vorzeichen.
0 [PMT PCL%]	PMT 0,00	Während der Anlagedauer fließen keine zwischenzeitlichen Zahlungen.
[FV]	FV 77.648,47	Nach 10 Jahren verfügt der Kunde über ein Vermögen von 77.648,47 €.

4. Ihr Kunde hat es sich zum Ziel gesetzt, Millionär zu werden. Er kann monatlich einen Betrag von 1.000 € sparen.

Welchen Zins muss er erzielen, wenn er in 25 Jahren sein Ziel erreichen will?

Eingabe	Display	Erklärung
12 [P/YR / E/B]	P/YR 12,00	Ihr Kunde will monatlich sparen, das heißt 12 Zahlungen jährlich.
25 [x P/YR]	N 300,00	In 25 Jahren (= 300 Monate) will der Kunde sein Sparziel erreicht haben.
0 [PV]	PV 0,00	Ihr Kunde leistet keine Einmalzahlung zu Beginn seines Sparplans.
1000 [+/– /)] [PMT / PCL%]	PMT –1.000,00	Der Kunde zahlt monatlich einen Betrag von 1.000 €.
1000000 [FV]	FV 1.000.000,00	Nach 25 Jahren möchte der Kunde über ein Vermögen von 1.000.000 € verfügen.
[I/YR / NOM%]	I/YR NOM% 8,31	Damit der Kunde sein Sparziel erreicht, muss seine Anlage mindestens einen Zins von 8,31 % erzielen.

5. Wie lange muss der Kunde sparen, um Millionär zu werden, wenn seine gewählte Anlage anstatt der benötigten 8,31 Prozent jährlich nur einen durchschnittlichen Zins von 5 Prozent pro Jahr erzielt?

Eingabe	Display	Erklärung
12 [x P/YR]	P/YR 12,00	Ihr Kunde will monatlich sparen, das heißt 12 Einzahlungen jährlich.
5 [I/YR / NOM%]	I/YR NOM% 5,00	Die Anlage erbringt einen Zins von 5 % pro Jahr.
0 [PV]	PV 0,00	Ihr Kunde leistet keine Einmalzahlung zu Beginn seines Sparplans.
1000 [+/– /)] [PMT / PCL%]	PMT – 1.000,00	Der Kunde zahlt monatlich einen Betrag von 1.000 €.
1000000 [FV]	FV 1.000.000,00	Nach 25 Jahren möchte der Kunde über ein Vermögen von 1.000.000 € verfügen.

N	N 394,96	Der Kunde muss rund 395 Monate sparen, damit er sein Sparziel erreicht.
RCL (x P/YR	x P/YR 32,91	Abfrage der Spardauer als Jahreswert: Der Kunde muss rund 33 Jahre sparen.

In den vorherigen Aufgaben wurde nicht zwischen Nominal- und Effektivzins unterschieden.

6. Obiger Kunde möchte in 25 Jahren Millionär werden, bei einem Zins im Anlageprodukt von 7 Prozent. Seine monatliche Sparrate soll sich jeweils um 5 Prozent jeweils alle 1,5 Jahre erhöhen.

   Welche Rate muss er zu Beginn zahlen und welche Rate hat er nach 25 Jahren?

Eingabe	Display	Erklärung
12 P/YR E/B	P/YR 12,00	12 Zahlungen jährlich werden durch den Kunden eingezahlt, monatliche Sparweise.
25 x P/YR	N 300,00	Der Kunde möchte in 25 Jahren Millionär sein, also 300 Perioden/Monate.
7 I/YR NOM%	I/YR NOM% 7,00	Der Anlagezins beträgt 7 %.
0 PV	PV 0,00	Es wird keine Einmalanlage zu Beginn geleistet.
5 %D xD	%D 5,00	Die Sparrate soll sich jeweils um 5 % erhöhen, Dynamik von 5 %.
18 ⇩ %D xD	xD 18,00	Die Sparrate soll sich jeweils alle 1,5 Jahre erhöhen, also nach 18 Perioden/Monaten.
1000000 FV	FV 1.000.000,00	Nach 25 Jahren soll ein Betrag von 1.000.000 € zur Verfügung stehen.
P/D P/DE	PD – 919,24	Berechnung der anfänglichen, regelmäßigen Dynamik-Zahlung.
⇩ P/D P/DE	P/DE – 2.006,60	Umrechnung in die zuletzt gezahlte Dynamik-Zahlung nach 25 Jahren.

Anmerkung zum obigen Fall:

Die Dynamikerhöhung jede 1,5 Jahre wurde nur zur Veranschaulichung vorgenommen. Sie können auf der Taste xD jede mögliche ganze Zahl eingeben. Wichtig ist jedoch, dass Sie auf die Zahlungsweise im Jahr achten, also ob Sie 12 P/YR (monatliche), 2 P/YR (halbjährliche) oder 1 P/YR (jährliche Zahlung) eingegeben haben. Hiernach richtet sich dann die Erhöhung nach Taste xD.

Hierzu einige Beispiele:

P/YR	xD	Erhöhung der Sparrate
12	6	halbjährlich
12	12	jährlich
12	24	jedes 2. Jahr
1	2	jedes 2. Jahr
2	2	jährlich

Achtung

Zur Kontrolle, zum Vergleich und zur Übung rechnen Sie mit dem Beratungsrechner (www.beratungsrechner.de) nach. Die Beratungssoftware für Praktiker.

Teil 3

Produkt-Know-how/Geld-Know-how

Lebens-/Rentenversicherung

Eine Lebens- oder Rentenversicherung ist nichts anderes als ein Sparplan unter dem Namen einer Versicherung. Bei der Lebensversicherung kommt eine Absicherung für den Todesfall hinzu.

Die bevorzugte steuerliche Behandlung wurde jedoch durch das Alterseinkünftegesetz ab dem Jahre 2005 gekippt. Demnach werden die späteren Renten aus Rentenversicherungen mit dem Ertragsanteil besteuert. Dieser Anteil ist je nach Alter bei Auszahlung des Versicherungsnehmers unterschiedlich hoch. Bei Einmalauszahlungen wird die Hälfte des Ertrags mit dem persönlichen EkSt-Satz versteuert.

Das Problem für den Berater ist meist der Vergleich der Lebensversicherung mit anderen Finanzprodukten.

BEISPIEL 1: Vergleich mit anderen Finanzprodukten

Immer wieder kommt es vor, dass Sie auf einen Kunden treffen, dem von seiner Hausbank oder einem anderen Berater bereits ein Angebot für einen Sparplan oder ein ähnliches Produkt vorliegt. Das führt nicht selten zu langen Diskussionen, welches Produkt nun das bessere ist. Doch den einfachsten Weg, den Kunden zu überzeugen, gehen die wenigsten Berater. Bei der Geldanlage geht es nun einmal um Zahlen und Fakten. Rechnen Sie einfach einmal zusammen mit Ihrem Kunden nach.

Ein Sparer möchte in den nächsten 12 Jahren 100 € monatlich sparen. Ihm liegen zwei unterschiedliche Angebote vor:

1. Eine Lebensversicherung mit einer Laufzeit von 12 Jahren. Dazu machte ihm eine Gesellschaft folgendes Angebot:
   Monatsbeitrag: 100 €
   Laufzeit: 12 Jahre
   Ablaufprognose: 21.500 €
2. Einen Banksparplan, bei dem ihm eine Rendite von 5 Prozent effektiv versprochen wird.

+/– Berechnung: 1. Möglichkeit

Sie ermitteln die Rendite der Lebensversicherung:

Hinweis: Wird der „BEGIN" Indikator im Display angezeigt, drücken Sie die Taste SHIFT und die Taste „P/YR" da wir im End-Modus rechnen.

Eingabe	Display	Erklärung
12 P/YR	P/YR 12,00	12 Zahlungen jährlich werden durch den Kunden geleistet.
12 xP/YR	N 144,00	Der Kunde zahlt 12 Jahre lang, also 144 Monate.
0 PV	PV 0,00	Der Kunde leistet zu Beginn der Vertragslaufzeit keine Einmalzahlung.
100 +/– PMT	PMT – 100,00	Der Kunde zahlt monatlich einen Betrag von 100 €. Dieser Betrag fließt beim Kunden ab, daher wird der Wert mit negativen Vorzeichen eingegeben.
21500 FV	FV 21.500,00	Der Kunde erhält am Ende der Vertragslaufzeit einen Betrag von 21.500 €.
I/YR	I/YR NOM% 6,34	Der Nominalzins der Anlage entspricht 6,34 %.
EFF%	EFF% 6,53	Der Effektivzins, der von der Lebensversicherung erwirtschaftet wird, beträgt 6,53 %.

Ergebnis: Die Lebensversicherung erreicht in diesem Fall eine Rendite von 6,5 Prozent pro Jahr, der Sparplan nur 5 Prozent. Der Kunde erreicht mit dem Abschluss der Lebensversicherung das bessere Ergebnis.

Berechnung: 2. Möglichkeit

Sie ermitteln das Endergebnis bei Abschluss des Sparplans:

Eingabe	Display	Erklärung
12 P/YR	P/YR 12,00	12 Zahlungen jährlich werden durch den Kunden geleistet.
12 xP/YR	N 144,00	Der Kunde zahlt 12 Jahre lang, also 144 Monate.
5 EFF%	I/YR NOM% 4,89	Der Effektivzins des Sparplans beträgt 5 %. Umgerechnet 4,89 % Nominalzins.
0 PV	PV 0,00	Der Kunde leistet zu Beginn der Vertragslaufzeit keine Einmalzahlung.
100 +/– PMT	PMT – 100,00	Der Kunde zahlt monatlich einen Betrag von 100 €. Dieser Betrag fließt beim Kunden ab, daher wird der Wert mit negativem Vorzeichen eingegeben.
FV	FV 19.534,42	Der Kunde erhält am Ende der Vertragslaufzeit einen Betrag von 19.534,42 €.

Ergebnis: Der Kunde erzielt bei Abschluss des Sparplans ein Endvermögen von 19.534 €, bei Abschluss der Lebensversicherung erzielt er ein Endvermögen von 21.500 €. Die Lebensversicherung erbringt also den höheren Ertrag.

BEISPIEL 2: Vertragsänderung/Kündigung

Ihr Kunde bespart seit 8 Jahren eine Kapitallebensversicherung. Nun hat er gehört, dass er mit der Anlage in Aktienfonds eine wesentlich höhere Rendite erzielen kann. Von Ihnen als seinem Finanzberater möchte er nun wissen, ob sich in seinem individuellen Fall die Kündigung der Lebensversicherung lohnt. Anstatt sich auf Aussagen zur höheren Rendite von Aktienfonds zu berufen, rechnen Sie mit Ihrem Kunden einfach einmal nach. Die Vertragsdaten:

- monatliche Einzahlung: 200 €
- aktueller Rückkaufswert: 20.800 €
- noch verbleibende Vertragslaufzeit: 12 Jahre
- prognostizierte Ablaufleistung bei Vertragsende in 12 Jahren: 87.000 €

Wie lässt sich die Frage Ihres Kunden am leichtesten beantworten?

Die Ein- und Auszahlungen bei Fortführung der Lebensversicherung sind für die nächsten 12 Jahre bekannt. Für den Kunden stellt sich die Frage, wie realistisch ist es, mit den gleichen Zahlungen in einen Fondssparplan ein gleich hohes oder höheres Endvermögen zu erzielen.

+/– Berechnung bei Vertragskündigung

Hinweis: Wird der „BEGIN" Indikator im Display angezeigt, drücken Sie die Taste SHIFT und danach die Taste „P/YR", da wir im End-Modus rechnen.

Eingabe	Display	Erklärung
12 P/YR	P/YR 12,00	12 Zahlungen jährlich werden durch den Kunden geleistet.
12 xP/YR	N 144,00	Der Kunde zahlt 12 Jahre lang, also 144 Monate.
20800 +/– PV	PV – 20.800,00	Der Kunde investiert den Rückkaufswert, den er bei Kündigung der Lebensversicherung erhält, in einen Aktienfonds.
200 +/– PMT	PMT – 200,00	Der Kunde zahlt monatlich einen Betrag von 200 €. Das ist die gleiche Summe, die er auch bei der Fortführung der Lebensversicherung aufbringen müsste. Dieser Betrag fließt beim Kunden ab. Der Wert wird daher mit negativem Vorzeichen eingegeben.
87000 FV	FV 87.000,00	Der Kunde erhält am Ende der Vertragslaufzeit eine Auszahlung von 87.000 €.
I/YR	I/YR NOM% 6,29	Ermittlung des Zinssatzes für den vorgegebenen Zahlungsverlauf.
EFF%	EFF% 6,47	Ermittlung des Effektivzinses.

Ergebnis: Damit Ihr Kunde mit den gleichen Zahlungen, die er in die Lebensversicherung leistet, zu dem gleichen Endergebnis kommt, muss eine Alternativanlage eine Rendite von 6,47 Prozent erbringen. Schätzen Sie und Ihr Kunde die mögliche Rendite der Alternativanlage wesentlich höher ein, sollte Ihr Kunde die mögliche Kündigung in Erwägung ziehen.
Damit die Aussagen für Ihren Kunden greifbar werden, ermitteln Sie noch schnell, welchen Betrag er zum Ende seiner Sparzeit erwarten kann, wenn der Aktienfonds sich in den nächsten Jahren mit durchschnittlich 8 Prozent jährlicher Wertsteigerung (effektiver Zins) entwickelt.

Berechnung

Dazu müssen Sie nicht die gesamte Berechnung neu erfassen. Es genügt, die angenommene Rendite einzugeben und das Endergebnis zu ermitteln. Die übrigen Angaben sind noch im Rechner gespeichert.

Eingabe	Display	Erklärung
8 EFF%	I/YR NOM% 7,72	Effektivzins der Anlage mit 8 % p. a. vorgeben, umgerechnet 7,72 % nominaler Zins.
FV	FV 99.569,83	Bei einer durchschnittlichen jährlichen Wertsteigerung von 8 % ergibt sich ein Endergebnis von rund 99.569 €.

Ergebnis: Entscheidet sich der Kunde für eine Anlage in einen Aktienfonds, der eine durchschnittliche jährliche Rendite von 8 Prozent erzielt, verfügt er bei gleich hohen Einzahlungen nach dem Ende der geplanten Sparzeit über ein Vermögen von 99.569 €. Das sind über 12.000 € mehr als bei Fortführung der bestehenden Lebensversicherung. Diese absolute Zahl überzeugt Kunden erfahrungsgemäß leichter als eine ebenfalls korrekte, aber etwas abstrakte Renditeangabe.

VARIATION DES BEISPIELS

Anstelle einer sofortigen Kündigung der Lebensversicherung hat der Kunde die Möglichkeit den Vertrag beitragsfrei stellen zu lassen. Auch hier geht es wieder darum herauszufinden, welche Alternative für den Kunden das höchste Endvermögen erbringt. Stellt der Kunde den Vertrag beitragsfrei, erhält er in 12 Jahren voraussichtlich eine Ablaufleistung von 45.500 €. Den monatlichen Beitrag von 200 € könnte der Kunde dann anderweitig anlegen. Die Frage an den Berater: Lohnt sich das?

Berechnung

Eingabe	Display	Erklärung
12 P/YR	P/YR 12,00	12 Zahlungen jährlich werden durch den Kunden geleistet.
12 xP/YR	N 144,00	Der Kunde zahlt 12 Jahre lang, also 144 Monate.
0 PV	PV 0,00	Der Kunde erhält keine Zahlung aus der Lebensversicherung. Daher legt er auch keinen Einmalbetrag an.
200 +/– PMT	PMT – 200,00	Der Kunde zahlt monatlich einen Betrag von 200 €. Das ist die gleiche Summe, die er auch bei der Fortführung der Lebensversicherung aufbringen müsste. Dieser Betrag fließt beim Kunden ab, daher wird der Wert mit negativem Vorzeichen eingegeben.
8 EFF%	I/YR NOM% 7,72	Der Effektivzins der Anlage wird mit 8 % p. a. vorgegeben. Der Nominalzins wird direkt vom BWK Business® berechnet und angezeigt.
FV	FV 47.191,89	Der Kunde erhält am Ende der Vertragslaufzeit eine Zahlung von rund 47.192 €.

Ergebnis: Investiert der Kunde nur die weiteren Sparzahlungen in eine Alternativanlage, die eine durchschnittliche jährliche Rendite von 8 Prozent erzielt, erreicht er mit diesen Zahlungen ein Endvermögen von etwa 47.192 €. Hinzu kommt die Zahlung aus der beitragsfrei fortgeführten Lebensversicherung in Höhe von 45.500 €. Insgesamt erreicht der Kunde also ein Endvermögen von rund 92.692 €. Damit liegt das Ergebnis höher als bei einer unveränderten Fortführung der Lebensversicherung und etwas unter dem Ergebnis bei der vollständigen Vertragsauflösung. Diese Variante kann für solche Kunden besonders interessant sein, die nicht vollständig auf einen Todesfallschutz durch die Lebensversicherung verzichten können oder wollen.

Test

Ein Kunde zahlt seit 10 Jahren in eine Kapitallebensversicherung ein, die eine prognostizierte Ablaufleistung in weiteren 15 Jahren von 115.000 € ausweist. Monatlich zahlt er 150 € ein, wobei der aktuelle Rückkaufswert der Versicherung 20.000 € beträgt. Vergleichen Sie, ob er besser die Versicherung verkaufen soll und in einen Aktienfondssparplan (8 Prozent effektiven Zins) wechseln sollte.

STOPP

Versuchen Sie sich erst alleine, bevor Sie auf die Lösung schauen!

Berechnung

Eingabe	Display	Erklärung
12 P/YR	P/YR 12,00	Monatliche Zahlungsweise.
15 xP/YR	N 180,00	15 Jahre würde er noch in den Aktienfonds einzahlen.
8 EFF%	I/YR NOM% 7,72	Der Aktienfonds erzielt einen effektiven Zins von 8 %.
20000 +/– PV	PV – 20.000,00	Der Rückkaufswert der Versicherung wird in den Aktienfonds zu Beginn eingezahlt.
150 +/– PMT	PMT – 150,00	Weiterhin zahlt Ihr Kunde 150 € in den Aktienfonds ein.
FV	FV 114.084,33	Nach 15 Jahren hätte der Anleger ein Vermögen von rund 114.000 € erzielt.

Ergebnis: Somit hätte Ihr Kunde ein Vermögen von 114.000 € erzielt, wenn er nach 10 Jahren aus der Versicherung in einen Aktienfonds wechseln würde. Da die Versicherung eine Ablaufleistung von 115.000 € ausweist, sollte der Kunde weiterhin in die Versicherung einzahlen. Würde aber mit einer höheren Rendite des Aktienfonds gerechnet, so könnte der Aktienfonds die bessere Wahl sein.

Problemfall Todesfallschutz

Die Frage, ob eine Kapitallebensversicherung gekündigt oder fortgeführt werden soll, kann nicht immer so leicht beantwortet werden wie in den oben dargestellten Beispielen. Benötigt der Kunde einen Todesfallschutz, weil er zum Beispiel im Falle seines Todes Angehörige zu versorgen hat, kann eine Vertragskündigung nicht ohne weiteres durchgeführt werden. In diesem Fall muss das Todesfallrisiko durch eine Risikolebensversicherung separat abgedeckt werden. In diesem Fall verringert sich die mögliche Sparzahlung in den Fondssparplan um die Prämie für die Risikolebensversicherung.

BEISPIEL

Der Kunde möchte monatlich einen Betrag von 200 € sparen. Gleichzeitig soll von diesem Betrag auch die Familie des Kunden für den Fall seines Todes finanziell abgesichert sein. Sie haben nun als Berater zwei Möglichkeiten. Sie können entweder eine Kapitallebensversicherung oder eine Kombination aus einer Risikolebensversicherung und einem Aktienfondssparplan anbieten.

Die Vertragsdaten der Kapitallebensversicherung:

- monatliche Einzahlung: 200 €
- Vertragslaufzeit: 20 Jahre
- prognostizierte Ablaufleistung bei Vertragsende in 20 Jahren: 87.000 €

Die Alternative:

- Risikolebensversicherung: Monatsbeitrag 30 €
- Fondssparplan

Welche Möglichkeiten haben Sie, mit Ihrem Kunden die Situation zu analysieren?

1. Sie ermitteln die mindestens notwendige Rendite des Fondssparplans, um das gleiche Endergebnis zu erreichen.
2. Sie nehmen eine durchschnittliche Rendite für den Fondssparplan an und vergleichen das erreichte Endvermögen.

Berechnung auf Lösungsweg 1

Eingabe	Display	Erklärung
12 P/YR	**P/YR 12,00**	12 Zahlungen jährlich werden durch den Kunden geleistet.
20 xP/YR	**N 240,00**	Der Kunde zahlt 20 Jahre lang, also 240 Monate.
0 PV	**PV 0,00**	Der Kunden hat heute noch kein Kapital, das er anlegen kann. Daher legt er auch keinen Einmalbetrag an.
170 +/– PMT	**PMT – 170,00**	Der Kunde zahlt monatlich einen Betrag von 170 € ein. Insgesamt will der Kunde 200 € für die Absicherung der Familie und die Vermögensbildung aufbringen. Die Risikolebensversicherung kostet 30 € im Monat. Es verbleiben 170 € zum Besparen des Aktienfondssparplans.
87000 FV	**FV 87.000,00**	Bei der Anlage in eine Kapitallebensversicherung könnte der Kunde ein Endvermögen von 87.000 € erreichen. Diesen Betrag soll auch die Fondsanlage mindestens erbringen.
I/YR	**I/YR NOM% 6,85**	Ermittlung des notwendigen Nominalzinses.
EFF%	**EFF% 7,07**	Ermittlung des notwendigen effektiven Zinses.

Ergebnis: Die Anlage in den Aktienfondssparplan müsste mindestens 7,07 Prozent Rendite erbringen, damit der Kunde am Ende der geplanten Sparzeit über das gleiche Kapital verfügen kann, wie bei Abschluss der Lebensversicherung. Jetzt sind Sie als Berater gefragt, wie realistisch es ist, mit einer Fondsanlage auf Sicht von 20 Jahren diese durchschnittliche Rendite zu erwirtschaften. Zusammen mit Ihrem Kunden können Sie Chancen und Risiken abwägen und eine Entscheidung treffen. Vorsichtige Kunden werden eher die Kapitallebensversicherung bevorzugen, während risikofreudigere Kunden zur Fondsanlage tendieren.

Berechnung auf Lösungsweg 2

Sie unterstellen für die Anlage in einen Fondssparplan eine durchschnittliche jährliche Wertsteigerung von zum Beispiel 8 Prozent. Um einen Vergleich durchzuführen, ermitteln Sie hier das mögliche Endergebnis der Fondsanlage.

Eingabe	Display	Erklärung
12 P/YR	**P/YR 12,00**	12 Zahlungen jährlich werden eingezahlt.
20 xP/YR	**N 240,00**	Der Kunde zahlt 20 Jahre lang, also 240 Monate.
8 EFF%	**I/YR NOM% 7,72**	Effektivzins der Anlage mit 8 % p. a. vorgegeben. Umgerechnet ergibt es einen nominalen Zins von 7,72 %.
0 PV	**PV 0,00**	Der Kunde hat noch kein Kapital, das er anlegen kann. Daher legt er auch keinen Einmalbetrag an.
170 +/– PMT	**PMT – 170,00**	Der Kunde zahlt monatlich einen Betrag von 170 €. Insgesamt will der Kunde 200 € für die Absicherung der Familie und die Vermögensbildung aufbringen. Die Risikolebensversicherung kostet 30 € im Monat. Es verbleiben 170 € zum Sparen in den Aktienfondssparplan.
FV	**FV 96.729,84**	Die Fondsanlage erbringt ein Endvermögen von rund 96.729 €, wenn während der 20-jährigen Laufzeit eine durchschnittliche jährliche Wertsteigerung von 8 % erreicht wird.

Ergebnis: Bei einer durchschnittlichen jährlichen Rendite von 8 Prozent erbringt die Fondsanlage einen höheren Ertrag als die Kapitallebensversicherung.

Hinweis: Bei obiger Lösung wurden alle Zahlen nochmals eingegeben. Da der finanzmathematische Taschenrechner BWK Business® noch alle Angaben aus dem Lösungsweg 1 gespeichert hatte, hätten Sie auch nur die Zinsangabe ändern können und das Endergebnis ausrechnen können. Bei der kommenden Variation sehen Sie einen vereinfachten Lösungsweg.

BEISPIEL – Variation 1

Nun fragt der Kunde Sie, wie das Endergebnis seiner Anlage aussehen wird, wenn die Fondsanlage wider Erwarten nur eine Rendite von 5 Prozent erzielt. Als Finanzberater haben Sie mit dieser Frage Ihres Kunden keine Schwierigkeiten. Sie können in Sekundenschnelle antworten.

Berechnung

Alle Werte des Sparplans sind noch von der vorherigen Rechnung im Taschenrechner gespeichert. Sie müssen lediglich die Renditevorgabe verändern.

Eingabe	Display	Erklärung
5 EFF%	I/YR NOM% 4,89	Effektivzins der Anlage mit 5 % p. a. vorgeben. Der BWK Business® rechnet direkt in den nominalen Zins um.
FV	FV 68.986,76	Die Fondsanlage erbringt ein Endvermögen von rund 68.987 €, wenn während der 20-jährigen Laufzeit eine durchschnittliche jährliche Wertsteigerung von 5 % erreicht wird.

Ergebnis: Rechnet Ihr Kunde mit einer Rendite der Fondsanlage von durchschnittlich 5 Prozent pro Jahr, erzielt er mit dem Abschluss einer Kapitallebensversicherung das höhere Endergebnis.

BEISPIEL – Variation 2

Sie erzählen Ihrem Kunden nun von den Erfahrungswerten der Vergangenheit. Nachdem Sie erwähnt haben, dass auch Experten bei der Anlage in Aktienfonds für Anlagezeiträume, die länger als 10 Jahre dauern, von einer Rendite von 10 Prozent ausgehen, möchte Ihr Kunde selbstverständlich wissen, über welchen Betrag er bei einer Rendite von 10 Prozent am Ende seiner Sparzeit verfügen könnte. Für einen cleveren Finanzberater kein Problem.

Berechnung

Eingabe	Display	Erklärung
10 EFF%	I/YR NOM% 9,57	Effektivzins der Anlage mit 10 % p. a. vorgeben.
FV	FV 122.104,07	Die Fondsanlage erbringt ein Endvermögen von rund 122.104 €, wenn während der 20-jährigen Laufzeit eine durchschnittliche Wertsteigerung von 10 % erreicht wird.

Test

Ein Kunde möchte über 15 Jahre monatlich 300 € sparen. Sie vergleichen zwei Angebote:

- Angebot 1: Kapitallebensversicherung
  Ablaufleistung in 15 Jahren: 85.000 €
- Angebot 2: Fondssparplan + Risikolebensversicherung
  Beitrag Risikolebensversicherung: 35 €

1. Welche Rendite muss der Fonds mindestens erzielen?
2. Nehmen Sie eine effektive Rendite von 9 Prozent an!

STOPP

Schauen Sie auch hier erst auf die Lösung, wenn Sie es erst einmal alleine versucht haben! Nur so können Sie gute Lernerfolge erreichen.

+/– 1. Berechnung

Eingabe	Display	Erklärung
12 P/YR	P/YR 12,00	Monatliche Sparweise.
15 xP/YR	N 180,00	15 Jahre könnte der Kunde sparen.
0 PV	PV 0,00	Es wird keine Einmalanlage getätigt.
265 +/– PMT	PMT – 265,00	Der Kunde möchte monatlich 300 € sparen, kann aber nur 265 € in den Fonds einzahlen, da die übrigen 35 € in die Risikolebensversicherung fließen.
85000 FV	FV 85.000,00	Sie vergleichen die Produktvariante mit der Kapitallebensversicherung, die eine Ablaufleistung von 85.000 € erzielt.
I/YR	I/YR NOM% 7,14	Der Fonds muss mindestens einen nominalen Zins von 7,14 % erzielen.
EFF%	EFF% 7,37	Umgerechnet ist das ein effektiver Zins von 7,37 %.

=

Ergebnis: Somit müsste der Investmentfonds mindestens eine effektive Rendite von 7,37 Prozent erzielen, um über ein gleich hohes Endvermögen wie die Kapitallebensversicherung zu verfügen.

2. Berechnung

Alle Angaben sind noch im Taschenrechner gespeichert, daher werden nur wenige Zahlen geändert.

Eingabe	Display	Erklärung
9 EFF%	I/YR NOM% 8,65	Sie nehmen für den Investmentfonds einen effektiven Zins von 9 % an. Direkte Anzeige des nominalen Zinses.
FV	FV 97.159,21	Somit erzielt der Anleger ein Vermögen von rund 97.000 € nach 15 Jahren Sparzeit.

Ergebnis: Bei prognostizierten 9 Prozent effektiven Zins im Investmentfonds erzielt der Anleger nach 15 Jahren Sparzeit ein Vermögen von rund 97.000 €. Also 12.000 € mehr als mit der Kapitallebensversicherung. Ein eigenes Zusammenstellen einer Kapitallebensversicherung kann also sehr interessant sein. Hier sollte aber gerade zum Ende der Laufzeit auf den Investmentfonds geachtet werden. Sonst könnte durch einen Crash, zum Beispiel am Aktienmarkt, die gute Rendite und somit auch das höhere Vermögen gegenüber der Kapitallebensversicherung zunichte gemacht werden. Ein aktives Management ist also erforderlich, wobei der Kunde unterstützt werden sollte.

Ausbildungsversicherung

Die Ausbildungsversicherung oder Termfix-Lebensversicherung ist eine abgewandelte Form der kapitalbildende Lebensversicherung. Bei dieser Form der Lebensversicherung wird die Versicherungsleistung zu einem bei Vertragsabschluss vereinbarten Termin ausgezahlt. Dieser Auszahlungstermin wird auch dann eingehalten, falls der Versicherte vor dem Ablauf des Vertrags verstirbt. Durch diesen festen Auszahlungstermin wird das Risiko einer Auszahlung für die Versicherungsgesellschaft geringer, da zumindest der Auszahlungstermin bereits bei Vertragsabschluss feststeht.

Im Gegensatz dazu kann die Auszahlung einer klassischen Kapitallebensversicherung nicht genau festgelegt werden. Diese Versicherung zahlt bei Tod des Versicherten sofort die vereinbarte Todesfallleistung an die bezugsberechtigte Person aus.

BEISPIEL

Ein 30-jähriger Kunde möchte eine Ausbildungsversicherung abschließen, die in 18 Jahren eine feste Summe als Startkapital für das Studium seines Sohnes zahlt. Er möchte dazu monatlich 200 € sparen. Nach der Prognose der Versicherungsgesellschaft soll der Sohn in 18 Jahren einen Betrag von 80.000 € erhalten. Welche Rendite erzielt der Anleger, wenn er das Ende des Versicherungsvertrags erlebt?

Berechnung

Hinweis: Wird der „BEGIN" Indikator im Display angezeigt, drücken Sie die Taste SHIFT und „P/YR", da wir im End-Modus rechnen.

(Dieser Hinweis wird in den nächsten Rechnungen nicht mehr angegeben.)

Eingabe	Display	Erklärung
12 P/YR	P/YR 12,00	Der Kunde zahlt monatlich einen Betrag an die Versicherung.
18 xP/YR	N 216,00	Die Vertragslaufzeit beträgt 18 Jahre, also 216 Monate.
0 PV	PV 0,00	Zu Beginn wird keine einmalige Zahlung geleistet.
200 +/– PMT	PMT – 200,00	Während der Vertragslaufzeit zahlt der Kunde monatlich einen Betrag von 200 €.
80000 FV	FV 80.000,00	Am Ende der Vertragslaufzeit erhält der Kunde eine Auszahlung von 80.000 €.

I/YR	**I/YR NOM% 6,31**	Ermittlung des Nominalzinses.
EFF%	**EFF% 6,49**	Umrechnung in den Effektivzins.

Ergebnis: Die Ausbildungsversicherung erzielt eine Rendite von 6,49 Prozent.
Als Alternative zu einer Ausbildungsversicherung kommt eine Kombination aus einem Fondssparplan und einer Risikolebensversicherung in Frage. Dabei deckt die Risikolebensversicherung den Todesfallschutz für den Familienvater ab, während separat im Fondssparplan Kapital für die Ausbildung des Kindes angespart wird. Ihr Kunde fragt nun, wie hoch die Rendite des Sparplans ausfallen muss, damit er mindestens das gleiche Ergebnis erzielt, wie mit der angebotenen Ausbildungsversicherung..

Wie würden Sie vorgehen?

STOPP

Möglicherweise haben Sie bis jetzt eine nach der anderen Aufgabe schnell durchgearbeitet. Fragestellung gelesen, Lösung durchgelesen und gerechnet. Bitte lesen Sie ab sofort wirklich erst dann weiter, wenn Sie kurz über den Sachverhalt nachgedacht haben. Ihr Lerneffekt ist dann am größten, wenn Sie selbst auf die richtigen Lösungsgedanken kommen.

Lesen Sie einfach nur weiter, trainieren Sie sich nicht, in Lösungen zu denken. Dann sind Sie zwar beim Lesen der Lösungswege stets der Ansicht „Hätte ich auch so gemacht", was aber nicht immer oder eher selten zutrifft. Die Botschaft für Sie lautet: Lesen Sie ab sofort die Aufgabe aufmerksam, dann notieren Sie auf einem Blatt Papier Ihre Lösungsgedanken – ZAHLUNGSSTROM !!! – und dann lesen Sie weiter. Das sind die Erfolgsschritte eins, zwei und drei.

Berechnung

Zunächst muss der Todesfallschutz über eine Risikolebensversicherung abgedeckt werden. Nach einer Tarifauskunft kann die Risikolebensversicherung für einen Monatsbeitrag von 15 € abgedeckt werden. Das heißt, zum Sparen bleiben monatlich noch 185 € übrig, die in einen Fondssparplan investiert werden können.

Sie rechnen mit den bereits im Rechner gespeicherten Werten weiter:

Eingabe	Display	Erklärung
185 +/– PMT	PMT – 185,00	Während der Vertragslaufzeit zahlt der Kunde monatlich einen Betrag von 185 €.
I/YR	I/YR NOM% 7,04	Ermittlung des Nominalzinses.
EFF%	EFF% 7,27	Der Fondssparplan muss einen durchschnittlichen effektiven Zins von 7,27 % erwirtschaften.

Ergebnis: Um das gleiche Ergebnis zu erreichen wie mit der Ausbildungsversicherung, müsste der Fondssparplan eine durchschnittliche Rendite von 7,27 Prozent nach allen Kosten pro Jahr erwirtschaften. Eine solche Rendite ist – in guten Börsenzeiten – durchaus realistisch. Für vorsichtige Anleger kann allerdings die Ausbildungsversicherung die geeignetere Empfehlung sein.

Test

Ein Kunde möchte für seinen gerade geborenen Sohn eine Ausbildungsversicherung über 20 Jahre abschließen. Folgendes Angebot einer Versicherung liegt ihm vor:

- Prognostizierte Ablaufleistung: 60.000 €
- Monatliche Sparleistung: 150 €

Sie vergleichen die Ausbildungsversicherung direkt mit einem Aktienfondssparplan, in dem parallel in eine Risikolebensversicherung eingezahlt wird. Diese kostet monatlich 10 €. Welchen effektiven Zins muss der Aktienfonds erzielen, um zum Ende dasselbe Vermögen wie die Versicherung zu erzielen?

Berechnung

Eingabe	Display	Erklärung
12 P/YR	P/YR 12,00	Monatliche Zahlung der Sparrate.
20 xP/YR	N 240,00	Die Laufzeit der Versicherung und des Aktienfondssparplans beträgt 20 Jahre.
0 PV	PV 0,00	Es wird keine Einmalanlage getätigt.
140 +/– PMT	PMT – 140,00	Monatlich kommen 140 € zur Anlage in den Aktienfonds.
60000 FV	FV 60.000,00	Die prognostizierte Ablaufleistung der Versicherung soll auch mit dem Aktienfondssparplan erreicht werden, also 60.000 €.
I/YR	I/YR NOM% 5,36	Berechnung des nominalen Zinses.
EFF%	EFF% 5,49	Umrechnung in den effektiven Zins.

Ergebnis: Somit muss der Aktienfonds einen effektiven Zins von rund 5,5 Prozent erzielen. Ein guter Aktienfonds kann eine solche Rendite erzielen. Zudem sollten Sie noch andere Angebote zu Ausbildungsversicherungen einholen.

Versicherungen mit Dynamik

Bei den meisten Anlageformen und Versicherungen ist es für Kunden möglich, eine Dynamik in den Vertrag einzubauen. Die prozentuale Erhöhung des Sparbetrages kann meist der Kunde auswählen. Normalerweise ist die Dynamik jeweils nach einem Jahr. Die Gesellschaft informiert den Produktnehmer jedes Jahr über die Erhöhung. Jedoch kann der Kunde zwischenzeitlich eine Erhöhung des Sparbetrages bei den meisten Gesellschaften widerrufen.

Somit kann der Kunde die Dynamik nach eigenen Wünschen variieren und beispielsweise nach nur jedem 2. Jahr eine Erhöhung zulassen. Doch hier ist Vorsicht geboten: Widerruft der Kunde mehrmals eine Erhöhung des Sparbetrages, löscht die Gesellschaft die Dynamik aus dem Vertrag. Je nach Gesellschaft ist diese Regelung unterschiedlich. Manche schließen es nach einmaligem, manche nach zwei- oder dreimaligem Widerruf aus dem Vertrag aus. Hier sollten Sie sich bei der jeweiligen Gesellschaft erkundigen.

Für den Kunden hat eine Dynamik folgende Vorteile:

- Lohn- oder Gehaltssteigerungen können in eine Anlageform eingebaut werden und es bleibt eine gleich bleibende Sparquote.
- Einem möglichen Inflationsverlust kann aus dem Wege gegangen werden.

Auch im finanzmathematischen Taschenrechner BWK Business® können Sie Verträge mit Dynamik berechnen. Auch mehrmalige Erhöhungen im Jahr oder beispielsweise nach jedem 17. Monat können mit dem Taschenrechner berechnet werden. Voraussetzung ist, dass die Erhöhung regelmäßig erfolgt.

Allgemeiner Hinweis zu Dynamikberechnungen

Eine Berechnung mit Dynamik kann einige Sekunden in Anspruch nehmen. Es wird dann „CALCULATING" im Display angezeigt. Berechnen Sie den Zins I/YR, die Laufzeit N oder die Dynamik in Prozent %D, so können Sie die Berechnung durch längeres Drücken der Taste „C" abbrechen.

Zudem können Sie nur Berechnungen bis zu 88 Jahren durchführen. Ist die Laufzeit über 88 Jahre wird folglich „OVERFLOW" als Fehlermeldung ausgegeben.

BEISPIEL

Sie vergleichen für einen Kunden drei Anlageprodukte:

- Lebensversicherung der Gesellschaft A mit monatlicher Zahlungsweise von 100 € und einer Dynamik, die jedes Jahr erfolgt, von 5 Prozent. Die Ablaufleistung gibt die Gesellschaft nach 25 Jahren mit 100.000 € an.
- Lebensversicherung der Gesellschaft B ohne Dynamik. Halbjährliche Zahlung von 600 € über 25 Jahre. Ablaufleistung: 65.000 €.
- Lebensversicherung der Gesellschaft C mit 3 Prozent Dynamik. Die Dynamikerhöhung erfolgt jedes 2. Jahr. Quartalsweise Zahlung von 200 € über 25 Jahre mit Ablaufleistung von 60.000 €.

Berechnung

Da alle Produkte unterschiedliche Zahlungsweisen und eine unterschiedliche Dynamik haben, sollten Sie als Entscheidungskriterium den effektiven Zins nehmen.

Lebensversicherung der Gesellschaft A

Eingabe	Display	Erklärung
12 P/YR	P/YR 12,00	12 Zahlungen jährlich werden durch den Kunden eingezahlt.
25 xP/YR	N 300,00	25 Jahre, gleich 300 Perioden, werden eingezahlt.
0 PV	PV 0,00	Es wird keine Einmalanlage geleistet.
100 +/– P/D	P/D – 100,00	Eine anfängliche regelmäßige Zahlung beträgt 100 €. Da eine Dynamik im Vertrag eingebaut ist, geben Sie die Zahlung nicht unter PMT, sondern unter P/D ein.
5 %D	%D 5,00	Die Dynamik soll 5 % betragen.
12 SHIFT %D	xD 12,00	Die Dynamik soll jährlich erfolgen, also alle 12 Zahlungsperioden. Da im BWK Business® in xD jährliche Dynamik gespeichert ist, bräuchten Sie diesen Schritt nich einzugeben. Zum Verständnis haben wir jedoch diesen Schritt eingefügt.
SHIFT P/D	P/DE – 322,51	Umrechnung in die letzte Zahlung, die im 25. Jahr gezahlt wird. Auch dieser Schritt dient nur zur Information und kann dem Kunden als Hilfe gegeben werden, welche Zahlung er am Ende des Sparplans zu erwarten hat.
100000 FV	FV 100.000,00	Die Ablaufleistung der Versicherung der Gesellschaft A wird mit 100.000 € angegeben.
I/YR	I/YR NOM% 4,97	Berechnung des nominalen Zinses. *Hinweis:* Diese Berechnung kann einige Sekunden in Anspruch nehmen.
EFF%	EFF% 5,09	Umrechnung in den effektiven Zins.

Ergebnis: Mit der Versicherung der Gesellschaft A erzielt der Kunde einen effektiven Zins von 5,09 Prozent.

Lebensversicherung der Gesellschaft B

Eingabe	Display	Erklärung
2 P/YR	**P/YR 2,00**	Es wird halbjährlich gezahlt, also zwei Zahlungen pro Jahr.
25 xP/YR	**N 50,00**	Es werden 25 Jahre lang eingezahlt, somit 50 Perioden.
0 PV	**PV 0,00**	Es wird keine Einmalanlage zu Beginn geleistet.
600 +/– PMT	**PMT – 600,00**	Es werden halbjährlich 600 € eingezahlt. *Hinweis:* Hiermit wird die Zahlung in P/D gelöscht und es wird mit PMT gerechnet.
65000 FV	**FV 65.000,00**	Die Ablaufleistung der Versicherung der Gesellschaft A beträgt 65.000 €.
I/YR	**I/YR NOM% 5,73**	Berechnung des nominalen Zinses.
EFF%	**EFF% 5,81**	Umrechnung in den effektiven Zins.

Ergebnis: Der Kunde würde mit der Lebensversicherung der Gesellschaft B einen effektiven Zins von 5,81 Prozent erzielen.

Lebensversicherung der Gesellschaft C

Eingabe	Display	Erklärung
4 P/YR	P/YR 4,00	Es wird quartalsweise gezahlt, also viermal im Jahr.
25 xP/YR	N 100,00	Es werden 25 Jahre aingezahlt, also 100 Perioden.
0 PV	PV 0,00	Es wird keine Einmalanlage zu Beginn geleistet.
200 +/– P/D	P/D – 200,00	Anfänglich werden 200 € als Zahlung mit Dynamik geleistet. *Hinweis:* Hiermit wird die Zahlung in PMT gelöscht und es wird mit dem Wert in P/D gerechnet.
3 %D	%D 3,00	Es wird mit 3 % Dynamik gerechnet.
8 SHIFT %D	xD 8,00	Jedes 2. Jahr soll die Sparrate erhöht werden. Das bedeutet bei quartalsweiser Zahlungsweise, dass sich nach jeder 8. Periode der Sparbetrag erhöht.
SHIFT P/D	P/DE – 285,15	Umrechnung in die Zahlung am Ende des 25. Jahres. Wieder dient dieser Schritt ist nur als Information.
60000 FV	FV 60.000,00	Die Ablaufleistung der Versicherung der Gesellschaft C beträgt nach 25 Jahren 60.000 €.
I/YR	I/YR NOM% 6,95	Berechnung des nominalen Zinses. *Hinweis:* Auch hier benötigt der BWK Business® einige Sekunden zur Berechnung.
EFF%	EFF% 7,14	Umrechnung in den effektiven Zins.

Ergebnis: Der Kunde würde einen effektiven Zins von 7,14 Prozent mit der Versicherung der Gesellschaft C erreichen.
Somit hat die Versicherung der Gesellschaft C den höchsten Zins und wäre damit die lukrativste Entscheidung.

BEISPIEL – Variation

Der obige Kunde entscheidet sich für die Versicherung der Gesellschaft C. Er möchte jedoch im letzten Jahr einen Betrag von 400 € sparen. Alle anderen Angaben möchte er beibehalten. Er fragt Sie nun nach der Ablaufleistung und der sofortigen, regelmäßigen Zahlung der Versicherung.

Alle Angaben sind noch von obiger Rechnung im Taschenrechner gespeichert.

Eingabe	Display	Erklärung
400 +/– SHIFT P/D	P/D – 280,55	Der Kunde möchte nach 25 Jahren einen Betrag von 400 € zahlen. Der BWK Business® rechnet direkt in die anfängliche Dynamik-Sparrate um.
FV	FV 84.165,57	Berechnung der Ablaufleistung nach 25 Jahren.

Ergebnis: Wenn die Versicherung den gleichen Zins erzielen würde, wie vor der Variation, so könnte der Kunde mit einer Ablaufleistung von rund 84.000 € rechnen. Er müsste bei einer Dynamik von 3 Prozent mit einer Zahlung von 280,55 € beginnen, damit er nach 25 Jahren eine Zahlung von 400 € hat.

BEISPIEL – Variation

Der Kunde spricht Sie auf die zu zahlende Steuer an. Sie wissen: Der Ertrag (Gewinn) bei Auszahlung der Lebensversicherung wird zur Hälfte versteuert. Wie kommt man also auf den Ertrag einer Lebensversicherung? Denken Sie kurz nach und lesen dann erst weiter.

– kurze Denkpause –

Natürlich muss man die eingezahlten Beiträge kennen, um die Zinseszinsen – den Ertrag – zu ermitteln. Dieser Schritt ist einfach mit dem BWK Business® zu vollziehen. Setzt man den Zins auf Null, so entstehen keine Zinsen und es verbleiben lediglich die eingezahlten Beiträge.

Eingabe	Display	Erklärung
0 I/YR	I/YR NOM% 0,00	Der Zins wird auf Null gesetzt.
FV	FV 33.452,81	Berechnung des Endwerts ohne Zinsen = eingezahlte Beiträge.

Sie kennen nun die eingezahlten Beiträge. Um den Ertrag der Lebensversicherung zu ermitteln, ziehen Sie diese einfach von der prognostizierten Ablaufleistung ab:

prognostizierte Ablaufleistung:	84.166 €
– Summe der eingezahlten Beiträge:	33.453 €
= Ertrag/Gewinn der Lebensversicherung:	50.713 €

Ergebnis: Die Lebensversicherung erzielt einen Gewinn von rund 50.000 €, welcher zur Hälfte versteuert werden muss.

Merke: Die Summe der eingezahlten Beiträge können Sie einfach mit einem Zins von 0 Prozent ermitteln.

Bonussparpläne

Bonussparpläne sind Sparformen, bei denen neben einer Basisverzinsung am Ende der Laufzeit ein Bonus gezahlt wird. Dieser Bonus wird je nach Form des Sparplans auf die Summe der Einzahlungen durch den Kunden, auf die „verdienten Zinsen" oder eine ähnliche Messgröße gezahlt.

Für Ihre Kunden – und für Sie als Berater Ihrer Kunden – ist es wichtig, solche Angebote vergleichen zu können. Eine Möglichkeit des Vergleichs ist es, das Endergebnis eines solchen Bonussparplans zu ermitteln.

BEISPIEL

Ihr Kunde legt Ihnen folgendes Angebot einer Bank vor: Ein monatlicher Sparplan mit 25 Jahren Laufzeit erbringt eine effektive Grundverzinsung von 3 Prozent. Nach 25 Jahren erhält der Kunde eine einmalige Bonuszahlung von 30 Prozent seiner selbst geleisteten Einzahlungen während der Vertragslaufzeit. Ihr Kunde möchte von Ihnen wissen, welche Rendite der Sparplan inklusive der Bonuszahlung erbringt. Monatlich möchte er einen Betrag von 200 € anlegen.

Berechnung

Zuerst ermitteln Sie das Ergebnis des zugrunde liegenden Sparplans ohne den versprochenen Bonus. Diese Berechnung stellt für Sie keine Schwierigkeit dar.

Eingabe	Display	Erklärung
12 P/YR	P/YR 12,00	Der Kunde zahlt monatlich ein.
25 xP/YR	N 300,00	Der Sparplan läuft 25 Jahre, also 300 Monate.
3 EFF%	I/YR NOM% 2,96	Die Basisverzinsung beträgt 3 % p. a. Es wird direkt in den nominalen Zins umgerechnet.
0 PV	PV 0,00	Zu Beginn des Sparplans wird keine einmalige Einzahlung geleistet.
200 +/– PMT	PMT – 200,00	Der Kunde zahlt monatlich 200 €.
FV	FV 88.698,97	Nach 25 Jahren ergibt sich bei der Basisverzinsung von 3 % ein Kontostand von 88.698,97 €.

Nun kennen Sie das Ergebnis des Sparplans. Zu diesem Ergebnis erhält der Kunde einen Bonus in Höhe von 30 Prozent seiner eigenen Einzahlungen. Das heißt, dass Sie als Nächstes ermitteln müssen, wie viel der Kunde in den 25 Jahren Laufzeit in den Sparplan einzahlt. Bei monatlicher Zahlungsweise entsprechen 25 Jahre 300 Monatsraten. Bei einer Ratenhöhe von 200 € ergibt das eine Einzahlungssumme von 300 • 200 € = 60.000 €. Auf diese Summe erhält der Kunde nun einen Bonus von 30 Prozent, also 18.000 €.

Kennen Sie den Bonus, ermitteln Sie die tatsächliche Auszahlungssumme am Ende des Sparplans. Sie ergibt sich aus dem Ergebnis des „Basissparplans" von 88.698,97 € und dem Bonus von 18.000 €.

Jetzt können Sie auf der Basis der bereits im Rechner eingegebenen Daten leicht die Rendite des gesamten Sparplans ermitteln.

Eingabe	Display	Erklärung
RCL FV	FV 88.698,97	Fragen Sie das eben ermittelte Endergebnis aus dem Speicher ab.
+ 18000 =	= 106.698,97	Diesen Betrag erhält der Kunde nach 25 Jahren inklusive Bonus ausgezahlt.
FV	FV 106.698,97	Der tatsächliche Auszahlungsbetrag wird in den Speicher für das Endergebnis übernommen.
I/YR	I/YR NOM% 4,25	Ermittlung des Nominalzinses.
EFF%	EFF% 4,34	Umrechnung in den effektiven Zins.

Ergebnis: Durch den Bonus von 30 Prozent auf die geleisteten Einzahlungen steigt die Rendite für Ihren Kunden von 3 Prozent auf 4,34 Prozent an.

Test

Ein Kunde möchte 5 Jahre lang monatlich 300 € in einen Bonus-Sparplan einzahlen. Hier erhält er eine effektive Grundverzinsung von 2,5 Prozent und folgenden Bonus auf die eingezahlte Summe eines jeweiligen Jahres.

1. Jahr	5 %
2. Jahr	7,5 %
3. Jahr	7,5 %
4. Jahr	10 %
5. Jahr	12,5 %

Ist die Anlage in den Bonussparplan rentabel, berechnen Sie den effektiven Zins.

STOPP

Denken Sie daran, es ist ein Test. Versuchen Sie erst einmal, alleine das Ergebnis zu ermitteln. Testen Sie sich also selber, ob Sie das Thema verstanden haben. So erreichen Sie einen guten Lernerfolg.

Eingabe	Display	Erklärung
12 P/YR	**P/YR 12,00**	Monatliche Sparleistung.
5 xP/YR	**N 60,00**	Der Kunde spart 5 Jahre lang.
2,5 EFF%	**I/YR NOM% 2,47**	Der Bonussparplan hat eine effektive Grundverzinsung von 2,5 %. Es wird direkt in den nominalen Zins umgerechnet.
0 PV	**PV 0,00**	Es wird keine Einmalanlage getätigt.

300 +/– PMT	**PMT – 300,00**	Monatlich zahlt der Kunde 300 € in den Bonussparplan ein.
FV	**FV 19.138,64**	Durch die Grundverzinsung hat der Kunde ein Vermögen von rund 19.000 € erreicht.

Lassen Sie nun alle Angaben im Taschenrechner gespeichert. Als Nächstes addieren Sie auf das obige Vermögen den gesamten Bonus, den der Kunde erhält, und berechnen dann den effektiven Zins des gesamten Sparplans.

Der Kunde zahlt monatlich 300 € und somit 3.600 € jährlich. Nun bekommt er folgenden Bonus für die jeweiligen Jahre.

1. Jahr	5 %	180 €
2. Jahr	7,5 %	270 €
3. Jahr	7,5 %	270 €
4. Jahr	10 %	360 €
5. Jahr	12,5 %	450 €
	Gesamt	1.530 €

Nun verändern Sie nur noch das Endvermögen der letzten Berechnung und ermitteln den effektiven Zins:

Eingabe	Display	Erklärung
RCL FV + 1530 = FV	**FV 20.668,64**	Insgesamt hat der Kunde ein Vermögen von 20.668,64 € erzielt.
I/YR	**I/YR NOM% 5,51**	Somit wurde mit dem Bonussparplan ein nominaler Zins von 5,51 % erzielt.
EFF%	**EFF% 5,65**	Umrechnung in den effektiven Zins.

Ergebnis: Auf diese Weise erzielt der Kunde insgesamt ein Vermögen von 20.668,64 €. Somit hat er mit dem Bonussparplan einen effektiven Zins von 5,65 Prozent erzielt, den Sie nun mit anderen Anlagen vergleichen können.

Zero-Bonds

Zero-Bonds sind Anleihen, bei denen während der Laufzeit keine regelmäßigen Zinszahlungen erfolgen. Stattdessen werden Zero-Bonds zu einem Kurs unterhalb des Nominalwertes ausgegeben. Am Ende der Laufzeit erhält der Bond-Inhaber den Nominalwert des Bonds ausgezahlt. Damit erzielt der Kunde eine bestimmte Rendite, die bereits bei der Emission der Anleihe feststeht. Der Ertrag Ihres Kunden liegt also in der Differenz zwischen dem Kaufpreis des Bonds und dem Rückzahlungsbetrag. Da Bonds auch während der Laufzeit gehandelt werden können, ist es für Ihre Kunden wichtig, die mögliche Rendite beim Erwerb eines Bonds zu kennen. Die Rendite für die gesamte Laufzeit eines Bonds wird bei der Emission als Emissionsrendite bekannt gegeben. Doch wird ein Bond während der Laufzeit frei gekauft, ergibt sich eine andere Rendite, da die Bondkurse, abhängig von der aktuellen Zinsentwicklung, schwanken.

BEISPIEL 1

Ihr Kunde möchte einen Zero-Bond mit einer Restlaufzeit von 5 Jahren kaufen. Bei der Emission vor 3 Jahren war eine Emissionsrendite von 5 Prozent angegeben worden. Heute kann Ihr Kunde die Anleihe, die zu 100 Prozent zurückgezahlt wird, zu einem Kurs von 79,10 € pro 100 € Nominalwert kaufen. Welche Rendite erzielt Ihr Kunde mit dem Anleihekauf?

Berechnung

Eingabe	Display	Erklärung
1 P/YR	P/YR 1,00	Der Kunde leistet eine einmalige Zahlung.
5 xP/YR	N 5,00	Die Anlagedauer beträgt 5 Jahre.
79,1 +/– PV	PV – 79,10	Heute zahlt der Kunden einen Betrag von 79,10 €.

0 PMT	**PMT 0,00**	Weitere Zahlungen während der nächsten 5 Jahre erfolgen nicht.
100 FV	**FV 100,00**	In 5 Jahren erhält Ihr Kunde eine Rückzahlung von 100 €.
I/YR	**I/YR NOM% 4,80**	Ermittlung der Rendite. Auf I/YR wird zwar der nominale Zins ermittelt, der jedoch aufgrund der jährlichen Zahlweise gleich dem effektiven Zins ist.

Ergebnis: Kauft Ihr Kunde die Anleihe zum Kurs von 79,10 erzielt er eine Rendite von 4,8 Prozent pro Jahr mit seiner Anlage, wenn der die Anleihe bis zum Ende der Laufzeit behält.

BEISPIEL 2

Nach 2 Jahren kommt der Kunde erneut zu Ihnen. Die zu einem Kurs von 79,10 gekaufte Anleihe wird an der Börse nun zu 91,51 gehandelt. Welche Rendite erzielt Ihr Kunde, wenn er jetzt seine Anleihen zu 91,51 verkauft?

Berechnung

Eingabe	Display	Erklärung
1 P/YR	**P/YR 1,00**	Der Kunde leistete eine einmalige Zahlung.
2 xP/YR	**N 2,00**	Die Anlagedauer beträgt 2 Jahre.
79,1 +/– PV	**PV – 79,10**	Vor 2 Jahren hat der Kunde einen Preis von 79,10 für die Anleihe bezahlt.
0 PMT	**PMT 0,00**	Weitere Zahlungen während der nächsten 5 Jahre erfolgen nicht.

91,51 FV	**FV** **91,51**	Heute könnte der Kunde zum Kurs von 91,51 verkaufen.
I/YR	**I/YR NOM%** **7,56**	Ermittlung der Rendite.

Ergebnis: Verkauft Ihr Kunde die Anleihe nach 2 Jahren zum gestiegenen Kurs von 91,51, hat er in den letzten 2 Jahren mit der Anleihe eine Rendite von 7,56 Prozent pro Jahr erzielt.

BEISPIEL 3

Ein Unternehmen möchte Zero-Bonds mit 10-jähriger Laufzeit ausgeben. Bei einer Verzinsung von 6 Prozent pro Jahr sollen die Anleihen am Ende der Laufzeit zu einem Kurs von 100 zurückgenommen werden. Zu welchem Kurs müssen die Bonds emittiert werden?

Eingabe	Display	Erklärung
1 P/YR	**P/YR** **1,00**	Es erfolgt eine einmalige Zinsverrechnung pro Jahr.
10 xP/YR	**N** **10,00**	Die Anleihe wird mit einer Laufzeit von 10 Jahren begeben.
6 I/YR	**I/YR NOM%** **6,00**	Die Anleihe soll zu 6 % rentieren.
0 PMT	**PMT** **0,00**	Während der Anleihelaufzeit erfolgen keine Zahlungen.
100 FV	**FV** **100,00**	In 10 Jahren wird die Anleihe zu einem Kurs von 100 zurückgenommen.
PV	**PV** **– 55,84**	Die Anleihe muss zu einem Kurs von 55,84 € begeben werden.

BEISPIEL 4

Die Anleihe aus Beispiel 3 wurde vor 5 Jahren ausgegeben. Die Restlaufzeit beträgt nun noch weitere 5 Jahre. In der Zwischenzeit rentieren Anleihen mit 5-jähriger Restlaufzeit mit 7,5 Prozent.

a) Zu welchem Kurs muss die Anleihe aus Aufgabe 3 nun an der Börse notieren, damit für die verbleibende Restlaufzeit eine Rendite von 7,5 Prozent erreicht wird?

b) Welche Rendite hat ein Anleger erzielt, der die Anleihe bei der Emission gekauft hat und jetzt zum aktuellen Börsenkurs verkauft?

Berechnung zu a)

Eingabe	Display	Erklärung
1 P/YR	P/YR 1,00	Es erfolgt eine einmalige Zinsverrechnung pro Jahr.
5 xP/YR	N 5,00	Die Restlaufzeit der Anleihe beträgt 5 Jahre.
7,5 I/YR	I/YR NOM% 7,50	Die Rendite vergleichbarer Anleihen beträgt 7,5 %.
0 PMT	PMT 0,00	Während der Anleihelaufzeit erfolgen keine Zahlungen.
100 FV	FV 100,00	In 10 Jahren wird die Anleihe zu einem Kurs von 100 zurückgenommen.
PV	PV – 69,66	Die Anleihe muss an der Börse zu einem Kurs von 69,66 gehandelt werden.

Berechnung zu b)

Eingabe	Display	Erklärung
RCL PV	PV – 69,66	Abrufen des in a) ermittelten Kurses.
+/– FV	FV 69,66	Übernahme des Wertes als Endauszahlung.
5 xP/YR	N 5,00	Der Kunde hat die Anleihe 5 Jahre gehalten.
55,84 +/– PV	PV – 55,84	Vor 5 Jahren hat der Kunde die Anleihe zu 55,84 gekauft.
0 PMT	PMT 0,00	Während der Anleihelaufzeit erfolgten keine Zahlungen.
I/YR	I/YR NOM% 4,52	Der Kunde hat eine Verzinsung seines Kapitals von 4,52 % pro Jahr erzielt.

Test

Ein 10-jähriger Zero-Bond soll mit einem Zins von 5,5 Prozent ausgegeben werden. Am Ende der Laufzeit soll der Rücknahmekurs 100 betragen.

- Zu welchem Kurs müssen die Bonds emittiert werden?
- Nach 3 Jahren (7 Jahre Restlaufzeit) hat der Zero-Bond einen Kurs von 65. Wenn ein Anleger zu der Emission gekauft hat und nun verkauft, welchen Zins hat er dann erreicht?
- Nach 5 Jahren (5 Jahre Restlaufzeit) hat der Zero-Bond einen Kurs von 70 erreicht. Welchen Zins kann ein Anleger bis zur Rücknahme erreichen, wenn er nun den Zero-Bond kauft.

Berechnen Sie obige Fälle. Versuchen Sie auch hier, erst alleine die Lösung zu finden.

Berechnung a)

Eingabe	Display	Erklärung
1 P/YR	P/YR 1,00	Jährliche Verzinsung.
10 xP/YR	N 10,00	Der Zero-Bond hat eine Laufzeit von 10 Jahren.
5,5 I/YR	I/YR NOM% 5,50	Der Zero-Bond hat eine Verzinsung von 5,5 %. Hier ist aufgrund der jährlichen Verzinsung der nominale gleich dem effektiven Zins.
0 PMT	PMT 0,00	Es werden keine regelmäßigen Zahlungen getätigt.
100 FV	FV 100,00	Nach 10 Jahren soll der Bond den Kurs von 100 € erreichen.
PV	PV – 58,54	Berechnung des Emissionspreises.

Ergebnis: Der Zero-Bond muss also mit einem Kurs von 58,54 herausgegeben werden, um 10 Jahre lang eine Rendite von jährlich 5,5 Prozent zu erreichen.

Berechnung b)

Eingabe	Display	Erklärung
1 P/YR	P/YR 1,00	Jährliche Verzinsung des Zero-Bonds.
3 xP/YR	N 3,00	Nach 3 Jahren Laufzeit soll die Rendite ermittelt werden.
58,54 +/– PV	PV – 58,54	Bei der Emission hat der Anleger zu einem Kurs von 58,54 € gekauft.
0 PMT	PMT 0,00	Es werden keine regelmäßigen Zahlungen getätigt.

65 FV	**FV** **65,00**	Nach 3 Jahren hat der Zero-Bond einen Kurs von 65 erreicht.
I/YR	**I/YR NOM%** **3,55**	Berechnung des Zinses – auch hier ist aufgrund der jährlichen Verzinsung der effektive gleich dem nominalen Zins.

Ergebnis: Wenn der Anleger also nach 3 Jahren den Zero-Bond verkauft, hätte er anstatt eines Zinses von 5,5 Prozent nur einen Zins von 3,55 Prozent erzielt.

Berechnung c)

Eingabe	Display	Erklärung
1 P/YR	**P/YR** **1,00**	Jährliche Verzinsung.
5 xP/YR	**N** **5,00**	Der Zero-Bond hat noch eine Restlaufzeit von 5 Jahren.
70 +/– PV	**PV** **– 70,00**	Der Anleger kauft zu einem Kurs von 70.
0 PMT	**PMT** **0,00**	Es werden keine regelmäßigen Zahlungen getätigt.
100 FV	**FV** **100,00**	Nach 5 Jahren hat der Zero-Bond einen Kurs von 100 erreicht.
I/YR	**I/YR NOM%** **7,39**	Berechnung des Zinses.

Ergebnis: Somit könnte ein Anleger, wenn er den Zero-Bond mit einer Restlaufzeit von 5 Jahren und einem Kurs von 70 kauft, einen Zins von rund 7,4 Prozent erzielen.

Achtung

Zur Kontrolle, zum Vergleich und zur Übung rechnen Sie mit dem Beratungsrechner (www.beratungsrechner.de) nach. Die Beratungssoftware für Praktiker.

Versicherungen & Fonds

Sowohl Lebens- als auch Rentenversicherungen werden nicht nur in den seit vielen Jahren bekannten Formen angeboten, bei der die Anlegergelder überwiegend in festverzinslichen Anlagen, Immobilien und ähnliche Anlageformen investiert werden. Für Anleger, die ihr Kapital in Aktienanlagen investiert wissen möchten, werden ebenfalls passende Policen angeboten.

Fondsgebundene Versicherungen investieren die Anlegergelder in Anteile von Investmentfonds. Dabei hat der Kunde verschiedene Wahlmöglichkeiten. Zunächst einmal kann er sich zwischen einer gemanagten Fondspolice und einer individuellen Fondspolice entscheiden. Während sich bei einer gemanagten Police die Investmentspezialisten der Versicherungsgesellschaften die Auswahl der geeigneten Fonds vornehmen, kann der Anleger bei einer individuellen Fondspolice selbst die Entscheidung treffen, wo seine Sparzahlungen angelegt werden sollen.

Durch die Anlage der Sparzahlungen in Investmentfonds können die Versicherer für die einmal zu erwartende Ablaufzahlung keine genauen Prognosen abgeben. Welches Vermögen bei Vertragsablauf letztlich zur Verfügung stehen wird, ist abhängig von der Wertentwicklung der Fonds, in die angelegt wird. Zu diesem Zweck geben die Versicherungsgesellschaften bei den Angeboten zu fondsgebundenen Versicherungen verschiedene Ablaufleistungen in Abhängigkeit von der Wertentwicklung der unterlegten Fonds an. Meist werden die möglichen Ablaufleistungen für eine Wertentwicklung von 3, 6 und 9 Prozent angegeben. Zusätzlich findet sich bei vielen Gesellschaften auch die Ablaufprognose für den Fall, dass die Fondsanteile sich während der Laufzeit im Wert nicht verändern.

Mit diesen Angaben können Sie für Ihren Kunden leicht ermitteln, wie teuer eine fondsgebundene Versicherung wirklich ist oder, besser gesagt, welche Kosten für die Versicherungs- und Managementleistungen anfallen.

Am einfachsten fällt die Beurteilung der anfallenden Kosten bei den Angaben zur Wertentwicklung mit 0 Prozent. Hier lässt sich leicht die Differenz zwischen der Summe aller Einzahlungen des Kunden und der prognostizierten Auszahlung am Ende der Vertragslaufzeit ermitteln.

BEISPIEL

Ein 30-jähriger Mann zeigt Ihnen das folgende Angebot einer fondsgebundenen Rentenversicherung. Bei einem Monatsbeitrag von 200 € und 12 Jahren Vertragslaufzeit prognostiziert der Anbieter die folgenden Ablaufleistungen:

- bei einer Wertentwicklung von 0 Prozent: 27.700 €
- bei einer Wertentwicklung von 9 Prozent: 48.700 €

Von Ihnen möchte der Kunde wissen, wie hoch die Rendite der Versicherung nach Kosten ist, bzw. wie welcher Anteil der Prämien für die Leistungen der Versicherungsgesellschaft verwendet wird.

Wie gehen Sie vor?

Berechnung

Zuerst einmal können Sie die Beitragssumme ermitteln. In diesem Fall: 12 Jahre • 12 Beiträge/Jahr • 200 € = 28.800 € Beitragssumme.

Diesen Betrag können Sie nun mit der Ablaufprognose bei einer Wertentwicklung von 0 Prozent vergleichen.

- Beitragssumme: 28.800 €
- Ablaufprognose: 27.700 €
- Differenz: 1.100 €

Ergebnis: Bei einer unterstellten Wertentwicklung von 0 Prozent kosten die Leistungen der Versicherung in 12 Jahren 1.100 €.
Wie sieht jedoch die Kostenbelastung bei einer unterstellten Wertentwicklung von 9 Prozent aus?

Berechnung

Jetzt müssen Sie wieder zum Taschenrechner BWK Business® greifen und etwas mehr rechnen. Sie rechnen einmal aus, welcher monatliche Sparbeitrag bei einer effektiven Rendite von 9 Prozent notwendig ist, um in 12 Jahren das angegebene Endvermögen von 48.700 € zu erreichen.

Eingabe	Display	Erklärung
12 P/YR	P/YR 12,00	Der Kunde zahlt monatlich einen Betrag an die Versicherung.
12 xP/YR	N 144,00	Die Vertragslaufzeit beträgt 12 Jahre.
9 EFF%	I/YR NOM% 8,65	Vorgabe des effektiven Zinses. Der BWK Business® gibt Ihnen direkt den umgerechneten nominalen Zins aus.
0 PV	PV 0,00	Zu Beginn wird keine einmalige Zahlung geleistet.
48700 FV	FV 48.700,00	Nach 12 Jahren erhält der Kunde einen Betrag von 48.700 €.
PMT	PMT – 193,64	Bei einem Zinssatz von 9 % müsste der Kunde monatlich einen Betrag von 193,64 € anlegen.

Ergebnis: Bei einer Rendite von 9 Prozent wird ein Monatsbeitrag in Höhe von 193,64 € benötigt, um die prognostizierte Ablaufleistung des Versicherungsvertrags zu erreichen. Die übrigen 6,36 € (200,00 € – 193,64 €) werden beim Versicherer zur Deckung der eigenen Kosten verwendet. Mit diesem Betrag bezahlt der Kunde die Leistungen der Versicherung und das Management seiner Fondspolice.

Hinweis

Ob nun eine Fondspolice in Frage kommt, hängt vom Preis-Leistungs-Verhältnis eines Fondsanbieters ab. Auch steuerliche Gründe sollten hierbei berücksichtigt werden. Grundsätzlich gilt: Nicht alle Fondspolicen sind gut, aber keineswegs alle sind schlecht.

Test

Ein Kunde zeigt Ihnen folgendes Angebot einer fondsgebundenen Rentenversicherung mit einer Laufzeit von 20 Jahren:

- Monatsbeitrag: 300 €
- Ablaufleistung mit effektiver Wertentwicklung von
  – 0 Prozent Rendite: 70.000 €
  – 8 Prozent Rendite: 165.000 €

Wie hoch sind die Kosten der Versicherung?

Berechnung

Bei einer Wertentwicklung von 0 Prozent ergibt sich eine Beitragssumme von 20 Jahre • 12 Monate • 300 € = 72.000 €.

Somit ergibt sich ein Kostenanteil von 2.000 €.

Eingabe	Display	Erklärung
12 P/YR	P/YR 12,00	Monatliche Zahlungsweise des Beitrags.
20 xP/YR	N 240,00	Die Laufzeit der Versicherung beträgt 20 Jahre.
8 EFF%	I/YR NOM% 7,72	Sie nehmen die Wertentwicklung von effektiv 8 % an. Der BWK Business® rechnet direkt in den nominalen Zins um.

0 PV	**PV** **0,00**	Es wird keine Einmalanlage getätigt.
165000 FV	**FV** **165.000,00**	Die prognostizierte Ablaufleistung beträgt 165.000 €.
PMT	**PMT** **– 289,98**	Berechnung der monatlichen Sparleistung, wenn der Anleger die Ablaufleistung der Versicherung erreichen möchte.

Ergebnis: Somit hat die Versicherung einen Kostenanteil von monatlich 10,02 € bei einer prognostizierten Wertentwicklung von 8 Prozent.

Investmentfonds

Investmentfonds sind seit dem Börsenboom, der in Deutschland durch den Börsengang der Deutschen Telekom 1996 ausgelöst wurde, in aller Munde. Doch wie erklären Sie Ihrem Kunden, welche Chancen und welche Risiken in einer Fondsanlage schlummern?

Bei der Erläuterung von Fondsanlagen im Kundengespräch kann der BWK Business® hervorragende Dienste leisten. Sprechen Sie mit Ihrem Kunden einmal nicht nur über die möglichen höheren Erträge, sondern führen Sie ihm die Ertragsvorteile an klaren, individuellen Zahlen vor Augen. Sowohl die Zahlungsströme einer Einmalanlage in einen Investmentfonds als auch die Zahlungsströme eines Fondssparplanes lassen sich mit dem BWK Business® leicht abbilden.

Betrachten Sie einmal den Zahlungsstrom einer Einmalanlage in einen Fonds.

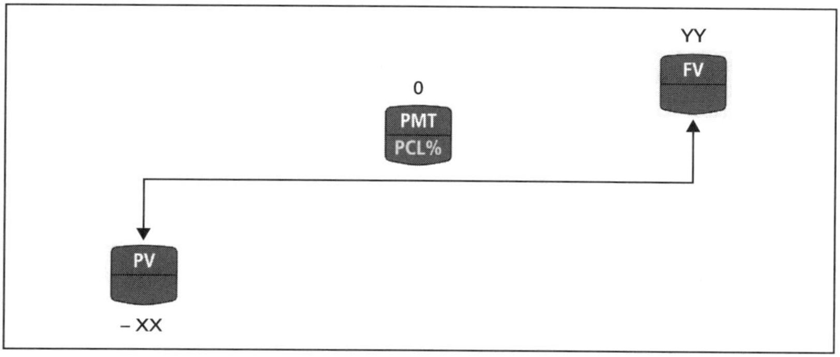

Handelt es sich um eine Einmalanlage ohne laufende Zahlungen während der Laufzeit, wird bei der Berechnung eine einmalige Zinsverrechnung pro Jahr vorgegeben (1 P/YR). Zu Beginn der Anlage wird eine Einzahlung in das Fondsvermögen geleistet (PV). Dieser Wert wird mit einem negativen Vorzeichen erfasst, da der Betrag dem Anleger zunächst abfließt (das bedeutet: aus der Tasche herausfließt).

Während der Laufzeit der Anlage fließen keine Zahlungen (thesaurierende Fondsanlage), daher wird als Payment (PMT) der Betrag 0 erfasst. Am Ende der Anlage erhält der Anleger schließlich sein Kapital mit den erwirtschafteten Erträgen ausgezahlt. Für die Renditeermittlung wird hier ein positiver Betrag als Rückfluss an den Anleger erfasst. Bei vorgegebener Rendite wird der Rechner hier einen positiven Betrag ermitteln.

BEISPIEL

Ein Anleger möchte einen Betrag von 10.000 € für 5 Jahre anlegen. Dazu möchte er in eine Fondsanlage investieren, für die Sie eine durchschnittliche jährliche Wertentwicklung von 8 Prozent erwarten. Welches Endergebnis der Anlage kann der Investor erwarten?

Berechnung

Eingabe	Display	Erklärung
1 P/YR	**P/YR** **1,00**	Es erfolgt eine Verrechnung der Erträge pro Jahr.
5 xP/YR	**N** **5,00**	Die Gesamtlaufzeit der Anlage beträgt 5 Jahre.
8 EFF%	**I/YR NOM%** **8,00**	Sie erwarten einen jährlichen Effektivzins von 8 %. Dieser ist auch gleich dem nominalen Zins, aufgrund der jährlichen Verrechnung der Erträge pro Jahr.
10000 +/– PV	**PV** **– 10.000,00**	Zu Beginn zahlt der Anleger einmalig 10.000 €. Dieser Betrag fließt dem Anleger ab, daher wird er mit negativem Vorzeichen erfasst.
0 PMT	**PMT** **0,00**	Während der Anlagelaufzeit fließen keine weiteren Zahlungen. Daher wird für PMT der Wert 0 erfasst.
FV	**FV** **14.693,28**	Am Ende der Anlagelaufzeit verfügt der Investor über ein Vermögen von 14.693,28 €.

Ergebnis: Erreicht der Fonds eine durchschnittliche jährliche Wertsteigerung von 8 Prozent, kann der Anleger nach 5 Jahren über ein Vermögen von rund 14.693 € verfügen.

Fondssparpläne

Viele Fondsanlagen werden in Form von regelmäßigen Sparplänen abgeschlossen. Anleger können hier in regelmäßigen Abständen für einen festen Betrag Fondsanteile erwerben. Auch diese Sparform lässt sich leicht berechnen.

BEISPIEL

Ein Anleger möchte monatlich einen Betrag von 100 € sparen. Insgesamt hat er vor, über einen Zeitraum von 30 Jahren in eine Fondsanlage einzuzahlen, bevor er über sein Kapital verfügen möchte. Von Ihnen möchte er wissen, wie viel Vermögen er aufbauen kann, wenn der Fonds eine durchschnittliche jährliche Rendite von 10 Prozent erreicht.

Berechnung

Eingabe	Display	Erklärung
12 P/YR	P/YR 12,00	Der Fonds wird mit monatlichen Sparbeiträgen angespart.
30 xP/YR	N 360,00	Insgesamt möchte der Kunde 30 Jahre lang sparen.
10 EFF%	I/YR NOM% 9,57	Sie erwarten einen jährlichen Effektivzins von 10 % pro Jahr. Direkte Umrechnung durch den BWK Business® in den nominalen Zins.
0 PV	PV 0,00	Zu Beginn des Sparplans gibt es keine einmaligen Einzahlungen durch den Kunden.
100 +/– PMT	PMT – 100,00	Während der Anlagelaufzeit zahlt der Kunde monatlich einen Betrag von 100 €.
FV	FV 206.284,33	Bei einer durchschnittlichen jährlichen Wertsteigerung von 10 % jährlich kann der Anleger nach 30 Jahren über ein Vermögen von 206.284,33 € verfügen.

Ausgabeaufschlag

Bei der Anlage in einen Fonds werden in den meisten Fällen Gebühren beim Kauf von Fondsanteilen erhoben. Mit Ausnahme von so genannten No Load Fonds wird beim Kauf von Fondsanteilen ein Ausgabeaufschlag erhoben. Dieser Anteil der Aufwendungen zum Kauf eines Fondsanteils wird nicht für den Kunden angelegt, sondern fließt der Gesellschaft zu.

Ausgabeaufschläge werden als prozentualer Aufschlag auf den Preis eines Fondsanteils erhoben. Das heißt, die Summe, die vom Anleger gezahlt wird, besteht bereits aus Anteilspreis [100 Prozent] + Ausgabeaufschlag.

Möchten Sie den Ausgabeaufschlag bei der Berechnung von Fondsanlagen berücksichtigen, müssen Sie die Beträge, die für den Kunden angelegt werden, um den Ausgabeaufschlag verringern. Bei der Berechnung von Fondsanlagen ist Ihnen die Anlagesumme inklusive Ausgabeaufschlägen bekannt. Diese Summe setzt sich wie oben beschrieben zusammen:

$$\text{Bruttoeinzahlung} = \text{Nettoanlagebetrag} + \text{Nettoanlagebetrag} \cdot \frac{\text{Ausgabeaufschlag in \%}}{100}$$

Damit können Sie den Nettoanlagebetrag einer Fondsanlage wie folgt ermitteln:

$$\text{Nettoanlagebetrag} = \frac{\text{Bruttoeinzahlung}}{1 + \frac{\text{Ausgabeaufschlag in \%}}{100}}$$

BEISPIEL

Ein Kunde möchte für 10.000 € Anteile an einer Fondanlage erwerben, bei der ein Ausgabeaufschlag von 5 Prozent erhoben wird. Welcher Betrag wird nach Abzug des Ausgabeaufschlags für den Kunden in Fondsanteile investiert?

Berechnung

$$\text{Nettoanlagebetrag} = \frac{10.000}{1 + \frac{5}{100}} = \frac{10.000}{1,05} = 9.523,81 \text{ €}$$

Sie überprüfen die Berechnung:

$$\text{Ausgabeaufschlag} = 9.523,81 \cdot \frac{5}{100} = 476,19\ €$$

$$\text{Bruttoanlagebetrag} = 9.523,81 + 476,19 = 10.000\ €$$

Test

Ein Anleger möchte in einen Investmentfonds einzahlen, der einen Ausgabeaufschlag von 5 Prozent berechnet. Der Anleger möchte einmalig 20.000 € und monatlich 250 € in den Fonds einzahlen. Wenn der Investmentfonds einen effektiven Zins von 8 Prozent erzielt, wie hoch ist dann das Endvermögen des Anlegers nach 25 Jahren?

STOPP

Versuchen Sie auch hier erst alleine auf die Lösung zu kommen.

Berechnung

Eingabe	Display	Erklärung
12 P/YR	P/YR 12,00	Der Anleger möchte monatlich sparen.
25 xP/YR	N 300,00	Er investiert über einen Zeitraum von 25 Jahren.
8 EFF%	I/YR NOM% 7,72	Der Investmentfonds erzielt einen effektiven Zins von 8 %. Der nominale Zins wird direkt umgerechnet und angezeigt.
20000 ÷ 1,05 = +/– PV	PV – 19.047,62	Abzüglich des Ausgabeaufschlags von 5 % kommen noch 19.048 € zur Anlage.
250 ÷ 1,05 = +/– PMT	PMT – 238,10	Als Sparrate kommen noch 238,10 € in den Fonds zur Anlage.
FV	FV 346.873,57	Der Anleger erzielt ein Vermögen von rund 347.000 €.

Ergebnis: Somit erzielt der Anleger ein Vermögen von rund 347.000 € durch die Anlage in den Investmentfonds mit 5 Prozent Ausgabeaufschlag.

Performance und Rendite

Bei der Information zur Wertentwicklung von Fondsanlagen finden sich verschiedene Methoden. Häufig wird dabei auch die so genannte durchschnittliche jährliche Wertentwicklung oder Performance angegeben. Diese Angabe ist jedoch in vielen Fällen irreführend. Zunächst einmal werden die Wertsteigerungen zumeist ohne Berücksichtigung des vom Anleger gezahlten Ausgabeaufschlags ermittelt. Dadurch werden die tatsächlich anfallenden Kosten der Investition nicht korrekt erfasst.

Weiter ist die Ermittlung einer durchschnittlichen Wertsteigerung irreführend, da der Anleger hier leicht die Performance mit der Rendite verwechseln kann.

BEISPIEL

Der Wert eines Fondsanteils ist in den letzten 10 Jahren von 100 auf 500 € gestiegen. Das entspricht einem Wertzuwachs von 400 Prozent. Bildet man jetzt lediglich den Durchschnittswert, ergibt das eine durchschnittliche Performance von 40 Prozent pro Jahr.

Diese Performance ist jedoch nicht mit der Rendite einer Anlage vergleichbar. Bei der Berechnung der Rendite wird unterstellt, dass die Erträge einer Anlage jährlich dem Anlagevermögen zugeschlagen und für die restliche Anlagelaufzeit mit dem Kapital verzinst werden bzw. Erträge erwirtschaften. Die Renditeermittlung schließt also einen Zinseszinseffekt bei Anlagezeiträumen von mehr als einem Jahr ein.

Wie wirkt sich dieser Zinseszinseffekt auf die Höhe der Rendite aus?

Durch die Einbeziehung von Zinseszinsen ist die erforderliche Rendite bei mehrjährigen Anlagen geringer als die durchschnittliche jährliche Wertentwicklung. Rechnen Sie das Beispiel einmal nach:

Berechnung

Eingabe	Display	Erklärung
1 P/YR	P/YR 1,00	Es handelt sich um eine Einmalanlage.
10 xP/YR	N 10,00	Die Anlagedauer beträgt 10 Jahre.
100 +/– PV	PV – 100,00	Vor 10 Jahren kostete ein Fondsanteil 100 €.
0 PMT	PMT 0.00	Während der letzten 10 Jahre wurden keine laufenden Zahlungen fällig.
500 FV	FV 500,00	Ein Anleger, der vor 10 Jahren einen Fondsanteil für 100 € gekauft hat, erhält heute dafür 500 €.
I/YR	I/YR NOM% 17,46	Ermittlung des Zinses.
EFF%	EFF% 17,46	Ermittlung des Effektivzinses/der Effektivrendite. Da nur eine Periode pro Jahr vorgegeben war, ist der Wert identisch mit dem ermittelten „Nominalzins".

Ergebnis: Unter Berücksichtigung des Zinseszinseffekts muss die Anlage nicht jährlich 40 Prozent erwirtschaften, um in 10 Jahren 400 Prozent Ertrag zu erbringen, sondern effektiv „nur" 17,46 Prozent pro Jahr.

Je länger der Zeitraum, über den mit vermeintlich tollen Performance-Zahlen geworben wird, desto größer ist dann der Unterschied zum wirklich benötigten Effektivzins. Zur Kontrolle, ob Sie das mit Performance und Effektivzins erstens verstanden haben und zweitens rechnen können, kontrollieren Sie bitte folgende Aussage: „Eine Performance von durchschnittlich jeweils 20 Prozent über 40 Jahre Laufzeit ist für eine Einmalanlage in Höhe von sagen wir 50.000 € kein Erfolg!"

Stimmt die Aussage oder stimmt Sie nicht? Viel Spaß beim Rechnen, wobei es dieses Mal keine Lösung gibt. So viel sei verraten:

Im Gegensatz zu dieser Performance würde ein Anleger mit einem Aktienfondsinvestment und einem angenommenen Effektivzins von 10 Prozent rund das Fünffache an Vermögen erwirtschaften können.

Wichtig: Im Gespräch mit Kunden sollten Sie immer diese Rendite verwenden. Diese Größe ist dem Kunden vertrauter als eine Performance. Die Rendite entspricht der notwendigen Verzinsung einer Kapitalanlage, bei der einmal jährlich die Zinsen und Erträge gutgeschrieben und wieder ertragbringend angelegt werden.

Test

Sie lesen in einer Wirtschaftszeitung eine Anzeige einer Investmentfondsgesellschaft: „In den letzten 30 Jahren erzielten wir eine Performance von 1.000 Prozent!"

Berechnen Sie den effektiven Zins pro Jahr! Versuchen Sie auch hier die Lösung alleine zu finden. „Übung macht den Meister!"

Berechnung

Eingabe	Display	Erklärung
1 P/YR	P/YR 1,00	Sie möchten den jährlichen Zins pro Jahr berechnen.
30 xP/YR	N 30,00	Die Performanceangabe in der Wirtschaftszeitung belief sich auf 30 Jahre.
100 +/– PV	N – 100,00	Zu Beginn wird ein beliebiger Anlagebetrag, hier 100 €, in das Anlageprodukt eingezahlt.
0 PMT	PMT 0,00	Es werden keine regelmäßigen Zahlungen getätigt.
100 + 1000 % = FV	FV 1.100,00	Der anfängliche Anlagebetrag wird mit der Performance von 1.000 % erhöht.
I/YR	I/YR NOM% 8,32	Der jährliche Zins beträgt in den 30 Jahren 8,32 % – hier ist der effektive auch gleich dem nominalen Zins, aufgrund der jährlichen Verrechnungsweise.

Ergebnis: Hat also ein Anleger eine Performance von 1.000 Prozent erzielt, so ist das gleich einem effektiven Zins von 8,32 Prozent p. a.

Fondspicking

Vermögensverwaltung mit Investmentfonds wird seit Jahren angeboten. Wie fast überall gibt es auch hier Anbieter, die ihr Geld wert sind und Gesellschaften, bei denen Ihr Kunde eher Geld verliert als gewinnt. Der Haken einiger Fondspicking-Angebote liegt in den teilweise sehr hohen Gebühren, die der Anleger zu tragen hat. Diese Gebühren müssen zunächst einmal als zusätzlicher Ertrag wieder erwirtschaftet werden, bevor der Kunde durch die qualifizierte Fondsauswahl einen Vorteil hat. Das heißt, ein Fondspicking-Programm mit hohen Gebührenbelastungen muss grundsätzlich einen höheren Ertrag erzielen als eine „einfache" Fondsanlage, damit der Kunde einen finanziellen Vorteil erzielen kann. Das war jedoch in der Vergangenheit nicht immer der Fall.

BEISPIEL

Eine Fondsvermögensverwaltung verlangt vom Kunden eine so genannte Anfangsgebühr von 960 € bei Beginn eines Fondssparplans. Diese Gebühr wird verteilt auf die ersten 10 Monate eines Fondssparplans als zusätzliche Einzahlung durch den Anleger geleistet. Der Sparer leistet eine monatliche Sparzahlung von 100 € brutto. Darin enthalten ist eine Gebühr von 6,9 Prozent je Sparzahlung.

Das heißt, der Kunde zahlt in den ersten zehn 10 Monaten 100 € + 96 € = 196 € monatlich. Nach 3 Jahren weist die Vermögensverwaltung für den Kunden einen mageren Depotstand von 3.520 € aus. Insgesamt soll der Sparplan 10 Jahre lang mit einer monatlichen Rate von 100 € bespart werden.

Als Anlagealternative ziehen Sie zum Vergleich eine Fondsanlage mit einem Ausgabeaufschlag von 5 Prozent und einer angenommenen jährlichen Rendite von 8 Prozent heran. Diese Anlage hat der Investor bei Abschluss des Vermögensverwaltungsvertrages als Alternative vorgeschlagen bekommen.

Von seinem Berater möchte der Kunden nun wissen, wie hoch die Erträge der Vermögensverwaltung in den verbleibenden 7 Jahren sein müssen, damit er zu mindest das gleiche Endvermögen erreicht, wie es mit der direkten Fondsanlage möglich gewesen wäre.

Wie gehen Sie vor? Versuchen Sie zunächst einmal selbst, die Berechnung durchzuführen.

Berechnung

Zunächst ermitteln Sie das Ergebnis, das der Anleger erreicht hätte, wenn er von Beginn an in eine Fondsanlage anstelle der Vermögensverwaltung investiert hätte. Diese Berechung muss in zwei Berechnungsschritten vorgenommen werden, da sich nach den ersten 10 Monaten des Sparvertrags die monatliche Zahlung des Sparers verändert.

Bevor die eigentliche Berechnung beginnt, ermitteln Sie den Nettoanlagebetrag, der in den Fonds investiert wird.

1. Anlagezeitraum: 10 Monate à 196 € Anlagesumme
   Bei einem Ausgabeaufschlag von 5 Prozent kommen von der Sparrate von 196 € schließlich 196 : 1,05 = 186,67 € zur Anlage.
2. Anlagezeitraum: 9 Jahre und 2 Monate à 100 € Anlagesumme
   Bei einem Ausgabeaufschlag von 5 Prozent kommen von der Sparrate von 100 € schließlich 100 : 1,05 = 95,24 € zur Anlage.

Um diesen Sparplan berechnen zu können, teilen Sie die Perioden mit unterschiedlichen Monatsraten auf zwei Zahlungsströme auf. Der erste Zahlungsstrom erfasst alle Zahlungen bis zur Änderung der Sparrate. Das Endergebnis dieses Sparplans wird als Anfangszahlung für den zweiten Teil des Sparplanes mit der neuen regelmäßigen Sparrate übernommen. Nun kann das Endergebnis der gesamten Anlage ermittelt werden.

Für die Berechnung werden die Perioden mit unterschiedlichen Ratenhöhen wie getrennte Sparpläne betrachtet. Sie schaffen uns hier zwei leicht berechenbare „Vergleichsgeschäfte“, die de facto zu dem gleichen Endergebnis führen.

Zur Erläuterung noch einmal eine Darstellung der zwei virtuellen Sparpläne.

Sparplan 1: 10 Monate Spardauer, kein Startkapital. Das Endkapital wird entnommen und in Sparplan 2 als Startkapital investiert.

Sparplan 2: Spardauer 9 Jahre und 2 Monate, monatliche Sparrate von 95,24 €. Zusätzlich wird zu Sparbeginn das Endvermögen aus Sparplan 1 als Einmalanlage berücksichtigt.

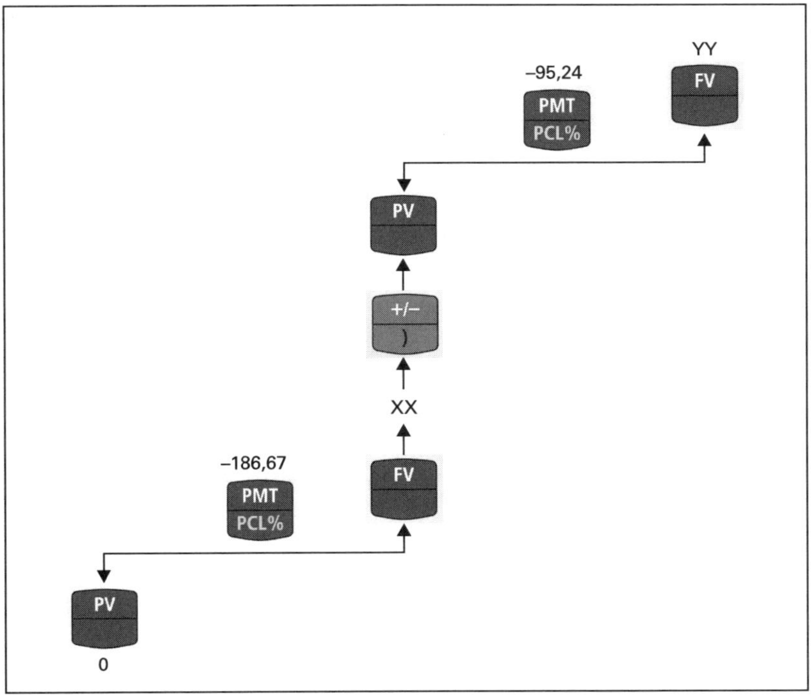

Eingabe	Display	Erklärung
12 P/YR	**P/YR 12,00**	Es wird monatlich gezahlt.
10 N	**N 10,00**	Der erste Sparplan dauert 10 Monate. Daher geben Sie hier die Anzahl der Monate direkt auf N ein. Dazu verwenden Sie **nicht** Taste xP/YR.
8 EFF%	**I/YR NOM% 7,72**	Der unterstellte Effektivzins beträgt 8 %. Direkte Umrechnung und Anzeige des nominalen Zinses.
0 PV	**PV 0,00**	Der Kunde verfügt über kein Startkapital.
196 ÷ 1,05 = +/– PMT	**PMT – 186,67**	Die monatliche Einzahlung beträgt 186,67 € (=196 ÷ 1,05).
FV	**FV 1.921,65**	Nach 10 Monaten verfügt der Anleger über ein Kapital von 1.921,65 €.
RCL FV +/– PV	**PV – 1.921,65**	Der Endwert wird als Anfangsbetrag des zweiten Sparplans übernommen.
110 N	**N 110,00**	Die Laufzeit des zweiten Sparplans beträgt 9 Jahre (108 Monate) und 2 Monate. Insgesamt: 110 Monate.
100 ÷ 1,05 = +/– PMT	**PMT – 95,24**	Die neue Nettoanlage beträgt 95,24 € (= 100 ÷ 1,05).
FV	**FV 19.060,48**	Am Ende der gesamten Anlagedauer kann der Investor über ein Vermögen von 19.060,48 € verfügen.

Zwischenergebnis: Hätte der Anleger die gleichen Zahlungen, die er an die Vermögensverwaltung leistet, in einen Aktienfonds eingezahlt, der eine durchschnittliche Rendite von 8 Prozent pro Jahr erzielt, könnte er am Ende der Sparzeit über ein Vermögen von 19.060,48 € verfügen.

Dieses Ergebnis soll die Vermögensverwaltung in den noch verbleibenden 7 Jahren mindestens erzielen. In dieser Zeit zahlt der Kunde weiterhin die monatliche Sparrate von 100 €. Auf diese Zahlungen wird eine Gebühr von 6,9 Prozent erhoben. Damit eine Einschätzung möglich ist, wie hoch die notwendige Rendite der Vermögensverwaltung ist, um das gleiche Endergebnis zu erreichen, rechnen Sie mit diesen Werten direkt weiter.

Berechnung

Zuvor ermitteln Sie die Nettosparrate: 100 : 1,069 = 93,55 €

Eingabe	Display	Erklärung
7 xP/YR	N 84,00	Die Restlaufzeit des Sparplanes bei der Vermögensverwaltung beträgt 7 Jahre.
3520 +/– PV	PV – 3.520,00	Der aktuelle Depotwert beträgt 3.520 €.
100 ÷ 1,069 = +/– PMT	PMT – 93,55	Die Nettosparrate beträgt 93,55 € (= 100 ÷1,069).
RCL FV	FV 19.060,48	Am Ende des Sparplanes sollen 19.060,48 € zur Verfügung stehen. Dieser Wert ist noch im Rechner eingespeichert. Mit RCL FV prüfen Sie den Speicher noch einmal.
I/YR	I/YR NOM% 10,72	Der notwendige Nominalzins beträgt 10,72 % pro Jahr.
EFF%	EFF% 11,26	Die Vermögensverwaltung muss pro Jahr eine Rendite von 11,26 % effektiv erzielen.

Ergebnis: Die Vermögensverwaltung müsste in den verbleibenden 7 Jahren eine Rendite von durchschnittlich 11,26 Prozent pro Jahr erzielen, damit der Anleger zum gleichen Endergebnis gelangt, wie er es bei einer einfachen Fondsanlage erreicht.

In diesem Beispiel hatte die Vermögensverwaltung in den ersten Jahren bereits erhebliche Verluste eingefahren. Dadurch muss die zusätzlich zu erzielende Rendite in den letzten Jahren besonders groß sein. Trotz allem handelt es sich bei den gerade vorgestellten Zahlen um reale Ergebnisse eines Vermögensverwalters, die jederzeit belegt werden können.

In der täglichen Praxis trifft der Finanzberater häufiger auf Kunden, die noch keine Vermögensverwaltung beauftragt haben. Hier stellt sich dann die Frage, wie viel bessere Ergebnisse die Vermögensverwaltung erzielen muss, damit sich die Investition der höheren Gebühren für den Kunden lohnt. Auch diese Berechnung macht dem cleveren Finanzberater keine Schwierigkeiten:

BEISPIEL

Ihr Kunde möchte in den nächsten 10 Jahren 300 € monatlich sparen. Dazu liegen ihm folgende zwei Angebote für Fondssparpläne vor:

1. ein klassischer Fondssparplan mit einem Ausgabeaufschlag von 5 Prozent
2. eine Fondsvermögensverwaltung, bei der Ausgabeaufschläge von 7 Prozent erhoben werden

Die Frage an den Berater lautet nun: Wie viel höher muss die Rendite bei der Vermögensverwaltung ausfallen, damit der Kunde nach Kosten über das gleiche Vermögen verfügen kann wie bei der Anlage in den Fondssparplan mit einer angenommenen Rendite von 8 Prozent?

Berechnung

1. Ermittlung der Nettoanlagebeträge:

   Fondssparplan: 300 € : 1,05 = 285,71 €
   Vermögensverwaltung: 300 € : 1,07 = 280,37 €

Berechnung des Fondssparplans:

Eingabe	Display	Erklärung
12 P/YR	P/YR 12,00	Es wird monatlich gezahlt.
10 xP/YR	N 120,00	Der Sparplan soll 10 Jahre lang bespart werden.
8 EFF%	I/YR NOM% 7,72	Der unterstellte Effektivzins beträgt 8 %. Der nominale Zins wird direkt vom BWK Business® berechnet und ausgegeben.
0 PV	PV 0,00	Der Kunde verfügt über kein Startkapital.

300 ÷ 1,05 = +/– PMT	**PMT – 285,71**	Der monatliche Nettoanlagebetrag beträgt 285,71 € (= 300 ÷ 1,05).
FV	**FV 51.464,08**	Nach 10 Jahren verfügt der Anleger über ein Kapital von 51.464,08 €.

Mit diesem Zwischenergebnis können Sie sofort weiterarbeiten. Für die Berechnung der notwendigen Rendite der Vermögensverwaltung müssen Sie nur einen Wert ändern und können das Ergebnis ermitteln.

Eingabe	Display	Erklärung
300 ÷ 1,07 = +/– PMT	**PMT – 280,37**	Der monatliche Nettoanlagebetrag bei der Vermögensverwaltung liegt bei 280,37 €.
I/YR	**I/YR NOM% 8,06**	Ermittlung des Nominalzinses von 8,06 %.
EFF%	**EFF% 8,36**	Umrechnung in den effektiven Zins.

Ergebnis: Um zum gleichen Endergebnis zu gelangen wie ein einfacher Fondssparplan, benötigt die Vermögensverwaltung in diesem Beispiel einen jährlichen Mehrertrag von 0,36 Prozent gegenüber der Fondsanlage. Geht der Kunde davon aus, dass die Vermögensverwaltung in der Lage ist, mindestens diese Mehrrendite zu erwirtschaften, sollte er den Vermögensverwalter beauftragen. Erwartet er, dass dieser Mehrertrag nicht zu realisieren ist, ist die direkte Fondsanlage die bessere Wahl.

Test

Ein Anleger hat zwei Angebote, die Sie als Berater prüfen sollen.

- Vermögensverwaltung mit aktivem Management:
  Kosten: Ausgabeaufschlag des Fonds 5 Prozent, Ausgabeaufschlag des Management 5 Prozent
  Eff. Rendite: 10 Prozent (auf Grundlage der letzten Jahre)

- Selbst ausgewählter Investmentfonds:
  Kosten: Ausgabeaufschlag des Fonds 5 Prozent
  Eff. Rendite: 9 Prozent (auf Grundlage der letzten Jahre)

Der Anleger möchte monatlich 250 € über 15 Jahre sparen. Welche Vermögen werden erreicht und welche Rendite muss die Vermögensverwaltung mindestens erzielen, um mit dem selbst ausgewählten Investmentfonds gleich zu ziehen?

Berechnung

Eingabe	Display	Erklärung
12 P/YR	**P/YR 12,00**	Monatliches Sparen.
15 xP/YR	**N 180,00**	Es soll 15 Jahre gespart werden.
10 EFF%	**I/YR NOM% 9,57**	Es wird ein effektiver Zins von 10 % erzielt. Der umgerechnete nominale Zins wird ausgegeben.
0 PV	**PV 0,00**	Es wird keine Einmalanlage gezahlt.
250 ÷ 1,1 = +/– PMT	**PMT – 227,27**	Monatlich werden 250 € minus den Ausgabeaufschlag von insgesamt 10 % gespart.
FV	**FV 90.555,45**	Nach 15 Jahren hat der Anleger bei der Vermögensverwaltung ein Vermögen von rund 90.500 € erzielt.

Bei der Vermögensverwaltung wurde also ein Vermögen von 90.555 € erreicht. Welches Vermögen wird bei der selbst ausgewählten Anlage erreicht?

Da noch alle Angaben im BWK Business® gespeichert sind, brauchen Sie hierzu nur wenige Angaben zu ändern.

Eingabe	Display	Erklärung
9 EFF%	I/YR NOM% 8,65	Es wird ein effektiver Zins von 9 % im selbst ausgewähltem Fonds erreicht. Umrechnung und Anzeige des nominalen Zinses erledigt der BWK Business® automatisch.
250 ÷ 1,05 = +/– PMT	PMT – 238,10	Nach Abzug des Ausgabeaufschlags von 5 % kommt ein Betrag von 238,10 € zur Anlage in den Investmentfonds.
FV	FV 87.294,89	Somit wird ein Vermögen von 87.294,89 € in der selbst ausgewählten Anlage erzielt.

Es wird also in der selbst ausgewählten Anlage nur ein Vermögen von 87.294,89 € erzielt. Das sind rund 3.000 € weniger als bei der Anlage der Vermögensverwaltung. Berechnen Sie nun den effektiven Zins, den die Vermögensverwaltung mindestens erreichen muss.

Auch hierzu müssen Sie nur wenige Angaben ändern.

Eingabe	Display	Erklärung
250 ÷ 1,1 = +/– PMT	PMT – 227,27	Nach Abzug des Ausgabeaufschlags der Vermögensverwaltung wird ein Betrag von 227,27 € in den Investmentfonds eingezahlt.
RCL FV	FV 87.294,89	Es soll dasselbe Vermögen erreicht werden wie bei der selbst ausgewählten Anlage. Dieses fragen Sie nur kurz zur Kontrolle mit RCL ab.
I/YR	I/YR NOM% 9,17	Berechnung des nominalen Zinses.
EFF%	EFF% 9,56	Umrechnung in den effektiven Zins.

Ergebnis: Die Vermögensverwaltung muss also einen effektiven Zins von 9,5 Prozent erzielen.

Unterbrechung von Sparplänen

Im Alltag kommt es immer wieder vor, dass ein Kunde aus bestimmten Gründen einen Sparplan, der langfristig zur Altersvorsorge gedacht war, unterbrechen muss. Will Ihr Kunde trotz zwischenzeitlicher Einstellung der Sparzahlungen das gleiche Endergebnis mit seinem Sparplan erreichen, das er bei fortlaufender Einzahlung erreicht hätte, muss die Sparrate bei der Fortsetzung des Sparplans erhöht werden. Das kommt in der Praxis insbesondere dann vor, wenn der Sparplan des Kunden zur Finanzierung einer bestimmten Anschaffung in der Zukunft oder zur Sicherung des Ruhestands gedacht ist.

BEISPIEL

Ihr Kunde hat einen Sparplan mit einer monatlichen Sparrate von 300 € abgeschlossen. Sie gehen von einer durchschnittlichen Rendite des Sparplans von 10 Prozent pro Jahr aus. Der Sparplan soll zur Altersvorsorge dienen und insgesamt 30 Jahre bespart werden.

Nach 5 Jahren Sparzeit möchte der Kunde für 3 Jahre seine Sparzahlungen aussetzen, weil er eine größere Anschaffung finanzieren möchte. Sein angespartes Kapital will er nicht anrühren, es erwirtschaftet in dieser Zeit weiterhin eine durchschnittliche Rendite von 10 Prozent pro Jahr.

Wie hoch muss die Sparrate nach den 3 Jahren „Sparpause" ausfallen, damit der Kunde am Ende des Sparplans über das gleiche Vermögen verfügen kann, wie bei ständiger Besparung seiner Kapitalanlage mit 300 € monatlich?

Berechnung

Als Erstes ermitteln Sie das Ergebnis des Sparplans, wenn der Kunde fortlaufend – ohne Aussetzer – monatlich 300 € einzahlt.

Eingabe	Display	Erklärung
12 P/YR	**P/YR 12,00**	Der Kunde spart monatlich.
30 xP/YR	**N 360,00**	Insgesamt spart der Kunde 30 Jahre lang, also 360 Monate.
10 EFF%	**I/YR NOM% 9,57**	Wir nehmen einen effektiven Zins von 10 % an. Direkte Umrechnung und Ausgabe des nominalen Zinses durch den BWK Business®.
0 PV	**PV 0,00**	Der Kunde leistet keine Einmalanlage.
300 +/– PMT	**PMT – 300,00**	Es werden monatlich 300 € gespart.
FV	**FV 618.852,99**	Nach 30 Jahren könnte der Kunde über 618.852,99 € verfügen.

Lassen Sie für die nächste Berechnung alle Angaben im BWK Business® gespeichert, sodass Sie nur wenige Angaben ändern müssen. Jetzt kennen Sie die Vorgaben für die Berechnung der Sparrate nach der Aussetzung des Sparplans:

Eingabe	Display	Erklärung
5 xP/YR	**N 60,00**	Zunächst ermitteln Sie das Kapital nach den ersten 5 Jahren (60 Monaten) Sparzeit.
FV	**FV 22.968,37**	Nach 5 Jahren hat der Kunde einen Betrag von 22.968,37 € angespart.
+/– PV	**PV – 22.968,37**	Sie übernehmen diesen Betrag als Anfangseinzahlung zur Berechnung der 3 Jahre Sparpause.
1 P/YR	**P/YR 1,00**	Es wird nicht mehr monatlich eingezahlt.

3 xP/YR	**N** **3,00**	Während der nächsten 3 Jahre zahlt der Kunde nicht in den Sparvertrag ein.
10 EFF%	**I/YR NOM%** **10,00**	Eingabe des effektiven Zinssatzes. Dieser Schritt ist notwendig, da der Taschenrechner mit dem nominalen Zins rechnet und noch den vorigen nominalen Zins bei monatlicher Zahlungsweise gespeichert hat.
0 PMT	**PMT** **0,00**	Es werden keine Sparzahlungen geleistet.
FV	**FV** **30.570,90**	Nach weiteren 3 Jahren sind die 22.968,37 € auf 30.570,90 € angewachsen.
+/– PV	**PV** **– 30.570,90**	Sie übernehmen dieses Kapital als Anfangseinzahlung zur Berechnung der letzten Sparphase.
12 P/YR	**P/YR** **12,00**	Wir wollen zum Schluss die monatliche Sparrate ermitteln.
22 xP/YR	**N** **264,00**	Nach der Sparpause verbleiben dem Kunden noch 22 Jahre Zeit, sein Sparziel zu erreichen.
10 EFF%	**I/YR NOM%** **9,57**	Eingabe des effektiven Zinssatzes. Auch dieser Schritt ist notwendig, da der Taschenrechner noch den nominalen Zins bei einjähriger Zahlungsweise gespeichert hat.
618852,99 FV	**FV** **618.852,99**	Am Ende der Sparphase möchte der Kunde über einen Betrag von 618.852,99 € verfügen können.
PMT	**PMT** **– 413,21**	Ermittlung der erforderlichen Sparrate.

Ergebnis: Setzt Ihr Kunde nach dem 5. Jahr seine Sparzahlungen für 3 Jahre aus, muss er in der Folgezeit seine monatliche Sparleistung auf 413,21 € erhöhen, damit er nach 30 Jahren über das gleiche Vermögen verfügen kann, wie bei ununterbrochener Besparung des Sparplans mit 300 € monatlich. Insgesamt zahlt er also anstatt 10.800 € (36 Monate · 300 €), 29.887,44 € (113,21 · 264 Monate).

Test

Ein Kunde möchte seinen 25-jährigen Sparplan nach 10 Jahren Sparzeit für 5 Jahre nur noch mit monatlich 100 € besparen. Danach will er die vorige, monatliche Sparrate von 400 € weiter sparen. Trotzdem sollte das Vermögen, wie von Ihnen vor Beginn des Sparplans errechnet wurde, erreicht werden. Welche Sparrate im Monat ist also in den 10 Jahren Restsparzeit nach der Ratenverringerung notwendig. Nehmen Sie einen effektiven Zins von 9 Prozent an.

STOPP

Versuchen Sie auch hier, zuerst einmal alleine das Ergebnis zu ermitteln, um den Kunden mit Argumenten, also Zahlen, umzustimmen.

Als Erstes wird das Vermögen unter dem Aspekt ermittelt, als hätte der Sparer die gesamten 25 Jahre 400 € gespart.

Berechnung

Eingabe	Display	Erklärung
12 P/YR	P/YR 12,00	Monatliche Sparweise.
25 xP/YR	N 300,00	Es wird 25 Jahren lang gespart.
9 EFF%	I/YR NOM% 8,65	Es wird ein effektiver Zins von 9 % angenommen. Der umgerechnete nominale Zins wird angezeigt.
0 PV	PV 0,00	Es wurde keine Einmalanlage getätigt.
400 +/– PMT	PMT – 400,00	Monatlich werden 400 € gespart.
FV	FV 423.074,16	Nach 25 Jahren ist ein Vermögen von 423.000 € angewachsen.

Lassen Sie wiederum alle Angaben im Taschenrechner gespeichert. Würde der Anleger also den Sparplan mit der Sparrate durchhalten, so würde er ein Vermögen von rund 423.000 € erreichen. Nun ermitteln Sie die notwendige Sparrate in den letzten 10 Jahren, die der Sparer aufgrund der Verringerung der Sparrate erhöhen muss, um das Vermögen von 423.000 € zu erreichen.

Berechnung

Eingabe	Display	Erklärung
10 xP/YR	**N** **120,00**	Der Sparer spart zunächst bis zur Verringerung der Sparrate 10 Jahre.
FV	**FV** **75.887,46**	Nach 10 Jahren ist ein Vermögen von 75.887,46 € erreicht.
+/– PV	**PV** **– 75.887,46**	Das Vermögen nach 10 Jahren wird als Anfangsvermögen für die nachfolgende Sparzeit gespeichert.
5 xP/YR	**N** **60,00**	5 Jahre zahlt der Anleger eine geringere Sparrate.
100 +/– PMT	**PMT** **– 100,00**	In den kommenden 5 Jahren wird eine Sparrate von 100 € gezahlt.
FV	**FV** **124.235,55**	Nach 15 Jahren Sparzeit ist ein Vermögen von 124.000 € erreicht.
+/– PV	**PV** **– 124.235,55**	Das Vermögen nach 15 Jahren wird als Einmalanlage für die nächsten 10 Jahre Sparzeit gespeichert.
10 xP/YR	**N** **120,00**	Es werden weitere 10 Jahre gespart.
423074,16 FV	**FV** **423.074,16**	Es soll nach insgesamt 25 Sparjahren ein Vermögen von 423.074 € erreicht werden.
PMT	**PMT** **– 679,76**	Ermittlung der notwendigen Sparrate.

Ergebnis: Somit ist also eine um rund 280 € höhere Sparrate in den kommenden 10 Jahren notwendig, wie sie der Sparer normalerweise hätte zahlen müssen. Er hat also 300 € in den 5 Jahren monatlich eingespart – insgesamt also 18.000 €. Dagegen hat er aber in den letzten 10 Jahren rund 280 € mehr gezahlt – insgesamt also 33.600 €. Durch die Verringerung der Sparrate hat er also 15.600 € mehr gezahlt.

Sparpläne mit Förderung

Nicht in jedem Fall sind Kunden die einzigen Einzahler in einen Sparplan. Es gibt die verschiedensten Fälle, in denen zusätzlich dritte Personen Einzahlungen in einen Sparplan leisten. Sei es, dass Angehörige Zuschüsse zum Vermögensaufbau geben, wie das zum Beispiel Großeltern gern für ihre Enkel tun, oder dass staatliche Förderungen wie Vermögenswirksame Leistungen, Leistungen zur Förderung der privaten Altersvorsorge oder ähnliche Fördermittel als zusätzliche Einzahlungen in einen Sparplan in Frage kommen. Für Ihre Kunden stellt sich dann oft die Frage, wie sich eine solche Investition für sie selbst lohnt, wenn als Alternative eine Anlageform zur Wahl steht, zu der niemand einen Zuschuss gibt.

BEISPIEL

Ihr Kunde (20 Jahre alt) möchte in den nächsten 2 Jahren monatlich einen Betrag von 100 € sparen. Danach will er seine Einzahlung auf monatlich 200 € erhöhen und weitere 23 Jahre sparen. Wenn er in einen Rentenfonds einzahlt, der eine jährliche Rendite von 6 Prozent erwirtschaftet, erhält er von seiner konservativ eingestellten Großmutter in den ersten 2 Jahren einen Betrag von 50 € und in den Folgejahren einen Betrag von 80 € jährlich, der ebenfalls in den Rentenfonds eingezahlt wird. Zahlt er seine Sparraten in einen Aktienfonds ein, der eine durchschnittliche Rendite von 10 Prozent pro Jahr erwirtschaftet, gibt die Großmutter ihm nichts dazu. Mit solch riskanten Geschäften möchte die alte Dame nichts zu tun haben.

Der Kunde fragt Sie als Berater nun, wie hoch die Endergebnisse bei den beiden Varianten ausfallen, wenn er sich auf das Angebot seiner Großmutter einlässt.

+/– Berechnung Aktienfondssparplan

Eingabe	Display	Erklärung
12 P/YR	P/YR 12,00	Es werden monatliche Raten bezahlt.
2 xP/YR	N 24,00	Zunächst berechnen Sie das Zwischenergebnis nach 2 Jahren Spardauer.
10 EFF%	I/YR NOM% 9,57	Der Effektivzins der Anlage soll 10 % betragen. Direkte Umrechnung und Anzeige des normalen Zinses.
0 PV	PV 0,00	Es erfolgt keine Einmaleinzahlung.
100 +/– PMT	PMT – 100,00	Es werden monatlich 100 € eingezahlt.
FV	FV 2.633,51	Nach 2 Jahren hat der Kunde ein Vermögen von 2.633,51 € angespart.
+/– PV	PV – 2.633,51	Der Wert wird als Anfangseinzahlung zur Berechnung der nächsten 23 Sparjahre übernommen.
23 xP/YR	N 276,00	Jetzt berechnen Sie die nächsten 23 Sparjahre.
200 +/– PMT	PMT – 200,00	In dieser Zeit spart der Kunde 200 € monatlich.
FV	FV 223.083,71	Nach insgesamt 25 Sparjahren verfügt der Kunde über ein Vermögen von 223.083,71 €.

=

Ergebnis Aktienfondssparplan:
Spart der Kunde in einen Aktienfonds, ohne die „Zuschüsse" der Großmutter in Anspruch zu nehmen, kann er nach 25 Jahren über ein Vermögen von 223.083,71 € verfügen.

Berechnung Rentenfondssparplan (mit Zuschuss der Großmutter)

Eingabe	Display	Erklärung
12 P/YR	P/YR 12,00	Es werden monatliche Raten bezahlt.
2 xP/YR	N 24,00	Zunächst berechnen Sie das Zwischenergebnis nach 2 Jahren Spardauer.
6 EFF%	I/YR NOM% 5,84	Der Effektivzins der Anlage soll 6 % betragen. Direkte Umrechnung und Anzeige des nominalen Zinses.
0 PV	PV 0,00	Es erfolgt keine Einmaleinzahlung.
100 +/– PMT	PMT – 100,00	Es werden monatlich 100 € eingezahlt.
FV	FV 2.539,26	Nach 2 Jahren hat der Kunde ein Vermögen von 2.539,26 € angespart.
+/– PV	PV – 2.539,26	Der Wert wird als Anfangseinzahlung zur Berechnung der nächsten 23 Sparjahre übernommen.
23 xP/YR	N 276,00	Jetzt berechnen Sie die nächsten 23 Sparjahre.
200 +/– PMT	PMT – 200,00	In dieser Zeit zahlt der Kunde 200 € monatlich ein.
FV	FV 125.558,44	Nach insgesamt 25 Sparjahren verfügt der Kunde über ein Vermögen von 125.558,44 €.

Zwischenergebnis: Mit seinen eigenen Einzahlungen erreicht der Kunde bei der Anlage in den Rentenfonds ein Endvermögen von 125.558,44 €. Hinzu kommt nun noch das Kapital, das sich durch die Zuschüsse der Großmutter ergibt.

Berechnung

Diese Zuschüsse berechnen Sie in einem separaten Rechenschritt:

Eingabe	Display	Erklärung
1 P/YR	P/YR 1,00	Es werden jährliche Raten eingezahlt.
2 xP/YR	N 2,00	Zunächst berechnen Sie das Zwischenergebnis nach 2 Jahren Spardauer.
6 EFF%	I/YR NOM% 6,00	Der Effektivzins der Anlage soll 6 % betragen. Dieser entspricht auch gleich dem nominalen Zins aufgrund der jährlichen Zahlweise.
0 PV	PV 0,00	Es erfolgt keine Einmaleinzahlung.
50 +/– PMT	PMT – 50,00	Es werden jährlich 50 €.
FV	FV 103,00	Nach 2 Jahren hat der Kunde ein Vermögen von 103 € angespart (aus den Zuschüssen).
+/– PV	PV – 103,00	Der Wert wird als Anfangseinzahlung zur Berechnung der nächsten 23 Sparjahre übernommen.
23 xP/YR	N 23,00	Jetzt berechnen Sie die nächsten 23 Sparjahre.
80 +/– PMT	PMT – 80,00	In dieser Zeit werden 8 € jährlich als Zuschüsse eingezahlt.
FV	FV 4.153,10	Nach 25 Jahren ist allein aus den Zuschüssen ein Guthaben von 4.153,10 € angewachsen.

Durch die Zuschüsse spart der Kunde ein zusätzliches Vermögen von 4.153,10 € an, für das er keine eigenen Sparleistungen erbringen muss.

Ergebnis Rentenfondssparplan (mit Zuschüssen der Großmutter):
Insgesamt erreicht er mit dem Rentenfondssparplan ein Endvermögen von:

  125.558,44 €
\+   4.153,10 €
  129.711,54 €

Zum Vergleich: Verzichtet der Kunde auf die Förderung durch die Großmutter und entscheidet sich für die Aktienfondsanlage, die in guten Zeiträumen realistisch eine durchschnittliche eine Rendite von 10 Prozent erreichen kann, beträgt sein Endvermögen nach 25 Sparjahren 223.083,71 €.

Die Botschaft lautet: Wird ein Sparplan gefördert, ob staatlicherseits, durch nette Verwandte oder anderweitig, rechnen Sie nach, welche Variante sich eher lohnt. Allein wegen einer Förderung (zusätzliche Einzahlungen) durch dritte Personen einen Sparplan abzuschließen bzw. sich für eine Anlagevariante zu entscheiden, ist wenig sinnvoll. Verantwortliche Finanzberater handeln auch hier nach dem Motto „Nicht glauben, rechnen!"

Immobilienfinanzierung

Nicht nur Anlagen, auch die Zahlungsströme von Darlehen lassen sich mit dem finanzmathematischen Taschenrechner BWK Business® leicht erfassen und berechnen. Versuchen Sie einmal, den Zahlungsstrom eines Darlehens mit festem Darlehenszins und monatlicher Zins- und Tilgungszahlung aufzuzeichnen:

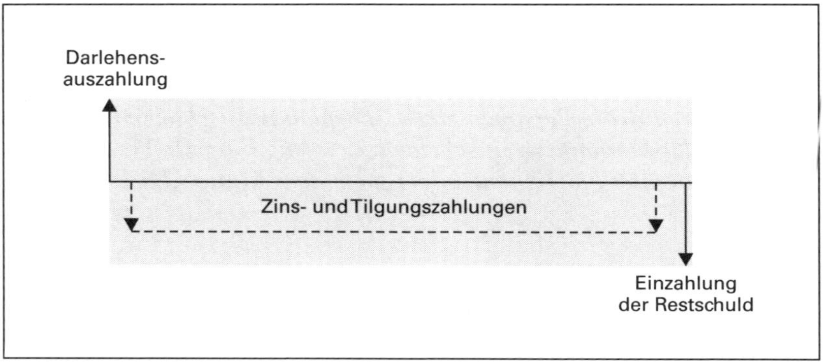

Zu Beginn der Darlehenslaufzeit erhält der Darlehensnehmer eine einmalige Zahlung vom Darlehensgeber. Im Anschluss daran zahlt der Kreditnehmer regelmäßig, in der Regel monatlich, eine Annuität für Zins und Tilgung. Am Ende der Darlehenslaufzeit erfolgt die Rückzahlung der verbleibenden Restschuld. Wie auch bei einem Sparplan, sind als zusätzliche Angaben Darlehenslaufzeit und Zinssatz als Einflussgrößen auf den Darlehensverlauf vorhanden.

Tilgungssatz und Rate

Bei Abschluss eines Tilgungsdarlehens wird im Angebot ein Tilgungssatz angegeben. Dieser Tilgungssatz dient zur Ermittlung der Darlehensrate und gibt an, wie viel der Darlehenssumme im ersten Jahr der Darlehenslaufzeit zurückgezahlt wird. Je höher der Tilgungssatz angesetzt wird, desto schneller ist ein Darlehen zurückgezahlt. Neben dem Tilgungssatz hat der vereinbarte Zinssatz erheblichen Einfluss auf die Höhe der Darlehensrate, die sich aus einem Zins- und einem Tilgungsanteil zusammensetzt.

Die vom Darlehensnehmer zu zahlende Kreditrate ermittelt sich nach der folgenden Formel:

$$\text{Darlehensrate} = \frac{\text{Darlehenssumme} \cdot (\text{Zinssatz} + \text{Tilgungssatz})}{100 \cdot \text{Ratenzahl pro Jahr}}$$

Für ein Darlehen von 100.000 € mit einem Zinssatz von 7 Prozent und einem Tilgungssatz von 1 Prozent ergibt sich also die monatliche Darlehensrate wie folgt:

$$\frac{100.000 \cdot (7+1)}{100 \cdot 12} = \frac{800.000}{1.200} = 666{,}67\,€$$

Kennen Sie bei einem Darlehen Zins- und Tilgungssatz, können Sie nach dieser Formel die erforderliche Darlehensrate ermitteln. Der Taschenrechner BWK Business® kann diese Rate jedoch ermitteln, wenn Sie zuvor Darlehenssumme und den Zins- und Tilgungsprozentsatz eingegeben haben. Die Darlehenssumme geben Sie auf die Taste „PV" ein, den nominalen Zins auf „I/YR" und den anfänglichen Tilgungssatz geben Sie auf die Taste „PCL%" ein. Die Taste „PCL%" finden Sie als Doppelbelegungstaste auf der Taste „PMT". Haben Sie diese Eingaben zuvor eingegeben, berechnet der Taschenrechner die Annuität nach der oben genannten Formel und speichert diese auf der Taste „PMT". Die ermittelte Rate/Annuität wird Ihnen auch direkt vom BWK Business® angezeigt.

Klassische Finanzierungen

Schauen wir uns gemeinsam ein klassisches Darlehen für eine Immobilienfinanzierung an.

BEISPIEL

Ein Bauherr nimmt für eine Immobilie ein Darlehen von 250.000 € auf. Der Darlehenszins von 6 Prozent wird für 15 Jahre festgeschrieben. Der anfängliche Tilgungssatz wird mit 1 Prozent vereinbart.

Berechnung der Restschuld

Ermittlung der Restschuld nach Ablauf der Zinsbindungsfrist:

Eingabe	Display	Erklärung
12 P/YR	**P/YR 12,00**	Das Darlehen wird in 12 Jahresraten zurückgezahlt.
15 xP/YR	**N 180,00**	Insgesamt zahlt der Darlehensnehmer 15 Jahre lang Zins- und Tilgungsraten an die Bank. Das sind insgesamt 180 Monatsraten.
6 I/YR	**I/YR NOM% 6,00**	Der vereinbarte Nominalzins beträgt 6 %.
250000 PV	**PV 250.000,00**	Zu Beginn der Darlehenslaufzeit erhält der Kreditnehmer einen Betrag von 250.000 €. Der Betrag fließt dem Kreditnehmer zu, daher wird der Wert positiv erfasst.
1 SHIFT PMT	**PMT – 1.458,33**	Der Tilgungssatz beträgt 1 %. Die berechnete Annuitätenzahlung (monatlich) wird direkt angezeigt.
FV	**FV – 189.412,77**	Nach 15 Jahren zahlt der Darlehensnehmer einen Betrag von 189.412,77 € an die Bank. Das ist der Rest der Darlehensschuld, der bis dahin noch nicht durch die laufenden Darlehensraten getilgt wurde.

Ergebnis: Nach 15 Jahren Darlehenslaufzeit hat der Darlehensnehmer noch eine Schuld von 189.412,77 € bei der Bank.

Anschlussfinanzierung

Nach Ablauf der ersten Zinsbindungsfrist verbleibt, wie eben gesehen, eine Restschuld, die der Darlehensnehmer entweder in einer Summe zurückzahlen oder aber durch ein Anschlussdarlehen finanzieren kann.

Bei einer solchen Darlehensprolongation wird eine neue Darlehenskondition vereinbart. Zu dieser neu vereinbarten Darlehenskondition muss anschließend die Darlehensrate neu ermittelt werden.

Dabei wird jedoch nicht, wie bei der Ratenermittlung für das erste Darlehen, von der tatsächlichen Darlehensschuld ausgegangen, sondern von der Höhe des ursprünglichen Kredits.

Würde die neue Darlehensrate nach der neuen Restschuld ermittelt, zöge sich die Tilgung der Gesamtschuld stark in die Länge. Wird die neue Darlehensrate allerdings nach der ursprünglichen Darlehenssumme ermittelt, dauert die gesamte Darlehenstilgung bei einem anfänglichen Tilgungssatz von einem Prozent etwa 30 Jahre.

Die Rate der Anschlussfinanzierung

$$\text{Darlehen} = \frac{\text{ursprüngliche Darlehenssumme} \cdot (\text{Zinssatz} + \text{anfänglicher Tilgungssatz})}{100 \cdot \text{Ratenzahl pro Jahr}}$$

Berechnung

Damit ergibt sich für die Anschlussfinanzierung unseres Musterdarlehens bei einem Zinssatz von 8 Prozent die folgende Rate. Da wir die Annuität von der ursprünglichen Darlehenssumme ermitteln, nehmen Sie am besten die Formel zur Hand:

$$\frac{250.000 \cdot (8 + 1)}{100 \cdot 12} = \frac{2.250.000}{1.200} = 1.875{,}00\ €$$

Mit dieser Darlehensrate ermitteln Sie die Restlaufzeit des Darlehens.

Eingabe	Display	Erklärung
12 P/YR	**P/YR 12,00**	Das Darlehen wird in 12 Jahresraten zurückgezahlt.
8 I/YR	**I/YR NOM% 8,00**	Der vereinbarte Nominalzins beträgt 8 %.
189412,77 PV	**PV 189.412,77**	Die Restschuld nach 15 Jahren beträgt 189.412,77 €.
1875 +/– PMT	**PMT – 1.875,00**	Die monatliche Zahlung an die Bank beträgt 1.875 €. Diese Summe zahlt er an die Bank, daher wird der Wert negativ erfasst.
0 FV	**FV 0,00**	Am Ende der Darlehenslaufzeit ist die Schuld getilgt.
N	**N 168,44**	Der Rechner ermittelt die Restlaufzeit des Darlehens. WICHTIG: Angabe in Monaten.
RCL xP/YR	**x P/YR 14,04**	Der Rechner gibt nun die Laufzeit des Darlehens als Jahresangabe aus.

Ergebnis: Für die gesamte Finanzierung benötigt Ihr Kunde rund 29 Jahre (15 Jahre + 14,04 Jahre).

Beim Abschluss einer Immobilienfinanzierung hat der Kunde die Möglichkeit, Darlehen mit unterschiedlich langer Zinsfestschreibung abzuschließen. Je länger die Zinsbindungsdauer eines Darlehens ist, desto höher fällt der Zinssatz aus. Für Ihren Kunden stellt sich die Frage, welche Zinsbindungsfrist für ihn die bessere Wahl ist. Diese Entscheidung kann nur für jeden Kunden auf der Grundlage der vorliegenden Angebote individuell getroffen werden.

BEISPIEL

Ein Kunde möchte ein Darlehen von 150.000 € mit einem nominalen Zins von 6 Prozent innerhalb von 20 Jahren tilgen. Wie hoch ist die monatliche Zahlung und der anfängliche Tilgungssatz?

Berechnung

Sie geben alle bekannten Zahlen in den finanzmathematischen Taschenrechner BWK Business® ein und berechnen die monatliche Zahlung und anschließend den anfänglichen Tilgungssatz:

Eingabe	Display	Erklärung
12 P/YR	P/YR 12,00	Das Darlehen wird in 12 Jahresraten zurückgezahlt.
20 xP/YR	N 240,00	Das Darlehen soll in 20 Jahren, also in 240 Monatsraten, getilgt werden.
6 I/YR	I/YR NOM% 6,00	Der nominale Zins beträgt 6 %.
150000 PV	PV 150.000,00	Das Darlehen beträgt 150.000 € und wird zu Beginn von der Bank an den Kunden ausgezahlt, daher das positive Vorzeichen.
0 FV	FV 0,00	Nach 20 Jahren soll das Darlehen vollständig getilgt sein.
PMT	PMT – 1.074,65	Berechnung der monatlich notwendigen Annuität, um das Darlehen vollständig zu tilgen.
SHIFT PMT	PCL% 2,60	Berechnung des anfänglichen Tilgungssatzea.

Ergebnis: Um das Darlehen in 20 Jahren zu tilgen, ist eine durchgehende monatliche Annuität von 1.074,65 € zu zahlen. Diese Zahlung entspricht einem anfänglichen Tilgungssatz von 2,6 Prozent.

BEISPIEL

Ein Kunde möchte einen Betrag von 100.000 € finanzieren. Zu diesem Zweck liegen ihm zwei unterschiedliche Angebote vor:

1. eine Zinsfestschreibung von 10 Jahren zu 5,5 Prozent Zins pro Jahr
2. eine Zinsfestschreibung von 15 Jahren zu 6,0 Prozent Zins pro Jahr

Auf welcher Grundlage lässt sich eine Entscheidung treffen, welche der angebotenen Konditionen für den Kunden günstiger ist? Es gibt zwei Möglichkeiten, solche Darlehen miteinander zu vergleichen.

1. Ein Vergleich der Barwerte aller Zahlungen bei einem in beiden Fällen gleich angesetzten Barwertzins. Diese Vergleichsmethode ist mit Hilfe des Taschenrechners beim Kunden nur schwierig durchzuführen.
2. Leichter lässt sich errechnen, wie hoch der Zinssatz für eine notwendige Anschlussfinanzierung des Darlehens mit kürzerer Zinsfestschreibungsdauer steigen darf, damit der Darlehensnehmer bei identischen Zahlungen bei beiden Finanzierungsvarianten nach 15 Jahren gleich viel seines Darlehens getilgt hat.

Berechnung

- *1. Schritt:*
  Bevor die Darlehen berechnet werden können, ist auch hier die Höhe der Darlehensraten zu ermitteln. Dabei gehen Sie von der Kondition für die 15-jährige Zinsfestschreibung aus. Wir unterstellen in unserem Beispiel einen anfänglichen Tilgungssatz von 1 Prozent der Darlehenssumme.
- *2. Schritt:*
  In einem zweiten Berechnungsschritt ermitteln Sie die Restschuld des Darlehens mit der längeren Zinsfestschreibungsdauer.

Eingabe	Display	Erklärung
12 P/YR	P/YR 12,00	Das Darlehen wird in 12 Jahresraten zurückgezahlt.
15 xP/YR	N 180,00	Insgesamt zahlt der Darlehensnehmer 15 Jahre lang Zins- und Tilgungsraten an die Bank. Das sind insgesamt 180 Monatsraten.
6 I/YR	I/YR NOM% 6,00	Der vereinbarte Nominalzins beträgt 6 %.
100000 PV	PV 100.000,00	Zu Beginn der Darlehenslaufzeit erhält der Kreditnehmer einen Betrag von 100.000 € ausgezahlt. Der Betrag fließt dem Kreditnehmer zu, daher wird der Wert positiv erfasst.
1 SHIFT PMT	PMT – 583,33	Der anfängliche Tilgungssatz beträgt 1 %. Die monatliche Rate wird direkt berechnet und angezeigt.
FV	FV – 75.765,11	Nach 15 Jahren zahlt der Darlehensnehmer einen Betrag von 75.765,11 € an die Bank. Das ist der Rest der Darlehensschuld, der bis dahin noch nicht durch die laufenden Darlehensraten getilgt wurde.

Im nächsten Schritt wird die Restschuld des Darlehens mit 10-jähriger Zinsfestschreibung bei gleicher monatlicher Zahlung ermittelt.

Eingabe	Display	Erklärung
12 P/YR	P/YR 12,00	Das Darlehen wird in 12 Jahresraten zurückgezahlt.
10 xP/YR	N 120,00	Insgesamt zahlt der Darlehensnehmer 10 Jahre lang Zins- und Tilgungsraten an die Bank. Das sind insgesamt 120 Monatsraten.
5,5 I/YR	I/YR NOM% 5,50	Der vereinbarte Nominalzins beträgt 5,5 %.
100000 PV	PV 100.000,00	Zu Beginn der Darlehenslaufzeit erhält der Kreditnehmer einen Betrag von 100.000 € ausgezahlt. Der Betrag fließt dem Kreditnehmer zu, daher wird der Wert positiv erfasst.

583,33 +/– PMT	**PMT – 583,33**	Eingabe der gleichen Zahlung wie beim Vergleichsdarlehen.
FV	**FV – 80.062,08**	Nach 10 Jahren verbleibt eine noch nicht getilgte Darlehensschuld von 80.062,08 €.

Auch diese Restschuld wird notiert. Mit diesem nun neu zu finanzierenden Darlehensbetrag ermitteln Sie nun den Zinssatz, zu dem eine Anschlussfinanzierung höchstens abgeschlossen werden darf, damit bei gleichen monatlichen Zahlungen wie bei dem Darlehen mit 15 Jahren Zinsbindung die gleiche Restschuld erreicht wird. Das heißt, dieser Betrag muss nun über 5 Jahre finanziert werden und wird weiterhin mit einer monatlichen Darlehensrate von 583,33 € getilgt.

Wie hoch darf der Zinssatz des Anschlussdarlehens sein, damit der Kreditnehmer nach insgesamt 15 Jahren Finanzierungsdauer nicht schlechter dasteht als mit der Zinsfestschreibung über die gesamten 15 Jahre? Sie rechnen nach:

Eingabe	Display	Erklärung
12 P/YR	**P/YR 12,00**	Das Darlehen wird in 12 Jahresraten zurückgezahlt.
5 xP/YR	**N 60,00**	Für die Anschlussfinanzierung zahlt der Darlehensnehmer 5 Jahre lang Zins- und Tilgungsraten an die Bank. Das sind insgesamt 60 Monatsraten.
80062,08 PV	**PV 80.062,08**	Insgesamt sind nach 10 Jahren noch 80.062,08 € zu finanzieren.
583,33 +/– PMT	**PMT – 583,33**	Die monatliche Zahlung an die Bank beträgt 583,33 €. Diese Summe zahlt er an die Bank, daher wird der Wert negativ erfasst.
75765,11 +/– FV	**FV – 75.765,11**	Nach 5 Jahren soll die gleiche Restschuld vorliegen, wie bei der ursprünglichen Zinsfestschreibung über 15 Jahre.
I/YR	**I/YR NOM% 7,86**	Der Darlehenszins, bei dem der Kunde in beiden Fällen gleich steht, wird ermittelt. Ist die Anschlussfinanzierung billiger, spart er mit der kürzeren Zinsbindung. Muss er allerdings die Anschlussfinanzierung teurer abschließen, wäre die längere Zinsbindungsdauer die bessere Wahl.

Ergebnis: Gehen Sie davon aus, dass Ihr Kunde in 10 Jahren eine Anschlussfinanzierung zu einem niedrigeren Zinssatz als 7,86 Prozent abschließen kann, ist die kürzere Zinsfestschreibung die bessere Alternative. Rechnen Sie allerdings damit, dass eine Anschlussfinanzierung nur zu einem höheren Zinssatz abzuschließen ist, ist die Zinsfestschreibung über 15 Jahre die bessere Alternative.

Test

Ein Kunde kann nach folgenden Konditionen sein Darlehen von 150.000 € finanzieren:

- 5 Jahre Zinsfestschreibung zu nominal 4,5 Prozent
- 10 Jahre Zinsfestschreibung zu nominal 4,8 Prozent

Wie hoch darf der Folgezinssatz derAnschlussfinanzierung des 5-jährigen Darlehens höchtens sein? Nehmen Sie einen anfänglichen Tilgungssatz von 1,5 Prozent an.

STOPP

Versuchen Sie auch hier erst alleine das Ergebnis zu ermitteln.

Berechnung

Ermittlung der monatlichen Annuität des 10-jährigen Darlehens:

Eingabe	Display	Erklärung
12 P/YR	P/YR 12,00	Monatliche Ratenzahlung.
10 xP/YR	N 120,00	Die Zinsfestschreibung beträgt 10 Jahre.
4,8 I/YR	I/YR NOM% 4,80	Der nominale Zins beträgt 4,8 %.

150000 PV	**PV** **150.000,00**	Es wird ein Darlehen von 150.000 € aufgenommen – positives Vorzeichen, da der Darlehensbetrag dem Darlehensnehmer zufließt.
1,5 SHIFT PMT	**PMT** **– 787,50**	Der anfängliche Tilgungssatz beträgt 1,5 %. Die monatliche Rate wird direkt vom BWK Business® berechnet und angezeigt.
FV	**FV** **– 121.194,01**	Nach 10 Jahren schuldet der Darlehensnehmer der Bank noch einen Betrag von rund 121.000 €.

Nun berechnen Sie die Restschuld des 5-jährigen Darlehens, um danach den höchstmöglichen Zinssatz des Folgedarlehens zu berechnen. Das Darlehen hat die selbe Rate wie bei der 10-jährigen Zinsfestschreibung.

Eingabe	Display	Erklärung
12 P/YR	**P/YR** **12,00**	Monatliche Ratenzahlung.
5 xP/YR	**N** **60,00**	Es wird das Darlehen mit 5-jähriger Zinsfestschreibung berechnet.
4,5 I/YR	**I/YR NOM%** **4,50**	Der nominale Zins beträgt 4,5 %.
150000 PV	**PV** **150.000,00**	Das Darlehen beläuft sich auf 150.000 €.
787,5 +/– PMT	**PMT** **– 787,50**	Es wird monatlich eine Rate von 787,50 € gezahlt. Dieselbe Rate wie beim Darlehen mit 10-jähriger Zinsfestschreibung.
FV	**FV** **– 134.892,25**	Nach 5 Jahren besteht noch eine Restschuld von rund 135.000 €.

Nun wird berechnet, welchenq Zins die Anschlussfinanzierung höchstens besitzen darf, um nicht eine höhere Restschuld nach der 10-jährigen Zinsfestschreibung zu haben.

Eingabe	Display	Erklärung
12 P/YR	P/YR 12,00	Monatliche Ratenzahlung.
5 xP/YR	N 60,00	Die Anschlussfinanzierung lautet über weitere 5 Jahre.
134892,25 PV	PV 134.892,25	Die Restschuld der 5-jährigen Zinsfestschreibung wird weiterfinanziert.
787,5 +/– PMT	PMT – 787,50	Weiterhin wird eine Darlehensrate von 787,50 € gezahlt, um mit dem Darlehen der 10-jährigen Zinsfestschreibung zu vergleichen.
121194,01 +/– FV	FV – 121.194,01	Nach weiteren 5 Jahren soll die Restschuld höchstens wie bei der 10-jährigen Zinsfestschreibung sein.
I/YR	I/YR NOM% 5,22	Berechnung des nominalen Zinses.

Ergebnis: Somit darf das Folgedarlehen der 5-jährigen Zinsfestschreibung höchstens einen nominalen Zins von 5,22 Prozent besitzen, sonst wäre die 10-jährige Zinsfestschreibung für den Darlehensnehmer vorteilhafter gewesen.

Finanzierung mit Tilgungsaussetzung

Bei der Finanzierung einer Immobilie stellt sich für Bauherren die Frage, ob es günstiger ist, zunächst auf die Tilgung des Darlehens zu verzichten und stattdessen den zur Tilgung notwendigen Betrag mit einer separaten Kapitalanlage anzusparen.

Diese Kombination ist für den Kunden dann günstiger als die klassische Finanzierung durch ein Annuitätendarlehen, wenn die Anlage, in die Tilgungsleistungen angespart werden, mehr Rendite erbringt, als das Darlehen kostet. Solche Renditen sind besonders bei der Anlage in Aktienfonds möglich.

BEISPIEL

Ein Bauherr möchte 250.000 € finanzieren. Er hat die Möglichkeit, diesen Betrag zu 6 Prozent Zins für 15 Jahre fest zu finanzieren. Dabei kann er entscheiden, ob er zusätzlich zu den Zinszahlungen eine anfängliche Tilgung von 1 Prozent der Darlehenssumme jährlich leisten möchte, oder sich für eine Tilgungsaussetzung entscheidet und die Tilgungsleistungen anderweitig anlegt.

Bei einer direkten Tilgung des Darlehens mit einem Tilgungssatz von 1 Prozent verbleibt dem Bauherren nach 15 Jahren eine Restschuld von 189.413 € (siehe 1. Beispiel des Kapitels auf Seite 127). Die Frage an den Berater lautet nun: Welche Rendite muss eine Alternativanlage der Tilgungsleistungen mindestens erbringen, damit der Bauherr mit einer Tilgungsaussetzung besser gestellt ist?

Wichtig

Eine leistungsstarke Fondspolice kann für Anleger, je nach persönlicher Steuersituation, besonders interessant sein. Gemanagte Fondspolicen sind zusätzlich besonders für die Anleger von Interesse, die sich selbst möglichst wenig um ihre Kapitalanlagen kümmern möchten, aber gleichzeitig die Vorteile der Aktienanlage nutzen wollen. Die Kosten einer Fondspolice sind also nur die eine Seite der Medaille. Die andere Seite sind die Leistungen. Um es noch anders auszudrücken: Wenn eine teure Fondspolice keine oder nur geringe Leistungen bietet, beispielsweise nur die Wahl zwischen zwei Fonds zulässt und sonst keine weiteren Leistungen wie Ablaufmanagement, ist das Angebot wahrscheinlich zu teuer.

Sie rechnen nach:

Zurück zur letzten Aufgabe:

Damit die notwendige Rendite einer Alternativanlage berechnet werden kann, werden zunächst einmal Angaben über das erforderliche Endvermögen der Alternativanlage und den zur Verfügung stehenden Anlagebetrag benötigt.

Bei der Tilgung des Darlehens mit einem anfänglichen Tilgungssatz von 1 Prozent beträgt die Restschuld nach 15 Jahren 189.413 €. Das heißt, der Darlehensnehmer hat in 15 Jahren seine Schuld um 60.587 € verringert. Diesen Betrag muss er mindestens mit einer Alternativanlage ansparen, damit er nach Ablauf der 15 Jahre nicht schlechter gestellt ist, als mit dem Tilgungsdarlehen.

Als Nächstes wird der Betrag ermittelt, der zur Ansparung der erforderlichen 60.587 € zur Verfügung steht. Dieser Betrag entspricht genau der Summe, die als anfängliche Tilgungsleistung vereinbart ist. In unserem Fall ist das also 1 Prozent der Darlehenssumme jährlich. Damit ergibt sich zur Ansparung einer Kapitalanlage ein Betrag von 2.500 € jährlich oder 208,33 € monatlich.

Damit sind alle notwendigen Angaben für die Berechnung der erforderlichen Rendite der Alternativanlage vorhanden:

- Laufzeit der Anlage: 15 Jahre (Dauer der Zinsbindung des Darlehens)
- monatlicher Sparbetrag: 208,33 €
- benötigtes Endvermögen: 60.587 €
- Startkapital ist nicht vorhanden

Versuchen Sie nun einmal, damit ich erneut sicher sein kann, dass Sie nicht immer nur weiterlesen, den Zahlungsstrom darzustellen.

Skizzieren Sie hier den Zahlungsstrom:

Berechnung

Eingabe	Display	Erklärung
12 P/YR	P/YR 12,00	Der Bauherr spart in monatlichen Raten.
15 xP/YR	N 180,00	Der Bauherr möchte in 15 Jahren über das Kapital zur Darlehenstilgung verfügen.
0 PV	PV 0,00	Eine Anfangseinzahlung in den Sparplan kann der Bauherr zurzeit nicht leisten.
208,33 +/– PMT	PMT – 208,33	Die monatliche Sparrate beträgt 208,33 €.
60587 FV	FV 60.587,00	Nach 15 Jahren möchte der Bauherr über einen Betrag von 60.587 € verfügen können.
I/YR	I/YR NOM% 6,00	Ermittlung des nominalen Zinssatzes.
EFF%	EFF% 6,17	Umrechnung auf den Effektivzins.

Ergebnis: Erzielt der Bauherr mit der alternativen Anlage der Tilgungsmittel eine Rendite von 6,17 Prozent pro Jahr, ist die Restschuld nach 15 Jahren gleich hoch wie bei der direkten Darlehenstilgung. Ist die erzielte Rendite nach 15 Jahren höher als 6,17 Prozent ist diese Finanzierungsvariante für den Bauherrn günstiger als die Finanzierung über ein klassischen Tilgungsdarlehen.

BEISPIEL 2

Nach dieser ersten Vergleichsrechnung hat der Kunde sich für eine Tilgungsaussetzung bei der Finanzierung entschieden. Statt einer Tilgung möchte er in einer Fondsanlage das zur Darlehenstilgung benötigte Kapital ansparen. Als Berater nehmen Sie als Rendite der Fondsanlage durchschnittlich 8 Prozent pro Jahr an. Welchen Betrag muss der Bauherr monatlich sparen, damit er nach 15 Jahren seine Darlehensschuld von 250.000 € tilgen kann?

Berechnung

Eingabe	Display	Erklärung
12 P/YR	P/YR 12,00	Der Kunde möchte monatlich sparen.
15 xP/YR	N 180,00	In 15 Jahren möchte der Bauherr über das angesparte Vermögen verfügen.
8 EFF%	I/YR NOM% 7,72	Sie unterstellen für die Anlage einen effektiven Zins von 8 %. Der BWK Business® berechnet direkt den nominalen Zins.
0 PV	PV 0,00	Zu Beginn des Sparplans verfügt der Kunde über kein Kapital, das als Einmalanlage eingezahlt werden kann.
250000 FV	FV 250.000,00	Nach 15 Jahren möchte der Kunde über ein Vermögen von 250.000 € verfügen.
PMT	PMT – 740,51	Damit das Sparziel erreicht wird, muss der Kunde monatlich 740,51 € sparen.

Ergebnis: Kann der Bauherr monatlich einen Betrag von 740,51 € in eine Kapitalanlage einzahlen, die eine durchschnittliche Rendite von 8 Prozent erwirtschaftet, verfügt er nach 15 Jahren über ein Vermögen von 250.000 € und kann damit sein Darlehen vollständig tilgen. Der ermittelte Betrag von 740,51 € ist dem Kunden zu hoch. Er möchte nur einen Betrag von 500 € monatlich für den Sparplan aufwenden. Wie lange muss er jetzt sparen, bis er über den zur Darlehenstilgung benötigten Betrag von 250.000 € verfügt?

Nach der vorhergehenden Rechnung beantworten Sie diese Frage schnell, indem Sie nur die Veränderungen erfassen und die gesuchte Angabe ermitteln.

Berechnung

Welcher Wert hat sich geändert? Der Kunde wünscht eine Veränderung der Sparrate. Sparziel und Rendite sollen unverändert bleiben.

Eingabe	Display	Erklärung
500 +/– PMT	PMT – 500,00	Die neue Sparrate soll 500 € betragen.
N	N 224,39	Ermittlung der Spardauer, die bei einer monatlichen Sparrate von 500 € und einem Effektivzins von 8 % p. a. zu einem Endvermögen von 250.000 € führt. WICHTIG: Der Rechner ermittelt die Spardauer hier als Periodenzahl, bei monatlicher Sparweise also in Monaten.
RCL xP/YR	x P/YR 18,70	Nach der Berechnung der notwendigen Sparzeit als Periodenanzahl kann die Sparzeit in Jahren über die Tastenkombination RCL xP/YR abgefragt werden.

Ergebnis: Spart der Bauherr 224 Monate lang 500 € im Monat und investiert diesen Betrag in eine Anlageform, die eine durchschnittliche Rendite von 8 Prozent p. a. erzielt, verfügt er nach dieser Zeit über das gewünschte Vermögen von 250.000 €.

Test

Ein Darlehensnehmer von 100.000 € möchte mit Tilgungsaussetzung sein Darlehen zurückzahlen. Er hat ein Angebot einer Bank, welche für eine 15-jährige Zinsfestschreibung einen nominalen Zinssatz von 5,75 Prozent nimmt. Die Tilgung möchte er nebenbei in eine Lebensversicherung einzahlen, mit der er nach 15 Jahren das Darlehen vollständig zurückzahlt. Die Lebensversicherung bietet einen effektiven Zins von 7 Prozent an. Welchen Betrag muss er monatlich insgesamt aufbringen?

Berechnung

Eingabe	Display	Erklärung
12 P/YR	P/YR 12,00	Monatliche Sparweise in die Versicherung.
15 xP/YR	N 180,00	Nach 15 Jahren soll das Darlehen vollständig getilgt werden.
7 EFF%	I/YR NOM% 6,78	Die Versicherung erzielt einen effektiven Zins von 7 %. DIrekte Umrechnung und Anzeige des nominalen Zinses.
0 PV	PV 0,00	Es wird keine Einmalanlage getätigt.
100000 FV	FV 100.000,00	Es soll ein Vermögen von 100.000 € erreicht werden.
PMT	PMT – 321,44	Monatlich muss der Darlehensnehmer einen Betrag von 321,44 € in die Versicherung einzahlen.

Ergebnis: Somit muss der Darlehensnehmer einen Betrag von monatlich 321,44 € in die Versicherung einzahlen. Zudem muss er noch die Zinsen des Darlehens von

$$\frac{100.000 \cdot 5,75}{100 \cdot 12} = 479,17$$

Insgesamt zahlt der Darlehensnehmer monatlich also einen Betrag von 800,61 €.

Darlehen mit Disagio

Ein Disagio ist eine Form der Zinsvorauszahlung. Dabei erhält der Kunde bei der Darlehensauszahlung nicht den vollen Rückzahlungsbetrag, den nominellen Darlehensbetrag, ausgezahlt, sondern eine um einen bestimmten Anteil (Disagio/Abgeld) verringerte Summe. Bei der Vereinbarung eines Disagios wird dann im Gegenzug ein geringerer Nominalzins festgelegt, der jedoch auf die nominelle Darlehensschuld berechnet wird.

Die Vereinbarung eines Disagios kann für den Kunden steuerliche Vorteile haben, wenn diese Zinsvorauszahlung sofort voll steuerlich als Zinsaufwand geltend gemacht werden kann. Das ist beispielsweise bei der Finanzierung einer vermieteten Immobilie oder bei gewerblichen Finanzierungen der Fall.

Für den Berater stellt sich nun die Frage, wie ein solches Darlehen einfach zu berechnen und mit einem „normalen" Darlehen verglichen werden kann.

Für den Vergleich zweier Darlehen gibt es zwei Möglichkeiten. Die erste Möglichkeit ist ein Vergleich des Effektivzinses.

BEISPIEL: Effektivzins eines Darlehens mit Disagio

Ihr Kunde benötigt ein Darlehen von 100.000 €. Dazu wurden ihm Darlehen zu den folgenden Konditionen angeboten.

Darlehen 1: Nominalzins: 4,89 Prozent
Auszahlungskurs: 100 Prozent (kein Disagio)
Tilgungssatz: 1 Prozent
Darlehenslaufzeit: 10 Jahre

Darlehen 2: Nominalzins: 3,49 Prozent
Auszahlungskurs: 90 Prozent (10 Prozent Disagio)
→ Bruttodarlehen 111.111,11 € (100.000/90 · 100)
Tilgungssatz: 1,81 Prozent
Darlehenslaufzeit: 10 Jahre

Wie vergleichen Sie die beiden Darlehen miteinander? Notieren Sie die Möglichkeiten, die Ihnen zum Vergleich der beiden Darlehen einfallen.

Grundsätzlich können Sie Darlehen anhand des Effektivzinses oder bei gleichen Zahlungen anhand der Restschuld vergleichen. Die höchste Aussagekraft für den Kunden hat ein Vergleich der Restschuld bei gleich hohen Zahlungen für die zu vergleichenden Darlehen. Liegen unterschiedliche Zahlungen für zu vergleichende Darlehen vor, kann der Restschuldvergleich nicht zu einem richtigen Ergebnis führen, hier hilft Ihnen ein Vergleich der Barwerte aller Zahlungen weiter. Dabei werden alle Zahlungen, die im Zusammenhang mit einem Darlehen geleistet werden, mit einem einheitlichen Zinssatz auf einen bestimmten Termin – am einfachsten den Beginn des Darlehensvertrags – abgezinst.

Die Ermittlung des Barwertes aller Zahlungen hat den Vorteil, dass die unterschiedlichen Fälligkeiten der einzelnen Zahlungen bei der Abzinsung mit berücksichtigt werden. Damit ist dieser Vergleich gegenüber einer einfachen Gegenüberstellung der insgesamt zu zahlenden Summe genauer, da zum Beispiel eine Zahlung in zehn Jahren sich wesentlich geringer im Barwert niederschlägt als eine Zahlung die bereits im ersten Jahr in gleicher Höhe zu leisten ist.

+/– Berechnungen

Darlehensraten: Zunächst werden die fehlenden Werte für die Eingabe in den Rechner mit Hilfe der vorhandenen Angaben ermittelt.

Ermittlung der Vergleichsgrößen: Darlehen 1, ohne Disagio:

Eingabe	Display	Erklärung
12 P/YR	P/YR 12,00	Das Darlehen wird in 12 Jahresraten zurückgezahlt.
10 xP/YR	N 120,00	Insgesamt zahlt der Darlehensnehmer 10 Jahre lang Zins- und Tilgungsraten an die Bank. Das sind insgesamt 120 Monatsraten.
4,89 I/YR	I/YR NOM% 4,89	Der vereinbarte Nominalzins beträgt 4,89 %.

100000 PV	**PV 100.000,00**	Zu Beginn der Darlehenslaufzeit erhält der Kreditnehmer einen Betrag von 100.000 € ausgezahlt. Der Betrag fließt dem Kreditnehmer zu, daher wird der Wert positiv erfasst.
1 SHIFT PMT	**PMT – 490,83**	Der Tilgungssatz beim Darlehen ohne Disagio beträgt 1 %. Die monatliche Rate wird daraufhin ausgerechnet und angezeigt.
FV	**FV – 87.135,68**	Nach 10 Jahren verbleibt eine noch nicht getilgte Darlehensschuld von 87.135,68 €.

Ergebnis 1: Die Restschuld beträgt 87.135,68 €.

Den Effektivzins ermitteln Sie durch die Tastenkombination RCL EFF%. Er liegt bei 5,00 Prozent.

Zur Ermittlung des Barwertes der geleisteten Zahlungen müssen Sie sich zunächst einmal für einen festen Barwertzins entscheiden. Geben Sie im Beispiel einen Barwertzins von 6 Prozent Effektivzins vor.

Die Eingabe erfolgt dann nach dem folgenden Schema. Die Daten der vorherigen Berechnung müssen dazu noch im Rechner gespeichert sein – nicht mit GT C löschen!

Eingabe	Display	Erklärung
6 EFF%	**I/YR NOM% 5,84**	Vorgabe des Effektivzinses von 6 %. Es wird direkt der nominale Zins berechnet und ausgegeben.
PV	**PV 93.186,63**	Ermittlung des Barwertes aller Zahlungen, die der Kreditnehmer zu leisten hat.

Darlehen 2, mit Disagio:

Eingabe	Display	Erklärung
12 P/YR	**P/YR 12,00**	Das Darlehen wird in 12 Jahresraten zurückgezahlt.
10 xP/YR	**N 120,00**	Insgesamt zahlt der Darlehensnehmer 10 Jahre lang Zins- und Tilgungsraten an die Bank. Das sind insgesamt 120 Monatsraten.
3,49 I/YR	**I/YR NOM% 3,49**	Der vereinbarte Nominalzins beträgt 3,49 %.
111111,11 PV	**PV 111.111,11**	Zu Beginn der Darlehenslaufzeit erhält der Kreditnehmer einen Betrag von 100.000 € ausgezahlt, seinem Kreditkonto werden aber 111.111,11 € belastet.
1,81 SHIFT PMT	**PMT – 490,74**	Der anfängliche Tilgungssatz beträgt 1,81 %. Es wird direkt die berechnete Rate angezeigt.
FV	**FV – 87.085,46**	Nach 10 Jahren verbleibt eine noch nicht getilgte Darlehensschuld von 87.085,46 €.

Ergebnis: Die Restschuld beträgt 87.085,46 €.

Berechnung

Zur Ermittlung des Effektivzinses müssen Sie zunächst die tatsächlich an den Darlehensnehmer ausgezahlte Summe erfassen. Anschließend kann der Effektivzins ermittelt werden.

Eingabe	Display	Erklärung
100000 PV	**PV 100.000,00**	Der Darlehensnehmer erhält zu Beginn des Darlehensvertrages 100.000 € ausgezahlt.
I/YR	**I/YR NOM% 4,88**	Bei einem Darlehen ohne Disagiovereinbarung entsprechen die notwendigen Zahlungen einem Nominalzins von 4,88 %.
EFF%	**EFF% 5,00**	Der Effektivzins des Darlehens beträgt 5 %.

Ergebnis: Der Effektivzins beträgt 5,00 Prozent.

Der Barwert aller Zahlungen wird analog zu Beispiel 1 ermittelt. Also:

Eingabe	Display	Erklärung
6 EFF%	I/YR NOM% 5,84	Vorgabe des Effektivzinses von 6 %. Es wird direkt in den nominalen Zins umgerechnet.
PV	PV 93.150,19	Ermittlung des Barwertes aller Zahlungen, die der Kreditnehmer zu leisten hat.

Ergebnis: Vergleichen Sie die ermittelten Werte der beiden Darlehen.

	Darlehen 1	Darlehen 2
Effektivzins	5 %	5 %
Restschuld	87.135,68 €	87.085,46 €
Barwert der Einzahlungen	93.186,63 €	93.150,19 €

Für unseren Kunden ist das Darlehen, bei dem am Ende der Laufzeit die geringste Restschuld verbleibt, die günstigere Wahl. Hier ist bei gleichen Zahlungen (wie in unserem Beispiel angenommen) auch der Barwert aller Zahlungen geringer. Der Kunde sollte sich also für Darlehen 2 entscheiden.

Test

Vergleichen Sie die beiden folgenden Darlehen über 150.000 € anhand des effektiven Zinses. Ermitteln Sie auch anhand des Barwerts mit einem effektiven Barwertzins von 6 Prozent.

- **Angebot 1:** Darlehen mit Disagio
  Nominalzins: 3,78 Prozent
  Auszahlungskurs: 95 Prozent (5 Prozent Disagio)
  Tilgungssatz: 2 Prozent
  Laufzeit: 12 Jahre

- **Angebot 2:** Darlehen ohne Disagio
  Nominalzins: 5,08 Prozent
  Auszahlungskurs: 100 Prozent
  Tilgungssatz: 1 Prozent
  Laufzeit: 12 Jahre

Berechnung

Bei Angebot 1 beträgt das Bruttodarlehen 157.894,74 € (150.000 · 100 : 95). Daraus ergibt sich eine monatliche Rate von 760,53 €.

Darlehen 1

Eingabe	Display	Erklärung
12 P/YR	P/YR 12,00	Monatliche Zahlungsweise der Rate.
12 xP/YR	N 144,00	Die Laufzeit beträgt 12 Jahre.
3,78 I/YR	I/YR NOM% 3,78	Der nominale Zins beträgt 3,78 %.
157894,74 PV	PV 157.894,74	Die Bruttodarlehenssumme beträgt 157.894,74 €.
2 SHIFT PMT	PMT – 760,53	Der anfängliche Tilgungssatz beträgt 2 %. Die monatliche Rate wird berechnet und direkt angezeigt.
FV	FV – 110.037,88	Die Restschuld nach 12 Jahren beträgt rund 110.000 €.

Sie lassen alle Angaben im Taschenrechner gespeichert – also nicht SHIFT C drücken. Nun ermitteln Sie den effektiven Zins:

Eingabe	Display	Erklärung
150000 PV	**PV 150.000,00**	Der Darlehensnehmer erhält zu Beginn nur einen Betrag von 150.000 € ausgezahlt.
I/YR	**I/YR NOM% 4,39**	Bei einem Darlehen ohne Disagio entsprechen die Zahlungen einem nominalen Zins von 4,39 %.
EFF%	**EFF% 4,48**	Der effektive Zins des Darlehens beträgt 4,48 %.

Nun ermitteln Sie noch den Barwert der Zahlungen:

Eingabe	Display	Erklärung
6 EFF%	**I/YR NOM% 5,84**	Der effektive Barwertzins beträgt 6 %. Es wird der nominale Zins von 5,84 % berechnet und angezeigt.
PV	**PV 133.281,05**	Ermittlung des Barwertes aller Zahlungen.

Darlehen 2:

Eingabe	Display	Erklärung
12 P/YR	**P/YR 12,00**	Monatliche Zahlungsweise.
12 xP/YR	**N 144,00**	12 Jahre Laufzeit des Darlehens.
5,08 I/YR	**I/YR NOM% 5,08**	Der nominale Zins des Darlehens beträgt 5,08 %.
150000 PV	**PV 150.000,00**	Zu Beginn bekommt der Darlehensnehmer 150.000 € ausgezahlt.
1 SHIFT PMT	**PMT – 760,00**	Der anfängliche Tilgungssatz beträgt 1 %. Die monatliche Rate wird direkt berechnet und ausgegeben.
FV	**FV – 125.275,70**	Die Restschuld beträgt 125.275,70 €.

Den effektiven Zins ermitteln Sie mit der Tastenfolge RCL EFF%. Dieser liegt bei 5,20 Prozent. Nun berechnen Sie wiederum den Barwert beim Darlehen 2 mit einem effektiven Barwertzins von 6 Prozent.

Eingabe	Display	Erklärung
6 EFF%	I/YR NOM% 5,84	Der effektive Barwertzins beträgt 6 %. Umrechnung in den nominalen Zins erfolgt automatisch.
PV	PV 140.799,39	Ermittlung des Barwertes.

Ergebnis:

	Darlehen 1	Darlehen 2
Effektivzins	4,48 %	5,20 %
Restschuld	110.037,88 €	125.275,70 €
Barwert der Einzahlungen	133.281,05 €	140.799,39 €

Somit ist das Darlehen 1 mit Disagio günstiger.

Autofinanzierung

Zur Finanzierung eines Autokaufs werden von Händlern mitfinanzierte Darlehen zu auf den ersten Blick traumhaften Konditionen angeboten. Nicht selten kann ein Darlehen mit 4-jähriger Laufzeit für einen Effektivzins von 0,9 Prozent aufgenommen werden. Diese Darlehenskonditionen können nur angeboten werden, wenn der Händler einen Teil seiner Provision zur Mitfinanzierung der Zinskondition weitergibt. Dadurch sinkt der Verhandlungsspielraum des Kunden, einen Preisnachlass mit dem Händler zu vereinbaren.

Bei einer „normalen“ Bankfinanzierunfällig. Der Vorteil für den Autokäufer: Er kann beim Händler als Barzahler auftreten und so leichter einen Preisnachlass heraushandeln.

Die Frage, die sich für den Kunden nun stellt, ist, wie hoch der zusätzlich herausgehandelte Nachlass sein muss, damit die Finanzierung über die Bank unterm Strich günstiger ist, als die Finanzierung über das „subventionierte“ Händlerdarlehen.

BEISPIEL

Ein Autokäufer möchte beim Kauf seines neuen Traumwagens einen Betrag von 25.000 € finanzieren. Dazu liegen ihm zwei Finanzierungsangebote vor.

1. **Darlehen beim Händler:**
   Der Händler bietet eine Finanzierung zu einem Effektivzins von 0,9 Prozent und einer Laufzeit von 4 Jahren an. Nach 4 Jahren ist das Darlehen vollständig getilgt. Nimmt der Kunde dieses Angebot in Anspruch, kann der Händler keinen Nachlass auf den Listenpreis geben.
2. **Bankdarlehen:**
   Bei seiner Hausbank kann der Kunde ein Darlehen für 8,5 Prozent Effektivzins bei gleicher Laufzeit bekommen. Auch hier wird die Darlehensschuld in 4 Jahren vollständig getilgt.
   Gegenüber dem Händler kann der Kunde als Barzahler auftreten und erhält dann einen Preisnachlass von 3.000 € . Dieser Preisnachlass verringert den Kreditbedarf des Kunden.

Welche Finanzierungsvariante ist für den Kunden günstiger?

Berechnung

Die Berechnung muss hier in zwei getrennten Berechnungsschritten erfolgen. Zunächst wird ermittelt, wie hoch die Kreditrate für den Kunden ist, wenn er das Angebot des Händlers in Anspruch nimmt.

Eingabe	Display	Erklärung
12 P/YR	P/YR 12,00	Das Darlehen wird in 12 Jahresraten zurückgezahlt.
4 xP/YR	N 48,00	Die Darlehenslaufzeit beträgt 4 Jahre.
0,9 EFF%	I/YR NOM% 0,90	Der Effektivzins des Händlerkredits beträgt 0,9 %.

25000 PV	**PV 25.000,00**	Die Darlehenssumme beträgt 25.000 €.
0 FV	**FV 0,00**	Nach 4 Jahren ist die Schuld getilgt, es verbleibt keine Restschuld.
PMT	**PMT – 530,42**	Die zur Darlehenstilgung erforderliche Monatsrate beträgt 530,42 €.

Zwischenergebnis: Die monatliche Belastung für die Autofinanzierung beträgt 530,42 €.

Schritt 2: Nun wird ermittelt, welchen Darlehensbetrag der Kreditnehmer bei der Bank mit einer Monatsrate von 530,42 € in 4 Jahren tilgen kann. Dazu ist es nicht notwendig den vollständigen Darlehensverlauf neu zu erfassen. Fast alle notwendigen Angaben sind bereits durch die erste Berechnung eingespeichert. Es muss lediglich der Zinssatz verändert werden. Anschließend kann die Darlehenssumme, die bei der Bank finanziert werden kann, ermittelt werden.

Eingabe	Display	Erklärung
8,5 EFF%	**I/YR NOM% 8,19**	Der Effektivzins der Bankfinanzierung beträgt 8,5 %. Umgerechnet beträgt der nominale Zins 8,19 %.
PV	**PV 21.649,60**	Mit der vorgegebenen Monatsrate kann der Kunde bei der Bank in 4 Jahren einen Betrag von 21.649,60 € tilgen.

Ergebnis: Bei seiner Hausbank kann der Kunde für die gleichen monatlichen Zahlungen wie beim Autohändler einen Betrag von 21.649,60 € finanzieren. Das sind 3.350,40 € weniger, als er beim Händler an Kredit bekommen kann. Als Barzahler erhält er einen Rabatt von 3.000 €. Das heißt, er müsste noch 22.000 € finanzieren. Dieser Betrag liegt über dem gerade als höchstem Barzahlungspreis ermittelten Kreditbetrag.
Fazit: Für den Kunden ist das Angebot des Händlers günstiger.

Leasingfinanzierung

Neben der Kreditfinanzierung hat sich in den letzten Jahren auch das Angebot von Leasingfinanzierungen für Privatkunden wesentlich verbreitert. Auch hier geht es darum, verschiedene Varianten einer Finanzierung für den Kunden zu vergleichen und die beste Möglichkeit zu finden.

BEISPIEL

Ein Kunde möchte einen neuen Wagen im Wert von 30.000 € anschaffen. Der Händler legt ihm folgendes Leasingangebot vor:

- Laufzeit: 36 Monate
- Anzahlung: 6.000 €
- monatliche Leasingrate: 400 €
- Restwert nach 36 Monaten: 15.000 €

Nach Ablauf des Leasingvertrages möchte der Kunde das Fahrzeug zum vereinbarten Restwert übernehmen.

Der Kunde fragt Sie als seinen Berater, wie teuer die Leasingfinanzierung ist. Wie gehen Sie vor?

Eine gute Möglichkeit, die Leasingfinanzierung mit einer „Standardfinanzierung" mit einem Kredit zu vergleichen, ist der Effektivzins. Dazu müssen Sie sich zunächst einmal den Zahlungsstrom der Leasingfinanzierung klar machen. Versuchen Sie einmal, den Zahlungsstrom auf der folgenden Seite darzustellen.

Bei unserer Beispielfinanzierung bringt der Autokäufer zunächst einen Betrag von 6.000 € als Eigenleistung auf. Es verbleibt also ein zu finanzierender Betrag von 30.000 € abzüglich 6.000 €. Das heißt, zu Beginn der Finanzierung hat der Kunde einen Liquiditätszufluss von 24.000 €. Im Gegensatz zu einem normalen Darlehen erhält er diesen Vorteil allerdings nicht als Barauszahlung, sondern in Form des geleasten Fahrzeugs.

Im Anschluss daran zahlt der Kunde monatliche Raten an die Leasinggesellschaft. Nach 3 Jahren übernimmt er das Fahrzeug zu dem vertraglich vereinbarten Restwert. Die genannten Zahlungen können leicht im Taschenrechner erfasst werden.

Berechnung

Eingabe	Display	Erklärung
12 P/YR	P/YR 12,00	Das Darlehen wird in 12 Jahresraten zurückgezahlt.
3 xP/YR	N 36,00	Die Laufzeit des Leasingvertrages beträgt 3 Jahre.
24000 PV	PV 24.000,00	Zu Vertragsbeginn fließt dem Leasingnehmer ein Liquiditätsvorteil von 24.000 € in Form des Pkw zu.
400 +/– PMT	PMT – 400,00	Während der Laufzeit des Leasingvertrages zahlt der Kunde eine monatliche Leasingrate von 400 €.
15000 +/– FV	FV – 15.000,00	Am Ende der Vertragslaufzeit übernimmt der Kunde das Fahrzeug zum vereinbarten Restwert von 15.000 €.
I/YR	I/YR NOM% 9,08	Ermittlung des Zinssatzes der Leasingfinanzierung.
EFF%	EFF% 9,47	Ermittlung des Effektivzinssatzes der Leasingfinanzierung.

Ergebnis: Die Finanzierung des Fahrzeugs über den Leasingvertrag kostet effektiv 9,47 Prozent Zins. Anhand dieses Zinssatzes kann eine Leasingfinanzierung mit einem Darlehen verglichen werden.

Test

Ein Autokäufer möchte sich ein Auto für 30.000 € kaufen. Folgendes Angebot konnte er sich einholen:

- Bankdarlehen über 5 Jahre:
  Preisnachlass beim Autohändler: 2.500 €
  Monatliche Rate: 550 €
- Finanzierung beim Autohändler über 36 Monate:
  Monatliche Rate: 850 €
  Preisnachlass beim Autohändler: 0 €
- Leasingfinanzierung über 48 Monate:
  Anzahlung: keine
  Monatliche Rate: 466 €
  Restwert nach 48 Monaten: 15.000 €
  Preisnachlass beim Autohändler: 0 €

Vergleichen Sie die 3 Angebote!

STOPP

Versuchen Sie erst alleine das Ergebnis zu ermitteln. Nur durch Übung der verschiedenen Themen des Buches erreichen Sie das bestmögliche Ergebnis.

Bankdarlehen:

Eingabe	Display	Erklärung
12 P/YR	P/YR 12,00	Monatliche Ratenzahlung.
5 xP/YR	N 60,00	Das Bankdarlehen hat eine Laufzeit von 5 Jahren.
27500 PV	PV 27.500,00	Nach dem Preisnachlass muss der Käufer nur noch einen Betrag von 27.500 € finanzieren.
550 +/– PMT	PMT – 550,00	Monatlich zahlt der Darlehensnehmer 550 € an die Bank zurück.
0 FV	FV 0,00	Nach 5 Jahren soll keine Restschuld mehr vorhanden sein.
I/YR	I/YR NOM% 7,42	Berechnung des nominalen Zinses.
EFF%	EFF% 7,68	Umrechnung in den effektiven Zins.

Finanzierung beim Autohändler:

Eingabe	Display	Erklärung
12 P/YR	P/YR 12,00	Monatliche Zahlung der Rate.
36 N	N 36,00	Die Laufzeit beträgt 36 Monate.
30000 PV	PV 30.000,00	Zu Beginn bekommt er das Auto im Wert von 30.000 €.
850 +/– PMT	PMT – 850,00	Monatlich zahlt der Autokäufer 850 € an den Autohändler.
0 FV	FV 0,00	Nach 36 Monaten soll das Auto vollständig abbezahlt sein.
I/YR	I/YR NOM% 1,29	Der nominale Zins des Autohändlers beträgt 1,29 %.
EFF%	EFF% 1,30	Umrechnung in den effektiven Zins.

Leasingfinanzierung:

Eingabe	Display	Erklärung
12 P/YR	P/YR 12,00	Monatliche Zahlungsweise der Leasingrate.
48 N	N 48,00	Die Laufzeit beträgt 48 Monate.
30000 PV	PV 30.000,00	Zu Beginn erhält der Leasingnehmer den Gegenwert des Autos gutgeschrieben.
466 +/– PMT	PMT – 466,00	Monatlich zahlt der Leasingnehmer eine Rate von 466 €.
15000 +/– FV	FV – 15.000,00	Der Restwert nach 48 Monaten beträgt 15.000 €.
I/YR	I/YR NOM% 7,99	Der nominale Leasingzins beträgt 7,99 %.
EFF%	EFF% 8,29	Umgerechnet beträgt der effektive Leasingzins 8,29 %.

Ergebnis: Die Finanzierung beim Autohändler ist die rentabelste Entscheidung. Hier zahlt der Autokäufer einen effektiven Zins von 1,3 Prozent. Bei der Bankfinanzierung zahlt er einen effektiven Zins von 7,68 Prozent und bei der Leasingfinanzierung von 8,29 Prozent.

Achtung

Zur Kontrolle, zum Vergleich und zur Übung rechnen Sie mit dem Beratungsrechner (www.beratungsrechner.de) nach. Die Beratungssoftware für Praktiker.

Teil 4

Verkaufsstrategien für Gewinner

Einleitung

Auf den vorangegangenen Seiten haben Sie die verschiedenen Möglichkeiten kennen gelernt, wie Sie mit einem einfachen finanzmathematischen Taschenrechner verschiedenste Fragestellungen rund um Anlageprodukte und Darlehen beantworten können.

In diesem Teil geht es nun darum, wie Sie den Taschenrechner im direkten Gespräch zum Nutzen Ihrer Kunden einsetzen können und dabei zusätzlich leichter mit ihnen ins Geschäft kommen. Ich präsentiere Ihnen auf den folgenden Seiten ein über viele Jahre sehr erfolgreich aufgebautes Seminar-Know-how. Jeden zweiten Monat publiziere ich neue Rechenbeispiele und Zahlenspielereien in meinem Beratungsbrief „finanzplanung konkret“. Für nähere Informationen zu „finanzplanung konkret“, besuchen Sie bitte www.finanzplan-verlag.de.

Nun jedoch wünsche ich viel Spaß beim Lesen und Lösen der folgenden Aufgaben. Sie werden feststellen: Je mehr Sie kreativ rechnen, desto leichter fällt es Ihnen und desto mehr Rechenbeispiele fallen Ihnen selbst ein. Sollten Sie spannende und interessante Rechenvarianten selbst entwickeln, freue ich mich, wenn Sie mir diese ebenfalls einmal per E-Mail zur Verfügung stellen.

Noch ein Hinweis: Ich habe die Beispiele oftmals so geschrieben, als wären Sie mein Kunde – oder so, als könnten Sie mein Kunde sein. Ich spreche also in der Sprache, wie Sie sprechen werden, wenn Sie mit einem Kunden oder Interessenten an einem Tisch sitzen.

Die Bank zum Reichtum (86.400 €)

Haben Sie es gelegentlich mit Kunden zu tun, die vom Reichtum träumen, aber selbst nicht bereit sind, etwas dafür zu tun oder aber gar nicht so recht wissen, wie sie den Weg zu Reichtum und finanziellem Erfolg gehen sollen.

Spielen Sie einmal mit Ihren Kunden das folgende Spiel:

Stellen Sie sich vor, jemand gibt Ihnen ein Bankkonto, auf dem jede Nacht um Null Uhr ein Betrag von 86.400 € gutgeschrieben wird. Über diesen Betrag können Sie am nächsten Tag vollkommen frei verfügen. Sie können damit tun, was Sie tun möchten. Es gibt nur eine einzige Einschränkung: Jeder Cent, den Sie nicht innerhalb von 24 Stunden abgehoben und genutzt haben, verfällt. Um 24 Uhr wird das Restguthaben vollständig gelöscht, Sie dürfen keinen Saldo mit in den nächsten Tag nehmen. Gleichzeitig wird Ihnen für den nächsten Tag wieder ein Betrag von 86.400 € gutgeschrieben.

Was würden Sie mit dem täglichen Guthaben von 86.400 € tun?

Alle, denen ich diese Frage bisher gestellt habe, antworten – was auf der Hand liegt – darauf einstimmig:

„Ich würde jeden einzelnen Cent abheben und nutzen."

Hätten Sie auch so geantwortet? Ich verrate Ihnen etwas: Sie haben eine solche Bank. Sie haben ein solches Konto. Doch viele von uns lassen jeden Tag einen großen Teil des Guthabens ungenutzt verfallen oder nutzen das Guthaben so, dass sie selbst nichts davon haben. Bei welcher besonderen Bank haben wir dieses wundersame Konto?

Es ist die Bank der ZEIT!

Wir bekommen jeden Tag 24 Stunden, das sind 1.440 Minuten oder 86.400 Sekunden Zeit geschenkt. Jeden Tag von neuem haben wir die Wahl, diese Zeit sinnvoll zu nutzen oder aber wertlos verstreichen zu lassen. Wir müssen uns für eine der beiden Alternativen entscheiden, nur eines können wir nicht, einen Teil aufsparen für den nächsten Tag.

Nicht anders ist es bei der Geldanlage und dem Vermögensaufbau. In diesem Bereich gibt es nur zwei Möglichkeiten, um zu Vermögen zu gelangen:

Viel Zeit mal wenig Geld oder wenig Zeit mal viel Geld!

Möchten Sie oder Ihre Kunden ein Vermögen aufbauen, haben Sie dazu nur zwei Möglichkeiten – vom Lottogewinn oder der Millionenerbschaft einmal abgesehen.

Sie können entweder:

- wenig Zeit und sehr viel Geld oder aber
- viel Zeit und weniger Geld einsetzen.

Was heißt das nun? Möchten Sie einen bestimmten Betrag durch Sparen ansammeln, können Sie entweder über lange Zeit einen kleinen Betrag regelmäßig sparen oder aber eine kurze Zeit lang regelmäßig einen sehr großen Betrag anlegen.

BEISPIEL

In einem Beratungsgespräch treffen Sie auf Vater und Sohn. Der Vater ist 50, der Sohn erst 20 Jahre alt. Beide haben das Ziel, bis zu ihrem 60. Lebensjahr durch monatliches Sparen ein Vermögen von einer Million Euro anzusparen. Beide möchten in einen erfolgreichen Aktienfonds einzahlen, der eine durchschnittliche jährliche Rendite von 10 Prozent erzielt.

Schätzen Sie einmal, wie hoch die monatlichen Sparleistungen von Vater und Sohn sein müssen.

Vater (10 Jahre Sparzeit): ________________

Sohn (40 Jahre Sparzeit): ________________

Rechnen Sie einmal nach:

Berechnung für den Vater

Eingabe	Display	Erklärung
12 P/YR	P/YR 12,00	12 Zahlungen jährlich werden durch den Kunden geleistet.
10 xP/YR	N 120,00	Der Vater hat noch 10 Jahre (120 Monate) Zeit, um sein Sparziel zu erreichen.
10 EFF%	I/YR NOM% 9,57	Der Effektivzins, der von der Fondsanlage erwartet wird, ist 10,0 %. Umrechnung und Anzeige des nominalen Zinses erfolgt automatisch.
0 PV	PV 0,00	Er leistet zu Beginn der Vertragslaufzeit keine Einmaleinzahlung.
1000000 FV	FV 1.000.000,00	Das Sparziel des Kunden ist es, ein Vermögen von 1.000.000 € anzusparen.
PMT	PMT – 5.003,41	Der Vater müsste monatlich einen betrag von 5.003,41 € einzahlen, damit er in 10 Jahren das gewünschte Vermögen von 1.000.000 € erreichen kann.

Berechnung für den Sohn (abgekürzter Lösungsweg)

Eingabe	Display	Erklärung
40 xP/YR	N 480,00	Der Sohn hat noch 40 Jahre (480 Monate) Zeit, um sein Sparziel zu erreichen.
PMT	PMT – 180,17	Er muss einen monatlichen Sparbeitrag von 180,17 € aufbringen, damit er in 40 Jahren das gewünschte Vermögen von 1.000.000 € erreichen kann.

Ergebnis Der Sohn hat auf Grund der viel längeren Sparzeit eine wesentlich geringere monatliche Sparrate aufzubringen als der Vater. Der Vater hat nur noch $\frac{1}{4}$ der Zeit zur Verfügung, die seinem Sohn noch bleibt, um das gewünschte Endvermögen zu erreichen. Doch es genügt nicht die vierfache Sparrate, um diesen Zeitnachteil auszugleichen, der Vater muss bereits mehr als das Zwanzigfache als Sparrate aufbringen, wenn er sein Ziel noch erreichen will.

Einfluss der Rendite

Auch die Rendite, die mit einer Anlage erzielt werden kann, hat erheblichen Einfluss auf das mögliche Sparergebnis. In der täglichen Praxis treffen Berater von Zeit zu Zeit auf Anleger, die lieber auf Nummer sicher anlegen und ihr Kapital zum Beispiel auf ein Sparbuch mit einer Verzinsung von unter 2 Prozent jährlich einzahlen. Eine Anlage mit dieser Verzinsung führt allerdings real sogar zu einem Kapitalverlust, da Inflation und Steuern auf die Zinserträge höher sind, als die Erträge selbst. Doch lassen Sie diese Einflüsse einmal außer Acht und betrachten nur einmal den Unterschied zu einer ertragreicheren Anlage, der sich bei dem Ergebnis einer solchen Anlage über einen langen Anlagezeitraum ergibt.

BEISPIEL

Nehmen Sie einmal an, Ihr Urgroßvater hätte vor 100 Jahren ein Kapital von 1000 Dollar angelegt. Dieses Kapital wurde bis heute nicht angerührt und hat sich mit Zins und Zinseszins vermehrt. Über welches Vermögen könnten Sie heute verfügen,

a) wenn Ihr Urgroßvater das Kapital auf Nummer sicher mit einer durchschnittlichen Verzinsung von 3 Prozent pro Jahr angelegt hätte?

b) wenn er das Kapital ertragreich mit einer durchschnittlichen Verzinsung von 10 Prozent pro Jahr angelegt hätte?

Sie rechnen nach:

Berechnung mit 3 Prozent Verzinsung

Eingabe	Display	Erklärung
1 P/YR	P/YR 1,00	Es handelt sich um eine Einmalanlage, mit jährlicher Zinsgutschrift.
100 xP/YR	N 100,00	Die Anlagedauer beträgt 100 Jahre.
3 I/YR	I/YR NOM% 3,00	Die Verzinsung betrug 3 % jährlich.
1000 +/– PV	PV – 1.000,00	Vor 100 Jahren wurden einmalig 1.000 $ investiert.
0 PMT	PMT 0,00	Es wurden keine zwischenzeitlichen Zahlungen geleistet.
FV	FV 19.218,63	Nach 100 Jahren ist das Vermögen auf eine Summe von 19.218,63 $ angewachsen.

Ergebnis: Nach einer Anlagedauer von 100 Jahren könnten Sie heute über ein Vermögen von rund 19.000 $ verfügen.

Berechnung mit 10 Prozent Verzinsung

Sie benutzen auch hier die abgekürzte Berechnungsmethode und ändern nur die Angaben, die gegenüber der vorherigen Rechnung unterschiedlich sind.

Eingabe	Display	Erklärung
10 I/YR	I/YR NOM% 10,00	Die Verzinsung betrug 10,0 % jährlich.
FV	FV 13.780.612,35	Nach 100 Jahren ist das Vermögen auf eine Summe von 13.780.612,35 $ angewachsen.

Ergebnis: Durch die Anlage zu einer höheren Rendite hätte Sie Ihr Urgroßvater zum vielfachen Millionär machen können.

Fazit

Wer bei der Kapitalanlage über lange Laufzeiten immer auf Nummer sicher setzt, verliert auf Dauer ein Vermögen. Anstatt Kapital hinzu zu gewinnen spart der Anleger sich arm.

Die 2-Jahres-Regel

Im vorangegangenen Kapitel wurde bereits die Auswirkung von Zins und Zinseszins beschrieben. Wer früher beginnt, Kapital bei Seite zu legen, erreicht mühelos ein großes Vermögen, während Anleger, die erst später mit der Anlage beginnen, nur unter großen Anstrengungen in der Lage sind, Vermögen zu bilden.

Trotz dieser klaren Fakten neigen gerade Berufsanfänger dazu, zunächst einmal nicht zu sparen. Sie möchten erst einmal „das Leben genießen". Fast das gesamte Einkommen wird für den Konsum verwendet. Als Berater ist es sehr schwierig solche Kunden davon zu überzeugen, dass es besser ist, zunächst einmal noch einige Jahre sogar verstärkt zu sparen und sich erst dann die vielfältigen Konsumwünsche zu erfüllen.

Dabei ist es für den Anleger, der bisher noch nicht über ein hohes Einkommen verfügte, viel einfacher, noch eine Zeit lang mit geringeren Konsumausgaben zurecht zu kommen, da man sich noch nicht an das nun gestiegene Einkommen gewöhnt hat.

Als Berater können Sie solche Kunden leichter überzeugen, wenn Sie ihnen anhand eines einfachen Rechenbeispiels vor Augen führen, welches Vermögen aufgebaut werden kann, wenn der Kunde noch eine Zeit lang darauf verzichtet, übermäßig zu konsumieren, und einen großen Teil seines Einkommens spart.

BEISPIEL

Ihr Kunde Thomas K. (30 Jahre alt) hat gerade sein Studium abgeschlossen und eine gut bezahlte Beschäftigung aufgenommen. Sein monatliches Nettoeinkommen liegt bei 3.500 €. Rund 1.500 € benötigt er für den Lebensunterhalt (Miete, Auto etc.), den Rest seines Einkommens gibt er bisher für den Konsum aus. Sie möchten ihm demonstrieren, dass es für ihn auf Dauer der bessere Weg ist, wenn er die nächsten 2 Jahre auf einen Teil seiner Konsumwünsche verzichtet und spart.

Welches Vermögen kann Thomas K. erreichen, wenn er in den nächsten 2 Jahren jeden Monat 1.500 € spart und danach zu sparen aufhört? Er rührt das dann angesparte Kapital bis zu seinem 65. Lebensjahr nicht mehr an, sondern lässt sein Vermögen weiter wachsen. Wir unterstellen eine Verzinsung seines Kapitals von 10 Prozent.

Berechnung

Eingabe	Display	Erklärung
12 P/YR	P/YR 12,00	Thomas K. zahlt monatliche Sparraten.
2 xP/YR	N 24,00	2 Jahre (24 Monate) werden Sparraten eingezahlt.
10 EFF%	I/YR NOM% 9,57	Der Effektivzins beträgt 10 %. Direkte Umrechnung in den nominalen Zins.
0 PV	PV 0,00	Startkapital steht nicht zur Verfügung.
1500 +/– PMT	PMT – 1.500,00	Die monatliche Sparrate beträgt 1.500 €.
FV	FV 39.502,69	Nach 2 Jahren verfügt Thomas K. über ein Vermögen von 39.502,69 €.
+/– PV	FV – 39.502,69	Er legt diesen Betrag für die nächsten Jahre an.
33 xP/YR	N 396,00	Das eingezahlte Kapital wird für 33 Jahre (396 Monate) angelegt.

0 PMT	**PMT** **0,00**	Es werden keine weiteren Einzahlungen geleistet.
FV	**FV** **917.456,08**	Mit 65 kann Thomas K. mit einem Vermögen von 917.456,08 € in den Ruhestand gehen.

Ergebnis: Aus den 24 Monatsraten à 1.500 € – insgesamt eine Summe von 36.000 € – wird bis zum Rentenalter ein Vermögen von rund einer Million €.

Vergleichsberechnung, Sparbeginn 2 Jahre später

Der Sparbeginn ist 2 Jahre später und dann möchte Ihr Kunde Thomas K. monatlich regelmäßig bis zum 65. Lebensjahr sparen. Sie benutzen auch hier die abgekürzte Berechnungsmethode und ändern nur die Angaben, die gegenüber der vorherigen Rechnung unterschiedlich sind.

Eingabe	Display	Erklärung
33 xP/YR	**N** **396,00**	Es werden 33 Jahre lang Sparraten eingezahlt.
0 PV	**PV** **0,00**	Startkapital steht nicht zur Verfügung.
PMT	**PMT** **– 329,17**	Um zum gleichen Endergebnis zu gelangen, müsste Thomas K. vom 32. bis zum 65. Lebensjahr monatlich einen Betrag von 329,17 € sparen.

Summe der Einzahlungen: 329,17 € • 396 = 130.352,56 €

Ergebnis: Wartet Thomas K. noch 2 Jahre, bevor er zu sparen beginnt, muss er ein Vielfaches einzahlen, damit er das gleiche Sparergebnis erreichen kann. Der Konsum der ersten 2 Jahre kostet ihn unterm Strich:
130.352,56 € – 36.000 € = 94.352,56 €.

Die VIM-Formel

Viele Kunden haben sich schon lange überlegt, dass es sinnvoll ist zu sparen, nur angefangen hat damit noch kaum einer. Immer gibt es einen anderen Grund, warum man gerade jetzt nicht mit dem Sparen beginnen möchte, sondern erst noch ein paar Monate abwartet.

Diese Situation ist für den Berater besonders unbefriedigend. Nach einem eingehenden Beratungsgespräch erhält er Berater die Antwort, dass zwar alles richtig und gut ist, aber der Kunde leider zuerst noch einmal in Urlaub fahren möchte, bevor er zu sparen beginnt.

Wie soll man mit einem solchen Kunden umgehen? Einige Berater machen auf die gerade besonders guten Angebote aufmerksam, die vielleicht in einigen Monaten nicht mehr verfügbar sind, oder erinnern daran, dass gerade die ersten Einzahlungen in eine langfristige Anlage den höchsten Ertrag bringen. Doch Argumente allein überzeugen einen solchen Kunden nur sehr selten.

BEISPIEL

Nach einer umfangreichen Beratung haben Sie Ihre Kundin Sabine D. (20 Jahre) davon überzeugt, dass Sie bis zu ihrem 60. Lebensjahr leicht monatlich 200 € sparen kann und so ihre Altersvorsorge absichert. Doch zum Ende des Gesprächs kommt der von vielen Beratern gefürchtete Satz: „Na ja, aber zuerst möchte ich noch einen schönen Urlaub machen. Ich werde in einem halben Jahr noch einmal darüber nachdenken."

Der clevere Finanzberater begibt sich jetzt nicht in eine lange Diskussion, warum die Kundin unbedingt noch heute mit Sparen beginnen sollte. Er rechnet es einfach vor. Sie fragen: „Haben Sie eine Vorstellung, wie viel geringer Ihr Vermögen mit 60 ausfallen wird, wenn Sie noch 6 Monate abwarten? Wie viel geringer wird Ihr Vermögen für jeden Tag ausfallen, den Sie jetzt noch warten?"

Schätzen Sie einmal selbst?

Ihre Schätzung: ____________________ Vermögensdifferenz

Ihre Schätzung: ____________________ Kosten pro Tag Abwarten

Berechnung

Rechnen Sie auch hier einmal nach. Wir nehmen an, dass die Kundin bei der Anlage eine Rendite von 12 Prozent erzielen kann.

Eingabe	Display	Erklärung
12 P/YR	P/YR 12,00	Die Kundin will monatlich sparen.
40 xP/YR	N 480,00	Es werden 40 Jahre lang Sparraten eingezahlt.
12 EFF%	I/YR NOM% 11,39	Der Effektivzins beträgt 12 %. Direkte Umrechnung in den nominalen Zins.
0 PV	PV 0,00	Startkapital steht nicht zur Verfügung.
200 +/– PMT	PMT – 200,00	Die Kundin zahlt monatlich 200 €.
FV	FV 1.940.204,01	Nach 40 Jahren verfügt die Kundin über ein Vermögen von 1.940.204 €.

Beginnt die Kundin sofort zu sparen, kann sie mit 60 über ein Vermögen von 1.940.204 € verfügen. Wie viel weniger wird es sein, wenn sie noch 6 Monate wartet und insgesamt nur 39,5 Jahre spart?

Sie benutzen auch hier die abgekürzte Berechnungsmethode und ändern nur die Angaben, die gegenüber der vorherigen Rechnung unterschiedlich sind.

Eingabe	Display	Erklärung
39,5 xP/YR	**N 474,00**	Wartet die Kundin noch ein halbes Jahr, verbleiben ihr zum Sparen noch 474 Monate.
FV	**FV 1.832.159,33**	Wenn die Kundin noch 6 Monate abwartet, erreicht sie noch ein Endvermögen von 1.832.159,33 €.

Ergebnis: Wartet die Kundin 6 Monate, ehe sie zu sparen beginnt, erreicht sie nur ein Endvermögen von 1.832.159,33 €. Das sind 1.940.204,01 – 1.832.159,33 = 108.044,68 € weniger, als wenn sie sofort zu sparen beginnt. Das macht pro Tag, den die Kundin wartet, 108.044,68 € / 180 = 600 €.

Nach dieser kleinen Musterrechnung bietet sich die Frage an, ob der Kundin ihr Urlaub, oder eine andere geplante Anschaffung wirklich eine Summe von über 100.000 € wert ist. Wenn Sie möchten, können Sie der Kundin natürlich auch anbieten, in einem halben Jahr noch einmal zu einem Gespräch vorbeizukommen. Allerdings nicht ohne den Hinweis, dass sie dann bereits 180 • 600 € verloren hat.

Der richtige Einstiegszeitpunkt

Zu den häufigsten Fragen, die Kunden ihrem Finanzberater bei der Empfehlung zur Anlage in Aktienfonds stellen, ist die Frage nach dem richtigen Timing. Viele Berater können die Frage, ob nun auch wirklich der richtige Zeitpunkt für den Einstieg sei, vermutlich nicht mehr hören.

Die Antwort ist einfach: Für die langfristige Anlage in Aktienfonds gibt es keinen richtigen oder falschen Zeitpunkt. Viel wichtiger ist, dass der Anleger eine langfristige Anlage seiner Mittel plant und nicht frühzeitig oder übereilt seine Fondsanteile wieder verkaufen muss. Selbst wenn eine Anlage zunächst einmal für einige Jahre im Wert sinkt, beeinflusst das die Rendite einer langfristigen Investition nur wenig, wenn der Wert der Anlage in den folgenden Jahren im Wert steigt.

BEISPIEL

Einer Ihrer Kunden hat einen Aktienfondssparplan abgeschlossen. Die ursprünglich geplante Investitionsdauer war 35 Jahre. Nun sind die ersten 3 Jahre vergangen. Die Wertentwicklung des Fonds in dieser Zeit:

1. Jahr: – 20 Prozent
2. Jahr: – 30 Prozent
3. Jahr: – 50 Prozent

Was sollten Sie diesem Kunden raten. Empfehlen Sie ihm, weiter zu sparen, oder raten Sie zum Ausstieg?

Wie hoch ist die Rendite des gesamten Sparplans, wenn sich der Fonds in den verbleibenden 32 Jahren mit + 10 Prozent pro Jahr entwickelt?

Schätzen Sie einmal selbst: ____________________________

Berechnung

Eingabe	Display	Erklärung
12 P/YR	P/YR 12,00	Der Kunde zahlt monatlich eine Sparrate.
1 xP/YR	N 12,00	Die erste Berechnungsdauer beträgt ein Jahr.
20 +/– EFF%	I/YR NOM% – 22,11	Der effektive Zins im ersten Jahr beträgt –20 %, umgerechnet –22,11 % nominaler Zins.
0 PV	PV 0,00	Es wird keine Einmalanlage getätigt.
100 +/– PMT	PMT – 100,00	Der Kunde spart monatlich einen bestimmten Betrag. Wir nehmen hier 100 €.
FV	FV 1.085,57	Nach dem ersten Jahr hat das Depot einen Wert von 1.085,57 €.
+/– PV	PV – 1.085,57	Der Endbestand nach dem ersten Jahr wird als Anfangsbestand des nächsten Jahres übernommen.
30 +/– EFF%	I/YR NOM% – 35,14	Im 2. Jahr fallen die Kurse um 30 %. Dieser effektive Zins wird direkt in den nominalen umgerechnet und angezeigt.

FV	**FV** **1.784,30**	Ermittlung des Depotstands nach dem 2. Jahr.
+/– PV	**PV** **– 1.784,30**	Der Betrag wird als Anfangsbestand für das 3. Jahr übernommen.
50 +/– EFF%	**I/YR NOM%** **– 67,35**	Im 3. Jahr fallen die Kurse um 50 %. Auch dieser effektive Zins wird direkt in den nominalen umgerechnet.
FV	**FV** **1.783,01**	Depotbestand nach dem 3. Jahr.
+/– PV	**PV** **– 1.783,01**	Der Betrag wird als Anfangsbestand für die nächsten Jahre übernommen.
32 xP/YR	**N** **384,00**	Ab jetzt läuft die Anlage noch 32 Jahre.
10 EFF%	**I/YR NOM%** **9,57**	Die Anlage steigt um durchschnittlich 10 % pro Jahr. Es wird direkt in den nominalen Zins umgerechnet.
FV	**FV** **289.883,55**	Ermittlung des Vermögens am Ende des Sparplans.

Zwischenergebnis: Bis jetzt wurde das Endkapital des beschriebenen Sparplans ermittelt. Im nächsten Schritt muss die Rendite über die gesamte Sparzeit ausgerechnet werden. Mit den bis jetzt ermittelten Zwischenergebnissen ist das keine Schwierigkeit mehr.

Eingabe	Display	Erklärung
35 xP/YR	**N** **420,00**	Die gesamte Laufzeit der Anlage beträgt 35 Jahre.
0 PV	**PV** **0,00**	Zu Beginn der Anlage wurde kein Startkapital eingezahlt.
I/YR	**I/YR NOM%** **8,94**	Der Nominalzins der Anlage beträgt 8,94 %.
EFF%	**EFF%** **9,32**	Effektiv hat die Anlage einen Zins von 9,32 % erzielt.

Ergebnis: Trotz dreier extrem schlechter Jahre zu Beginn der Anlage hat sich die Rendite der Gesamtanlage nur wenig verschlechtert. Sollte ein Kunde also angesichts eines kurzfristigen Kursrückgangs verunsichert sein, zeigt diese Berechnung leicht, dass ein langfristiger Sparplan davon auf die Gesamtlaufzeit gesehen nur unwesentlich beeinträchtigt wird.

Vorsicht vor kurzfristiger Gier!

Gefährlich für den Anleger wird es, wenn sie versuchen möchten, kurzfristig ein enormes Vermögen aufzubauen. Anleger, die kurzfristig ihre Gier nach schnellem Gewinn nicht unter Kontrolle haben, können erhebliche Verluste erleiden.

Gerade in der Boomphase in den Jahren 1999 und 2000, also auch nach dem Börsengang der Telekom, der das Thema Aktien vielen Menschen näher brachte, wollten viele Kleinanleger nur eins: in möglichst kurzer Zeit reich werden.

Wer jedoch an der Börse kurzfristig ein Vermögen machen möchte, läuft Gefahr, sich große Verluste einzuhandeln.

BEISPIEL

Ein Anleger zahlt monatlich in einen Aktienfondssparplan. Nach 5 Jahren möchte er seine Fondsanteile verkaufen. In den ersten 4 Jahren steigt der Fonds mit 10 Prozent jährlich. Im letzten Jahr allerdings sinkt der Wert der Fondsanteile, während der Anleger weiter in den Sparplan einzahlt, um 20 Prozent. Welche Rendite hat der Anleger über die Sparzeit von 5 Jahren erwirtschaftet?

+/- Berechnung

Eingabe	Display	Erklärung
12 P/YR	P/YR 12,00	Der Kunde zahlt monatlich eine Sparrate ein.
4 xP/YR	N 48,00	Die erste Berechnungsperiode dauert 4 Jahre.
10 EFF%	I/YR NOM% 9,57	Der Effektivzins im ersten Jahr beträgt 10 %. Der umgerechnete nominale Zins wird angezeigt.
0 PV	PV 0,00	Es wird keine Einmalanlage eingezahlt.
100 +/– PMT	PMT – 100,00	Der Kunde spart monatlich einen bestimmten Betrag. Wir nehmen hier 100 € an.
FV	FV 5.820,06	Nach dem 4. Jahr hat das Depot einen Wert von 5.820,06 €.
+/– PV	PV – 5.820,06	Der Endbestand wird als Anfangsbestand des nächsten Jahres übernommen.
1 xP/YR	N 12,00	Im letzten Jahr müssen Sie mit der negativen Wertentwicklung rechnen.
20 +/– EFF%	I/YR NOM% – 22,11	Im 5. Jahr fallen die Kurse um 20 %. Der nominale Zins wird angezeigt.
FV	FV 5.741,62	Ermittlung des Depotstands nach dem 5. Jahr.
5 xP/YR	N 60,00	Die Laufzeit der Gesamtanlage beträgt 5 Jahre.
0 PV	PV 0,00	Es wurde keine Anfangszahlung geleistet.
I/YR	I/YR NOM% – 1,80	Ermittlung des Nominalzinses.
EFF%	EFF% – 1,79	Ermittlung der Effektivrendite.

Ergebnis: Die kurzfristige Gier nach Gewinn hat dem Anleger nichts als Verluste eingebracht.

Noch einmal zum Vergleich: Der Anleger, der langfristig investiert wird von einem anfänglichen Kursrückgang nur wenig betroffen (vgl. Kapitel „Der richtige Einstiegszeitpunkt"). Selbst drei extrem schlechte Jahre zu Beginn der langfristigen Anlage können hier die Rendite der Gesamtanlage nur wenig verringern.

Doch wie sieht die Rendite einer langfristigen Anlage aus, wenn die Anlage in den ersten Jahren im Wert steigt und wie im vorigen Beispiel im letzten Jahr die Kurse einbrechen?

BEISPIEL

Unser Anleger zahlt wiederum monatlich in einen Aktienfondssparplan ein. Dieses Mal möchte er allerdings insgesamt 30 Jahre sparen.

In den ersten 29 Jahren steigt der Fonds mit 10 Prozent jährlich. Im letzten Jahr allerdings sinkt der Wert der Fondsanteile während der Anleger weiter in den Sparplan einzahlt um 20 Prozent.

Welche Rendite hat der Anleger über die Sparzeit von 30 Jahren erwirtschaftet?

Berechnung

Eingabe	Display	Erklärung
12 P/YR	P/YR 12,00	Der Kunde zahlt monatlich eine Sparrate ein.
29 xP/YR	N 348,00	Die erste Berechnungsperiode dauert 29 Jahre.
10 EFF%	I/YR NOM% 9,57	Der Effektivzins im ersten Jahr beträgt 10 %. Der nominale Zins wird direkt berechnet und angezeigt.
0 PV	PV 0,00	Es wird keine Einmalanlage geleistet.
100 +/– PMT	PMT – 100,00	Der Kunde spart monatlich einen bestimmten Betrag. Wir nehmen hier 100 € an.
FV	FV 186.391,16	Nach 29 Jahren hat das Depot einen Wert von 186.391,16 €.
+/– PV	PV – 186.391,16	Der Endbestand wird als Anfangsbestand des nächsten Jahres übernommen.
1 xP/YR	N 12,00	Im letzten Jahr müssen Sie mit der negativen Wertentwicklung rechnen.
20 +/– EFF%	I/YR NOM% – 22,11	Im letzten Jahr fallen die Kurse um 20 %. Der nominale Zins wird angezeigt.
FV	FV 150.198,50	Ermittlung des Depotstands nach dem letzten Jahr.
30 xP/YR	N 360,00	Die Laufzeit der Gesamtanlage ist 30 Jahre.
0 PV	PV 0,00	Es wurde keine Anfangszahlung geleistet.
I/YR	I/YR NOM% 8,04	Ermittlung des Nominalzinses.
EFF%	EFF% 8,34	Ermittlung des Effektivzinses.

Ergebnis: Ein Verlust im letzten Jahr eines Sparplans trifft auch den Anleger, der langfristig investiert hat, stärker als Verluste zu Beginn eines Sparplanes. Im Gegensatz zu kurzfristig orientierten Anlegern verbleiben langfristigen Sparern aber trotz starker Verluste zum Ende der Anlagedauer noch ansehnliche Renditen. Mit steigender Anlagedauer sinkt für den Anleger das Risiko, dass sich die Anlage zu einem realen Verlust entwickelt.

Vom Ursprung mit Gurus und ihren Versprechen

In der Zeit des Börsenbooms konnte es einem Berater passieren, dass Kunden alle guten Ratschläge mit dem Argument verworfen haben:

„Das ist mir alles viel zu langweilig.
Ich habe da kürzlich gelesen, man könne sein Kapital leicht in wenigen Jahren verdoppeln. Was sind schon die 10 Prozent Rendite jährlich, von denen Sie bei einer Fondsanlage sprechen."

Über die hohen Risiken kurzfristiger Anlagen haben Sie bereits oben gelesen. Der Vergleich mit einer langfristigen Kapitalanlage hilft hier, dem Kunden zunächst einmal den Unterschied zwischen Spekulation und Kapitalanlage zu verdeutlichen.

BEISPIEL

Doch rechnen Sie einfach einmal nach, welche durchschnittlichen Renditen der Kunde mit seiner Anlage erzielen muss, wenn er sein Kapital mit einer einmaligen Anlage zum Beispiel alle 4 Jahre verdoppeln will.

Wie würden Sie vorgehen?

Versuchen Sie zunächst einmal selbst eine Lösung zu finden.

Notieren Sie dazu Ihre Lösungsschritte.

Berechnung

Eingabe	Display	Erklärung
1 P/YR	P/YR 1,00	Es handelt sich um eine Einmalanlage.
4 xP/YR	N 4,00	Die Anlagedauer beträgt 4 Jahre.
1 +/– PV	PV – 1,00	Am Anfang der Anlagedauer zahlt der Kunde einen Betrag von 1 € ein.
0 PMT	PMT 0,00	Während der Laufzeit der Anlage werden keine weiteren Zahlungen geleistet.
2 FV	FV 2,00	Am Ende der Anlagedauer erhält der Kunde das doppelte seiner Einzahlung zurück.
I/YR	I/YR NOM% 18,92	Der Kunde muss während der gesamten Anlagedauer einen durchschnittlichen Zins von 18,92 % pro Jahr erzielen.

Ergebnis: Die Chance, eine Anlageform auszuwählen, bei der durchschnittlich fast 19 Prozent Rendite über mehrere Jahre erzielt werden, ist vergleichsweise gering. Wenn überhaupt, ist das nur mit spekulativen Anlageformen möglich, bei denen auch das Verlustrisiko entsprechend mit ansteigt.

Rechnen Sie mit Ihrem Kunden einmal durch, was von seiner Kapitalverdopplung übrig bleibt, wenn er zwar in den ersten 3 Jahren eine Rendite von 19 Prozent erreicht, aber im letzten, dem 4. Anlagejahr, einen Verlust von 20 Prozent hinnehmen muss.

Versuchen Sie auch hier zunächst einmal selbst eine Lösung zu finden. Notieren Sie dazu Ihre Lösungsschritte.

Berechnung

Eingabe	Display	Erklärung
1 P/YR	P/YR 1,00	Es handelt sich um eine Einmalanlage.
3 xP/YR	N 3,00	Die erste Berechnungsperiode dauert 3 Jahre.
19 I/YR	I/YR NOM% 19,00	In dieser Zeit wird ein Zins von 19 % p. a. erzielt.
1 +/– PV	PV – 1,00	Am Anfang der Anlagedauer zahlt der Kunde einen Betrag von 1 € ein.
0 PMT	PMT 0,00	Während der Laufzeit leistet der Kunde keine weiteren Zahlungen.
FV	FV 1,69	Nach 3 Jahren verfügt der Kunde über das 1,69-fache seines Vermögens.
+/– PV	PV – 1,69	Dieser Betrag wird als Ausgangssumme für die Berechnung des letzten Anlagejahres übernommen.
1 xP/YR	N 1,00	Die letzte Berechnungsperiode dauert ein Jahr.
20 +/– I/YR	I/YR NOM% – 20,00	Die Wertminderung beträgt –20 %.
FV	FV 1,35	Nach 4 Jahren verfügt der Anleger über das 1,35-fache seines Vermögens.
4 xP/YR	N 4,00	Die gesamte Anlagedauer betrug 4 Jahre.
1 +/– PV	PV – 1,00	Zu Beginn zahlte der Kunde den Betrag von 1 € ein.
I/YR	I/YR NOM% 7,75	Über die gesamte Laufzeit hat der Kunde einen Zins von 7,75 % erzielt.

Ergebnis: Von der angestrebten Verdopplung des Kapitals ist der Anleger nach 4 Jahren noch weit entfernt, wenn nur das letzte Anlagejahr nicht so verläuft, wie er es eingeplant hat. Er hat „gerade einmal" 35 Prozent Kapital hinzugewonnen. Das entspricht einer durchschnittlichen Rendite von 7,75 Prozent für die gesamte Anlagedauer von 4 Jahren und ist weit von den für eine Kapitalverdopplung notwendigen rund 19 Prozent Rendite entfernt.

Ablaufmanagement

Unter Ablaufmanagement von Fondsanlagen versteht man die (teilweise) Umschichtung einer Anlage von chancenreichen aber auch schwankungsanfälligen Aktienanlagen zu weniger stark schwankenden festverzinslichen Anlagen.

Im Rahmen von fondsgebundenen Versicherungen bieten die Gesellschaften ihren Kunden an, diese Umschichtungen in den letzten Jahren vor dem Ablauf des Versicherungsvertrages automatisch durchzuführen. Bei der selbst verwalteten Fondsanlage ist es Sache des Kunden und seines Beraters, rechtzeitig in günstigen Zeiten einen Teil der Anlage oder die gesamte Anlage umzuschichten.

Die meisten Anleger und Berater haben zwar schon einmal gehört, dass es günstiger ist, zum Ende der Laufzeit weniger zu riskieren und sich mit einer um einige Prozentpunkte geringeren Rendite zufrieden zu geben, doch kaum jemand hat eine Vorstellung, wie sich der Unterschied real in Euro und Cent bemerkbar machen kann. Finanzberater, die gelernt haben zu rechnen, können dem Kunden die verschiedenen Möglichkeiten und Szenarien schnell vorrechnen und so überzeugende Argumente präsentieren, warum die Entscheidung für ein Ablaufmanagement sinnvoll ist.

Um den Effekt eines wirkungsvollen Ablaufmanagements zu demonstrieren, sind drei Szenarien zu berechnen:

1. eine Anlage ohne Ablaufmanagement, die bis zum Ende der Anlagedauer eine gleichmäßige Wertentwicklung aufweist. Das wäre für den Anleger der Optimalfall dessen, was er mit seiner Anlage erzielen kann.

2. eine Anlage ohne Ablaufmanagement, die zum Ende der Anlagedauer einen Kursrückgang verschmerzen muss. Das ist für den Anleger der Worst Case. Kurz vor Erreichen seines Ziels verliert er einen Teil seines Vermögens.
3. eine Anlage mit einem sinnvollen Ablaufmanagement, bei der zum Ende der Anlagedauer auf geringer rentierende, aber sicherere Anlageformen umgeschichtet wird.

BEISPIEL

Ihr Kunde möchte in den nächsten 30 Jahren monatlich einen Betrag von 200 € in einen Aktienfonds investieren. Für die Anlage in den Fonds unterstellen Sie eine durchschnittliche jährliche Wertsteigerung von 10 Prozent. Sie rechnen die folgenden drei Möglichkeiten mit dem Kunden nach:

1. Der Fonds erreicht die gesamten 30 Jahre eine durchschnittliche Wertsteigerung von 10 Prozent pro Jahr.
2. Der Fonds erreicht die ersten 28 Jahre eine durchschnittliche Wertsteigerung von 10 Prozent pro Jahr. In den letzten beiden Jahren verliert der Fonds allerdings pro Jahr 15 Prozent.
3. Der Fonds erreicht wiederum in den ersten 28 Jahren eine durchschnittliche Wertsteigerung von 10 Prozent pro Jahr. In den letzten beiden Jahren schichten Sie die Anlage in einen Rentenfonds um, der eine durchschnittliche jährliche Wertsteigerung von 5 Prozent erreicht.

Berechnung: 1. Möglichkeit

Eingabe	Display	Erklärung
12 P/YR	P/YR 12,00	Der Kunde zahlt monatliche Sparbeiträge.
30 xP/YR	N 360,00	Die gesamte Sparzeit beträgt 30 Jahre.

10 EFF%	**I/YR NOM%** **9,57**	Der effektive Zins beträgt 10 %. Direkte Umrechnung in den nominalen Zins.
0 PV	**PV** **0,00**	Der Kunde investiert keinen Einmalbeitrag zu Anlagebeginn.
200 +/– PMT	**PMT** **– 200,00**	Der Kunde zahlt monatlich 200 €.
FV	**FV** **412.568,66**	Nach 30 Jahren verfügt der Kunde über ein Vermögen von 412.568,66 €.

Berechnung: 2. Möglichkeit

Eingabe	Display	Erklärung
12 P/YR	**P/YR** **12,00**	Der Kunde zahlt monatliche Sparbeiträge ein.
28 xP/YR	**N** **336,00**	Während 28 Jahren verläuft die Entwicklung gleichmäßig.
10 EFF%	**I/YR NOM%** **9,57**	Der Effektivzins beträgt 10 %. Direkte Umrechnung in den nominalen Zins.
0 PV	**PV** **0,00**	Der Kunde investiert keinen Einmalbeitrag zu Anlagebeginn.
200 +/– PMT	**PMT** **– 200,00**	Der Kunde zahlt monatlich 200 €.
FV	**FV** **336.612,92**	Nach 28 Jahren verfügt der Kunde über ein Vermögen von 336.612,92 €.
+/– PV	**PV** **– 336.612,92**	Der Betrag wird als Anfangsbetrag für die Berechnung der letzten beiden Anlagejahre übernommen.
2 xP/YR	**N** **24,00**	Die Restlaufzeit beträgt 2 Jahre.
15 +/– EFF%	**I/YR NOM%** **– 16,14**	Der effektive Zins beträgt –15 %. Dieser wird direkt in den nominalen Zins umgerechnet.
FV	**FV** **247.328,63**	Nach 30 Jahren verfügt der Kunde über ein Vermögen von 247.328,63 €.

Berechnung: 3. Möglichkeit

Eingabe	Display	Erklärung
12 P/YR	P/YR 12,00	Der Kunde zahlt monatliche Sparbeiträge ein.
28 xP/YR	N 336,00	Während 28 Jahren verläuft die Entwicklung gleichmäßig.
10 EFF%	I/YR NOM% 9,57	Der Effektivzins beträgt 10 %. Direkte Umrechnung in den nominalen Zins.
0 PV	PV 0,00	Der Kunde investiert keinen Einmalbeitrag zu Anlagebeginn.
200 +/– PMT	PMT – 200,00	Der Kunde zahlt monatlich 200 € ein.
FV	FV 336.612,92	Nach 28 Jahren verfügt der Kunde über ein Vermögen von 336.612,92 €.
+/– PV	PV – 336.612,92	Der Betrag wird als Anfangsbetrag für die Berechnung der letzten beiden Anlagejahre übernommen.
2 xP/YR	N 24,00	Die Restlaufzeit beträgt 2 Jahre.
5 EFF%	I/YR NOM% 4,89	Der Effektivzins beträgt 5 %. Direkte Umrechnung und Anzeige des nominalen Zinses.
FV	FV 376.147,51	Nach 30 Jahren verfügt der Kunde über ein Vermögen von 376.147,51 €.

Die drei Varianten im Vergleich

	Möglichkeiten ohne Ablaufmanagement		Ablaufmanagement
	Optimalfall	Kurseinbruch in den letzten beiden Jahren	
Endvermögen	412.568,66 €	247.328,63 €	376.147,51 €
Nachteil gegenüber Optimalfall		165.240,03 €	36.421,15 €
Vorteil gegenüber Worst Case	165.240,03 €		128.818,88 €

Ergebnis: Entscheidet sich der Kunde für ein Ablaufmanagement, verliert er in unserem Beispiel gegenüber dem Optimalfall einen Betrag von knapp 37.000 €. Im Vergleich zu unserem Negativszenario steht er jedoch um einen Betrag von fast 129.000 € besser da. Unterstellen wir, dass bei einer Fortsetzung der ursprünglichen Anlage die beiden Möglichkeiten gleich wahrscheinlich sind, ist das Risiko, 129.000 € zu verlieren für den Kunden schwerwiegender als die Chance 37.000 € mehr an Vermögen aufzubauen. Die Entscheidung für ein Ablaufmanagement sollte jetzt leicht fallen.

Was Rauchen wirklich kostet

Welcher Berater kennt sie nicht, die Kunden, die nach langer Erläuterung, warum sie für die Altersvorsorge sparen müssen, erklären, dass sie leider kein Geld zum Sparen übrig haben und erst dann mit dem Sparen anfangen möchten, wenn sie monatlich einen Betrag von mindestens 100 oder 200 € entbehren können.

Nicht selten sind solche Kunden trotz allem begeisterte Raucher oder geben, wie eigentlich jeder, täglich einige Euro für andere nicht unbedingt notwendige Dinge aus. Wenn Ihnen Ihr Kunde mit der Zigarette im Mund erklärt, er könne nicht sparen, nehmen Sie ihn beim Wort und rechnen einmal mit ihm durch, wie viel er tatsächlich sparen kann, wenn er nur bereit ist, auf seine Zigaretten zu verzichten.

Die Rechnung, dass jeder Raucher unterm Strich mindestens einen sehr schönen Urlaub pro Jahr in blauem Dunst auflöst ist bekannt, doch spielen Sie das Beispiel einmal etwas anders und viel eindrucksvoller durch. Lassen Sie den Raucher das Geld, das normalerweise in Zigaretten verpufft, einfach einmal rentabel investieren.

BEISPIEL

Ein Kunde raucht täglich nur eine Packung Zigaretten im Wert von 4 €. Das macht bei 30 Tagen pro Monat immerhin schon 120 €.

Nehmen Sie an, unser Kunde hat im Alter von 15 Jahren mit dem Rauchen begonnen.

Über welches Vermögen könnte er wohl im Alter von 65 Jahren (zu Rentenbeginn) verfügen, wenn er anstatt zu rauchen monatlich nur 120 € in einen Aktienfonds eingezahlt hätte, der eine durchschnittliche Rendite von angenommen 8 Prozent pro Jahr erwirtschaftet?

Berechnung

Eingabe	Display	Erklärung
12 P/YR	P/YR 12,00	Der Kunde zahlt monatliche Sparbeiträge ein.
50 xP/YR	N 600,00	Mit 15 Jahren hat der Kunde noch 50 Jahre Zeit bis zu seinen Rentenbeginn.
8 EFF%	I/YR NOM% 7,72	Der Effektivzins beträgt 8 %. Direkte Umrechnung in den nominalen Zins.
0 PV	PV 0,00	Der Kunde investiert keinen Einmalbeitrag zu Anlagebeginn.
120 +/– PMT	PMT – 120,00	Der Kunde zahlt monatlich 120 € ein. Die Summe, die er sonst für Zigaretten ausgibt.
FV	FV 856.103,17	Mit 65 Jahren könnte der Kunde über ein Vermögen von über 856.000 € verfügen.

Ergebnis: Allein der Verzicht auf die Zigaretten könnte dem Kunden bis zum Rentenalter ein Vermögen von über 856.000 € einbringen. Dabei sind die regelmäßigen Preissteigerungen für Zigaretten noch nicht einmal berücksichtigt.

Auch für andere Kunden, die Ihnen erzählen, dass Sie nicht sparen können, eignet sich diese Berechnung hervorragend.

Fragen Sie diese Kunden einmal, ob sie es für möglich halten 4 € täglich bei Seite zu legen und bei ihren Ausgaben diese 4 € einzusparen. Fast jeder Kunde wird Ihnen darauf antworten, dass ihm dies ohne große Einschränkungen oder Verlust an Lebensqualität möglich ist. Wird diesen Kunden anschließend einmal demonstriert, was aus dieser geringen Einsparung im Laufe der Jahre werden kann, sucht der Kunde in der Regel selbst nach der Möglichkeit, mehr als diesen Betrag einzusparen und zu investieren.

Nun haben Sie bei unserem Raucher eben mit einer durchschnittlichen Rendite von 8 Prozent pro Jahr gerechnet. Schätzen Sie einmal, welches Vermögen unser jugendlicher Raucher erreichen kann, wenn er sich im Alter von 15 Jahren gut beraten lässt und eine Anlage wählt, die anstelle der oben angenommenen 8 Prozent Rendite eine durchschnittliche Rendite von 10 Prozent pro Jahr erzielt.

Ihre Schätzung: ______________________________

Berechnung

Eingabe	Display	Erklärung
12 P/YR	P/YR 12,00	Der Kunde investierte monatliche Sparbeiträge.
50 xP/YR	N 600,00	Mit 15 Jahren hat der Kunde noch 50 Jahre (600 Monate) Zeit bis zu seinen Rentenbeginn.
10 EFF%	I/YR NOM% 9,57	Der Effektivzins beträgt 10 %. Direkte Umrechnung in den nominalen Zins.

0 PV	PV 0,00	Der Kunde investiert keinen Einmalbeitrag zu Anlagebeginn.
120 +/– PMT	PMT – 120,00	Der Kunde zahlt monatlich 120 € ein. Die Summe, die er sonst für Zigaretten ausgibt.
FV	FV 1.751.524,50	Mit 65 Jahren könnte der Kunde über ein Vermögen von über 1.751.524,50 € verfügen.

Ergebnis: Wird der Kunde in seiner Jugend gut beraten, kann er allein durch den Verzicht auf die Zigarette bis zum Rentenalter Millionär werden.

Variation

In den vorigen Beispielen wurde auf Preissteigerungen von Zigaretten verzichtet. Doch gerade in den letzten Jahren konnte beobachtet werden, dass Zigarettenpreise aufgrund von Steuererhöhungen um Einiges gestiegen sind. Auch in den nächsten Jahren ist mit weiteren Preissteigerungen durch Inflation und Steuern zu rechnen. Nehmen wir an, dass sich der Zigarettenpreis je Schachtel jährlich um 3 Prozent erhöht. Der Raucher aus dem obigen Beispiel wird jedoch seinen Tabakgenuss nicht einschränken. Wie hoch ist dann das Vermögen, was sich in 50 Jahren in Luft auflöst? Nehmen Sie wiederum einen Zins von effektiv 10 Prozent an.

Eingabe	Display	Erklärung
12 P/YR	P/YR 12,00	Der Kunde investierte monatliche Sparbeiträge.
50 xP/YR	N 600,00	Mit 15 Jahren hat der Kunde noch 50 Jahre (600 Monate) Zeit bis zum Rentenbeginn.
10 EFF%	I/YR NOM% 9,57	Sie nehmen einen effektiven Zins von 10 % an. Direkte Umrechnung in den nominalen Zins.
0 PV	PV 0,00	Der Kunde zahlt keinen Einmalbeitrag zu Beginn.

120 +/– P/D	P/D – 120,00	Der Kunde zahlt/verraucht heute monatlich 120 €, welche sich durch jährliche Preissteigerungen erhöhen. Daher geben Sie den Betrag in P/D und nicht in PMT ein.
3 %D	%D 3,00	Sie gehen mit dem Kunden von Preissteigerungen bei Zigaretten von 3 % aus.
12 SHIFT %D	xD 12,00	Die Preissteigerungen sollen jährlich erfolgen, also alle 12 Monate. Dieser Schritt dient nur der Information und ist nicht dringend notwendig, da der Taschenrechner jährliche Steigerung als Standard gespeichert hat.
SHIFT P/D	P/DE – 510,75	Auch dieser Schritt dient der Information. Hier kann der Kunde sehen, wie hoch sein monatlicher Zigarettenkonsum im 64. Lebensjahr ist.
FV	FV 2.429.430,44	Ermittlung des Vermögens bei jährlichen Preissteigerungen.

Ergebnis: Bei Preissteigerungen fällt das „verrauchte Vermögen" noch drastischer aus. Der obige Kunde verraucht rund 2,4 Millionen €.

Was zwischenzeitliche Entnahmen wirklich kosten

Hat ein Kunde einige Jahre gespart und ein gewisses Vermögen aufgebaut, überkommt ihn häufig der Wunsch, die Anlage ganz oder zu einem Teil aufzulösen und „sich mal wieder was zu gönnen".

Diese Wünsche sind für Sparer das größte Hindernis beim Aufbau von Vermögen. Tritt ein Kunde mit dem Wunsch einer zwischenzeitlichen Entnahme an Sie heran, kann ihn die einfache Aussage, dass eine solche Entnahme ihn einen erheblichen Teil seines Ertrages kosten wird, meist nicht überzeugen.

In vielen Fällen lässt sich der Kunde dagegen leicht von Zahlen überzeugen. Rechnen Sie ihm einfach einmal vor, wie teuer die Erfüllung eines Wunsches den Kunden wirklich kommen wird. Die Ergebnisse einer solchen Berechnung sind für die meisten Kunden so erschreckend, dass die geplanten Entnahmen noch einmal überdacht werden.

Achtung

Zur Kontrolle, zum Vergleich und zur Übung rechnen Sie mit dem Beratungsrechner (www.beratungsrechner.de) nach. Die Beratungssoftware für Praktiker.

BEISPIEL

Eine Kundin hat mit 20 Jahren begonnen, monatlich einen Betrag von 200 € zu sparen. Diese Summe fließt in eine Anlage, die durchschnittlich eine Rendite von 10 Prozent pro Jahr erwirtschaftet. 10 Jahre nach dem Abschluss des Sparvertrages kommt diese Kundin nun mit dem Wunsch zu Ihnen, aus dem Sparvermögen eine Summe von 10.000 € für die Anschaffung neuer Möbel zu entnehmen.

Sie kennen Ihre Kundin und wissen, dass diese Anschaffung nicht unbedingt erforderlich ist. Doch von Argumenten lässt sie sich nicht überzeugen. Lassen Sie Zahlen sprechen.

Was kostet die zwischenzeitliche Entnahme, wenn Ihre Kundin ansonsten bis zum 60. Lebensjahr unverändert weiter spart?

Berechnung: 1. Sparplan ohne Entnahme

Eingabe	Display	Erklärung
12 P/YR	P/YR 12,00	Die Kundin investierte monatliche Sparbeiträge.
40 xP/YR	N 480,00	Die Kundin spart vom 20. bis zum 60. Lebensjahr.

10 EFF%	I/YR NOM% 9,57	Der effektive Zins beträgt 10 %. Direkte Umrechnung in den nominalen Zins.
0 PV	PV 0,00	Die Kundin investiert keinen Einmalbeitrag zu Anlagebeginn.
200 +/– PMT	PMT – 200,00	Die Kundin spart 200 € monatlich.
FV	FV 1.110.069,63	Mit 60 Jahren könnte die Kundin über ein Vermögen von über 1.110.069,63 € verfügen.

2. Möglichkeit: Die Kundin entnimmt nach 10 Jahren 10.000 €

Eingabe	Display	Erklärung
12 P/YR	P/YR 12,00	Die Kundin investiert monatliche Sparbeiträge.
10 xP/YR	N 120,00	Zunächst wird das Zwischenergebnis nach 10 Jahren Sparzeit ermittelt.
10 EFF%	I/YR NOM% 9,57	Der effektive Zins beträgt 10 %. Direkte Umrechnung in den nominalen Zins.
0 PV	PV 0,00	Die Kundin investiert keinen Einmalbeitrag zu Anlagebeginn.
200 +/– PMT	PMT – 200,00	Die Kundin spart 200 € monatlich.
FV	FV 39.972,77	Nach 10 Jahren verfügt die Kundin über ein Vermögen von 39.972,77 €.
– 10000 = +/– PV	PV – 29.972,77	Entnimmt sie nun 10.000 €, beginnt die 2. Berechnungsperiode mit einem Kontostand von 29.972,77 €.
30 xP/YR	N 360,00	Nach der Entnahme spart die Kundin noch 30 Jahre.
FV	FV 935.575,61	Im Alter von 60 Jahren könnte die Kundin nun über einen Betrag von 935.575,61 € verfügen.

Ergebnis:

Endvermögen ohne Entnahme	**1.110.069,63 €**
– Endvermögen mit Entnahme	**935.575,61 €**
Verlust durch die einmalige Entnahme von 10.000 e nach 10 Jahren	**174.494,02 €**

Durch die einmalige Entnahme zur Anschaffung neuer Möbel verliert die Kundin im Endergebnis eine Summe von 174.494,02 €. Diesen Betrag haben die Möbel die Kundin unter dem Strich tatsächlich gekostet.

Nur wenige Berater machen ihren Kunden auf diese Art und Weise deutlich, wie stark eine zwischenzeitliche Entnahme das Endergebnis einer Kapitalanlage beeinflusst. Dabei würden viele Kunden von Entnahmen absehen, wenn ihnen klar wäre, welche großen Verluste mit diesen Entnahmen tatsächlich verbunden sind.

Vorsorge von Geburt an: mit 1.000 € zur ersten Million

Fast alle Eltern möchten für die Zukunft ihrer Kinder vorsorgen. Doch kaum jemand tut das wirklich so effektiv, wie es möglich wäre. Kinder haben dabei älteren Sparer und Anlegern gegenüber einen unschätzbaren Vorteil. Sie verfügen über sehr viel Zeit, in der sie Kapital für sich arbeiten lassen können.

Viele Eltern denken zwar bereits bei der Geburt eines Kindes daran, Kapital für die Ausbildung der Kinder zurück zu legen, aber die wenigsten tun das wirklich konsequent. Der Grund dafür ist recht einfach. Nur selten zeigen Finanzberater ihren Kunden spielerisch in verschiedenen Variationen, welches Vermögen sie für ihre Kinder aufbauen können, wenn sie die Zeit nutzen.

Rechnen Sie doch einmal zusammen mit den Eltern nach, was sie schon mit einer einmaligen Anlage von nur 1.000 € bei der Geburt eines Kindes erreichen können.

BEISPIEL

Bei der Geburt des ersten Kindes möchten die jungen Eltern einen einmaligen Betrag von 1.000 € für das Kind anlegen. Das Kapital soll in eine Anlage eingezahlt werden, die eine durchschnittliche Rendite von 12 Prozent pro Jahr erzielt. Nehmen Sie an, das Kind lässt dieses Kapital unangetastet, bis es im Alter von 65 selbst in den Ruhestand geht. Welches Vermögen steht ihm dann zusätzlich für den Lebensabend zur Verfügung?

Berechnung

Eingabe	Display	Erklärung
1 P/YR	P/YR 1,00	Es handelt sich um eine Einmalanlage.
65 xP/YR	N 65,00	Die Anlagedauer beträgt 65 Jahre.
12 I/YR	I/YR NOM% 12,00	Der Zins der Anlage beträgt 12 %.
1000 +/– PV	PV – 1.000,00	Die Eltern legen einmalig 1.000 € für ihr Kind an.
0 PMT	PMT 0,00	Während der gesamten Laufzeit werden keine Zahlungen geleistet.
FV	FV 1.581.872,49	Im Alter von 65 verfügt das Kind allein aus dieser Anlage über ein Vermögen von 1.581.872,49 €.

Ergebnis: In 65 Jahren könnte das Kind über ein Vermögen von mehr als 1,5 Millionen € verfügen. Auch wenn Sie berücksichtigen, dass dieser Betrag in 65 Jahren durch Inflationseinflüsse wesentlich weniger Kaufkraft repräsentieren wird als heute, ist das bereits ein sehr guter Grundstock für ein gesichertes Leben.

Kindergeld & Fondssparen

Wie Sie bereits im vorigen Kapitel gelesen haben, können Sie für Ihre Kinder bereits mit einer sehr geringen einmaligen Anlage ein ansehnliches Vermögen aufbauen. Eltern, die bereit sind einen kleinen monatlichen Betrag zu sparen, können die Zukunft ihrer Kinder fast vollständig absichern.

Es kann auch im Gespräch mit dem Kunden gar nicht oft genug wiederholt werden, dass es für den Aufbau von Vermögen nur zwei Möglichkeiten gibt:

1. Über eine lange Zeit einen geringen Betrag regelmäßig zu sparen. Oder aber
2. Einen hohen Betrag über eine kurze Zeit regelmäßig anzulegen.

Kinder haben den Vorteil, dass sie noch über sehr viel Zeit verfügen, bis sie ihr Vermögen antasten müssen. Denken Eltern frühzeitig an den Vermögensaufbau für ihre Kinder, können sie einer zumindest finanziell sorgenfreien Zukunft entgegen sehen.

Die Mittel zum Aufbau des Vermögens für die Kinder müssen Eltern dabei nicht einmal selbst aufbringen. Es genügt, das staatliche Kindergeld oder sogar nur einen Teil davon für die Zukunft gut anzulegen.

Das Kindergeld für das erste Kind beträgt monatlich 164 €.

+/– Berechnung

Nehmen Sie einmal an, die Eltern möchten ihrem Kind ein Studium ermöglichen. Zu diesem Zweck legen sie bereits direkt nach der Geburt das monatliche Kindergeld von 164 € in einen Sparplan an. Der Sparplan erwirtschaftet eine durchschnittliche Rendite von 10 Prozent und wird bis zum 19. Lebensjahr des Kindes monatlich bespart.

1. Über welches Kapital kann das Kind zu Studienbeginn verfügen?
2. Welchen Betrag könnte das Kind aus diesem Kapital über 6 Jahre während seines Studiums monatlich entnehmen, wenn das Kapital in dieser Zeit mit einer Rendite von 5,5 Prozent pro Jahr angelegt ist?

3. Wie lange könnte sich das Kind aus diesem Kapital einen monatlichen Betrag von 1.000 € entnehmen?

Lesen Sie an dieser Stelle noch nicht weiter, sondern rechnen zuerst einmal selbst.

Berechnung 1: Kapitalbestand mit 19 Jahren:

Eingabe	Display	Erklärung
12 P/YR	P/YR 12,00	Es handelt sich um einen monatlichen Sparplan.
19 xP/YR	N 228,00	Die Anlagedauer beträgt 19 Jahre (228 Monate).
10 EFF%	I/YR NOM% 9,57	Der effektive Zins der Anlage beträgt 10 %. Direkte Umrechnung in den nominalen Zins.
0 PV	PV 0,00	Es wird keine Einmaleinzahlung zu Anlagebeginn geleistet.
164 +/– PMT	PMT – 164,00	Die monatliche Einzahlung beträgt 164 €.
FV	FV 105.216,24	Nach 19 Jahren kann das Kind über ein Vermögen von 105.216,24 € verfügen.

Ergebnis 1: Nur durch die Einzahlung des Kindergeldes kommt bis zum 19. Geburtstag des Kindes ein Vermögen von über 100.000 € zusammen.

Berechnung 2: Mögliche Entnahme während des Studiums

Sie verwenden sofort die Ergebnisse aus der vorherigen Rechnung.

Eingabe	Display	Erklärung
RCL FV	FV 105.216,24	Abrufen des Endergebnises des Sparplans (siehe oben).

+/– PV	**PV – 105.216,24**	Das Endvermögen wird als Anfangskapital des Entnahmeplans übernommen.
6 xP/YR	**N 72,00**	Die geplante Entnahmedauer (Studienzeit) beträgt 6 Jahre.
5,5 EFF%	**I/YR NOM% 5,37**	Während der Entnahmezeit soll ein Effektivzins von 5,5 % erwirtschaftet werden. Es wird direkt der umgerechnete Nominalzins angezeigt.
0 FV	**FV 0,00**	Nach der Studienzeit von 6 Jahren soll das Kapital aufgezehrt sein.
PMT	**PMT 1.712,42**	Während des Studiums könnte das Kind über monatlich 1.712,42 € verfügen.

Ergebnis 2: Das Vermögen würde ausreichen, um über 6 Jahre monatlich einen Betrag von 1.712 € zu entnehmen. Das Studium des Kindes ist damit finanziell gesichert.

Berechnung 3: Mögliche Entnahmezeit, Entnahmebetrag 1.000 € p. M.

Verwenden Sie unmittelbar die Ergebnisse aus der vorherigen Rechnung.

Eingabe	Display	Erklärung
1000 PMT	**PMT 1.000,00**	Der veränderte Entnahmebetrag wird vorgegeben.
N	**N 142,50**	Die Entnahmedauer (in Monaten) wird ermittelt.
RCL xP/YR	**x P/YR 11,88**	Umrechnung der Entnahmedauer in eine Jahresangabe.

Ergebnis 3: Einen Betrag von monatlich 1.000 € könnte das Kind während seiner Ausbildung über einen Zeitraum von 11 Jahren und 10 Monaten aus dem gesparten Vermögen beziehen.

BEISPIEL-VARIATION 1

Das Kind entnimmt ab dem 19. Lebensjahr monatlich 1.000 € vom Vermögen. Die geplante Studiendauer beträgt 4 Jahre. Das Vermögen soll jedoch sehr sicher bei effektiv 4 Prozent in festverzinsliche Wertpapiere angelegt werden. Welches Vermögen bleibt dem Kind noch am Ende des Studiums?

Berechnung Variation 1:

Eingabe	Display	Erklärung
12 P/YR	P/YR 12,00	Es soll eine monatliche Rente entnommen werden.
4 xP/YR	N 48,00	Die geplante Studiendauer/Entnahmezeit beträgt 4 Jahre.
4 EFF%	I/YR NOM% 3,93	Der effektive Entnahmezins beträgt 4 Prozent.
105 216,24 +/– PV	PV –105.216,24	Das Endvermögen des Sparplans wird als Anfangsvermögen des Entnahmeplans übernommen.
1 000 PMT	PMT 1.000,00	Monatlich werden 1.000 € entnommen.
FV	FV 71.202,94	Berechnung des verbleibenden Restvermögens.

Ergebnis Variation 1:
Das Kind kann nach den geplanten Entnahmen über ein Vermögen von noch rund 71.000 € verfügen. Entweder als guter Start für die eigene Altersvorsorge oder beispielsweise als Startkapital für die Gründung eines eigenen Unternehmens.

BEISPIEL-VARIATION 2

Benötigt das Kind keine Entnahmen während seiner Berufsausbildung, kann es das bis zum 19. Lebensjahr angesammelte Kapital als Basis für die eigene Altersvorsorge hervorragend verwenden.

Auch hier können Sie mit dem Kunden wiederum zwei verschiedene Szenarien durchspielen:

1. Das Kind kümmert sich ab dem 19. Lebensjahr nicht mehr um seine Altersvorsorge und lässt das bis dahin mit Hilfe des Kindergelds angesammelte Kapital einfach bis zum 65. Lebensjahr weiter für sich arbeiten.
2. Das Kind übernimmt den Sparplan und zahlt bis zum 65. Lebensjahr selbst noch einen Betrag von monatlich 200 € auf diesen Sparplan ein.

Sie berechnen mit den Eltern gemeinsam das mögliche Endvermögen für das Kind.

Rechnen Sie auch hier zunächst einmal mit 10 Prozent effektiver Rendite selbst, ohne auf die Lösungswege zu schauen. Erst wenn Sie selbst die Berechnung durchgeführt haben, schauen Sie sich unsere Lösungen an.

Berechnung: Variation 2

Das Kind kümmert sich ab dem 19. Lebensjahr nicht mehr um das Thema Vermögensaufbau:

Eingabe	Display	Erklärung
1 P/YR	P/YR 1,00	Vorgabe einer Zinsperiode pro Jahr. Es handelt sich hier um die Einmalanlage des vorhandenen Kapitals.
46 xP/YR	N 46,00	Die verbleibende Anlagelaufzeit beträgt 46 Jahre.
10 EFF%	I/YR NOM% 10,00	Der Effektivzins der Anlage soll 10 % betragen. Dieser ist aufgrund der jährlichen Zinsverrechnung gleich dem nominalen Zins.

105.216,24 +/– PV	PV – 105.216,24	Das Endvermögen des Sparplans wird als Anfangskapital der weiteren Berechnung übernommen.
0 PMT	PMT 0,00	Während der Laufzeit werden keine weiteren Einzahlungen geleistet.
FV	FV 8.436.188,89	Im Alter von 65 könnte das Kind über ein Vermögen von fast 8,5 Millionen € verfügen.

Ergebnis Variation 2:

Auch ohne weitere Einzahlungen zu leisten kann das Kind im Alter von 65 über fast 8,5 Millionen € verfügen. Genug Kapital, um einen gesicherten Ruhestand zu genießen. Allein die Sparsamkeit der Eltern genügt hier für die Altersvorsorge des Kindes.

Berechnung: Variation 3

Das Kind leistet selbst weitere Einzahlungen in den Sparplan:

Sie arbeiten wieder mit den Ergebnissen aus der vorherigen Rechnung.

Eingabe	Display	Erklärung
12 P/YR	P/YR 12,00	Umstellung des Rechners auf einen monatlichen Sparplan.
46 xP/YR	N 552,00	Die verbleibende Anlagelaufzeit beträgt 46 Jahre. Nach der Veränderung der unterjährigen Perioden muss die Laufzeit neu eingegeben werden.
10 EFF%	I/YR NOM% 9,57	Der Effektivzins der Anlage soll 10 % betragen. Direkte Umrechnung in den nominalen Zins.
200 +/– PMT	PMT – 200,00	Das Kind zahlt selbst monatlich 200 € in den Sparplan ein.
FV	FV 10.422.096,53	Im Alter von 65 könnte das Kind über ein Vermögen von rund 10,4 Millionen € verfügen.

Ergebnis Variation 3:
Durch eine zusätzliche monatliche Einzahlung von 200 € kann das Kind das Endvermögen, über das es im Alter von 65 Jahren verfügt, um rund 2 Millionen € erhöhen.
Sie sehen, die laufenden Einzahlungen ab dem 20. Jahr erhöhen das Anlageergebnis bei weitem nicht mehr so stark, wie viele Leser wahrscheinlich vermutet haben. Den größten Einfluss auf die Höhe des Endvermögens haben die ersten Zahlungen. Mit diesem Kapital nutzen Sparer den Zinseszins-Effekt am besten aus.

Achtung

Zur Kontrolle, zum Vergleich und zur Übung rechnen Sie mit dem Beratungsrechner (www.beratungsrechner.de) nach. Die Beratungssoftware für Praktiker.

Aktienchancen – Wo steht der Dow Jones in 100 Jahren?

Jeder kennt die Kursprognosen, die in regelmäßigen Abständen von allen Börsenexperten abgegeben werden. Von einer kurzfristigen Prognose nimmt dabei keiner Notiz, diese Vorhersagen finden sich fast täglich in der einschlägigen Presse.

Doch vor zehn Jahren schaffte es ein altbekannter Börsenguru und Namensgeber einer gleichlautenden Fondsgesellschaft mit einer Kursprognose eine dicke Schlagzeile im Handelsblatt zu produzieren. Seine Aussage: „In 100 Jahren wird der Dow Jones bei 1.000.000 Punkten stehen." Fachleute und Laien bestaunten den Mut dieser Aussage, Journalisten machten eine Schlagzeile daraus.

Doch war diese Aussage wirklich so mutig, wie es zunächst einmal den Anschein hatte?

BEISPIEL

Im Jahr 1999 schwankte der Dow Jones zwischen etwa 9.000 und 11.500 Punkten. Rechnen Sie doch einfach einmal nach, von welcher Rendite dieser Börsenguru ausgegangen ist, als er seine Kursprognose stellte. In der Berechnung gehen wir von 10.000 Punkten im Dow Jones aus.

Rechnen Sie auch hier zuerst selbst, bevor Sie sich den Rechenweg anschauen.

Berechnung

Eingabe	Display	Erklärung
1 P/YR	**P/YR 1,00**	Es geht um die Rendite einer einmaligen Zahlung/ Wertekombination.
100 xP/YR	**N 100,00**	Der gesamte Betrachtungszeitraum beträgt 100 Jahre.
10000 +/– PV	**PV – 10.000,00**	Im Jahre 1999 stand der Dow Jones bei 10.000 Punkten. Diesen Punktestand erfassen Sie als Einzahlung.
0 PMT	**PMT 0,00**	Während der Laufzeit erfolgen keine Zahlungen.
1000000 FV	**FV 1.000.000,00**	Nach 100 Jahren soll der Dow Jones bei 1.000.000 Punkten stehen.
I/YR	**I/YR NOM% 4,71**	Ermittlung der Rendite.

Ergebnis: Bei seiner Kursprognose legte der Börsenguru eine durchschnittliche Rendite von 4,71 Prozent pro Jahr zu Grunde. Diese Zahl erscheint nicht besonders hoch.
Zum historischen Vergleich ziehen Sie die Daten der vergangenen 100 Jahre hinzu. Am 2.1.1909 schloss der Dow Jones bei einem Stand von 63 Punkten, 100 Jahre später, am 2.1.2009, bei 9.035 Punkten. Sie berechnen die Rendite, die der Dow Jones in den letzten 100 Jahren aufwies. Notieren Sie selbst die Berechnungsschritte.

Berechnung

Eingabe	Display	Erklärung
1 P/YR	P/YR 1,00	Es geht um die Rendite einer einmaligen Zahlung/ Wertekombination.
100 xP/YR	N 100,00	Der gesamte Betrachtungszeitraum beträgt 100 Jahre.
63 +/– PV	PV – 63,00	Im Jahre 1909 stand der Dow Jones bei 63 Punkten. Diesen Punktestand erfassen Sie als Einzahlung.
0 PMT	PMT 0,00	Während der Laufzeit erfolgen keine Zahlungen.
9035 FV	FV 9.035,00	100 Jahre später stand der Dow Jones bei 9.035 Punkten.
I/YR	I/YR NOM% 5,09	Ermittlung des Zinssatzes.

Ergebnis: Selbst in den vergangenen 100 Jahren, in denen der Dow Jones von mehreren schweren Kursrückgängen und Crashs betroffen war (1929, 1987, 1989 etc.), erzielte der Index noch eine durchschnittliche Performance von 5,09 Prozent pro Jahr.

Fazit

Der Börsenguru ist mit seiner Prognose ***kein*** *Risiko eingegangen. Er unterstellte eine durchschnittliche Wertsteigerung, die noch unter der Wertsteigerung der von einigen schweren Crashs erschütterten vergangenen 100 Jahre liegt.*

Cost Average in der Praxis – einmal zum Nachrechnen!

Fast jeder Berater und interessierte Anleger hat schon einmal vom so genannten Cost Average-Effekt gehört. Kaum jemand hat diesen Effekt aber einmal nachgerechnet und sich klar gemacht, wie groß die Auswirkungen dieses Effektes für den Anleger sein können.

Der Cost Average-Effekt oder Durchschnittskosteneffekt tritt bei Fondssparplänen auf, bei denen ein Anleger unabhängig vom aktuellen Preis der Fondsanteile regelmäßig für einen festen Betrag Fondsanteile erwirbt. Das führt dazu, dass bei sinkenden Anteilspreisen mehr Anteile gekauft werden als bei steigenden. Durch die höhere Anzahl gekaufter Anteile bei niedrigen Anteilspreisen verbilligt sich der durchschnittliche Einstandpreis des Anlegers.

Der Cost Average-Effekt führt so bei Fondssparplänen dazu, dass Anleger, die gleichbleibende Beträge sparen, automatisch antizyklisch, also entgegen der Marktbewegung, investieren. Bei steigenden Kursen erwerben sie weniger Anteile, während sie bei fallenden Kursen automatisch mehr Anteile kaufen.

Durch die Verbilligung des Einstandspreises bei fallenden Kursen können Anleger das Ergebnis ihrer Investitionen im Vergleich zu dem regelmäßigen Kauf gleich vieler Fondsanteile vergrößern.

Der Vorteil des Sparplans für die Anleger: Durch die Ausnutzung des Cost Average-Effekt kaufen Sparer ihre Investmentanteile nie zu teuer. Damit sind die Investmentsparer von dem Druck befreit, den idealen Zeitpunkt für den Kauf von Fondsanteilen zu finden. Dieses Timing des Marktes ist in der Praxis äußerst schwierig und gelingt nur sehr selten.

Im Folgenden wollen wir ein paar Beispiele zum Cost-Average-Effekt untersuchen.

BEISPIEL: Monatlicher Sparplan mit festem Einzahlungsbetrag

Ein Anleger investiert seit einem Jahr monatlich 100 € in einen Aktienfonds. Die Preise für einen Fondsanteil schwankten in dieser Zeit erheblich. Nun möchte der Kunde von Ihnen wissen, wie hoch bisher die Rendite seines Fondssparplans war.

Die Preise der Fondsanteile im Detail:

Monat	Preis eines Fondsanteils
1	150 €
2	100 €
3	80 €
4	90 €
5	85 €
6	75 €
7	70 €
8	75 €
9	80 €
10	85 €
11	90 €
12	100 €

Wie gehen Sie vor? Versuchen Sie, selbst einen Lösungsweg zu entwickeln, bevor Sie sich unsere Lösung anschauen.

Berechnung

Zunächst ermitteln wir, wie viele Fondsanteile der Anleger gekauft hat:

Monat	Preis eines Fondsanteils	Sparbetrag	Gekaufte Anteile
			$\frac{\text{Sparbeitrag}}{\text{Preis eines Fondsanteils}}$
1	150 €	100 €	0,67
2	100 €	100 €	1,00
3	80 €	100 €	1,25
4	90 €	100 €	1,11
5	85 €	100 €	1,18
6	75 €	100 €	1,33
7	70 €	100 €	1,43
8	75 €	100 €	1,33
9	80 €	100 €	1,25
10	85 €	100 €	1,18
11	90 €	100 €	1,11
12	100 €	100 €	1,00
Summen:		1.200 €	13,84
Gesamtwert der gekauften Fondsanteile:			**1.383,71 €**

Nachdem Sie ermittelt haben, wie viele Fondsanteile der Sparer während der Laufzeit des Sparplans gekauft hat, kennen Sie auch den Wert der Fondsanteile am Ende des Sparplans. Damit verfügen Sie über alle Informationen, die zur Ermittlung der Rendite notwendig sind. Die Angaben noch einmal im Überblick:

- monatlicher Fondssparplan
- monatliche Einzahlung: 100 €
- Laufzeit: 1 Jahr
- Wert der gekauften Fondsanteile nach einem Jahr: 1.383,71 €
- Eine Einmaleinzahlung wurde zu Beginn des Sparplans nicht geleistet.

Sie berechnen nun die Rendite:

Eingabe	Display	Erklärung
12 P/YR	P/YR 12,00	Es handelt sich um einen monatlichen Sparplan.
1 xP/YR	N 12,00	Sie berechnen das erste Jahr des Sparplans.
0 PV	PV 0,00	Eine Anfangszahlung fließt nicht.
100 +/– PMT	PMT – 100,00	Der Kunde zahlt monatlich 100 € ein.
1383,71 FV	FV 1.383,71	Nach einem Jahr verfügt der Sparer über ein Vermögen von 1.383,71 €.
I/YR	I/YR NOM% 30,64	Ermittlung des Zinses.
EFF%	EFF% 35,33	Ermittlung des Effektivzinses.

Ergebnis: Die Rendite des Sparplans während der Laufzeit von einem Jahr betrug 35,33 Prozent. Diese Rendite erzielte der Anleger, obwohl der Anteilspreis noch nicht wieder auf den Preis gestiegen ist, den er zu Beginn des Sparplans gezahlt hat.

Das gezeigte Beispiel lässt sich hervorragend verwenden, um Kunden zu erläutern, wie wichtig es ist, einen Fondssparplan auch oder besser gerade dann fortzusetzen, wenn die Kurse einmal sinken. So lange die Aussicht besteht, dass die Kurse sich wieder erholen – das war in der Vergangenheit so gut wie immer der Fall –, wird der Kunde sich auf Dauer über sehr hohe Erträge seiner Anlage freuen können.

Auf diese Berechnung wird häufig die Frage gestellt, ob diese theoretische Musterberechnung auch in der Praxis funktioniert.

Dazu möchten wir Ihnen im Folgenden einige Beispiele aus der Vergangenheit vorstellen.

Anleger, die clever den Cost Average-Effekt ausgenutzt haben, konnten in der Vergangenheit auch bei rückläufigen Börsenkursen gute Gewinne machen.

Auch das kann anhand von Daten und Fakten belegt werden. In der Folge finden Sie die Monatsschlussstände einiger großer Aktienindizes über ausgewählte Zeiträume, jeweils nach und während eines starken Kursrückgangs. Rechnen Sie selbst einmal nach, welche Renditen Anleger erzielen konnten, die im Monat vor Beginn eines Crashs einen Sparplan begonnen haben und bei Erreichen des Ausgangskurses alle Papiere verkauft haben. Wir nehmen an, dass der Kunde in einen Fonds investiert, dessen Fondsanteile sich gleich mit dem Aktienindex entwickeln. Als Anteilspreis können Sie dann den jeweiligen Indexstand zum Monatsende annehmen.

BEISPIEL

Betrachten Sie einmal Dow Jones und DAX 30 nach dem Crash von 1987:

Dow Jones

Datum	Indexstand	Investitionsbetrag	Gekaufte Anteile
31.08.1987	2.662,95		
30.09.1987	2.596,28		
30.10.1987	1.993,53		
30.11.1987	1.833,55		
31.12.1987	1.938,83		
29.01.1988	1.958,22		
29.02.1988	2.071,62		
31.03.1988	1.988,06		

29.04.1988	2.032,33		
31.05.1988	2.031,12		
30.06.1988	2.141,71		
29.07.1988	2.128,73		
31.08.1988	2.031,65		
30.09.1988	2.112,91		
31.10.1988	2.148,65		
30.11.1988	2.114,51		
30.12.1988	2.168,57		
31.01.1989	2.342,32		
28.02.1989	2.258,39		
31.03.1989	2.293,62		
28.04.1989	2.418,80		
31.05.1989	2.480,15		
30.06.1989	2.440,06		
31.07.1989	2.660,66		
Summen:			
Gesamtwert der gekauften Fondsanteile:			
Rendite:			

Hinweis: Für die Berechnung der Rendite ist es gleichgültig, welche Sparrate Sie verwenden. Wichtig ist nur, dass Sie über die gesamte Laufzeit eine konstante Sparrate ansffetzen.

Ergebnis: Beim Dow-Jones-Sparplan von August 1987 bis Juli 1989 ergibt sich eine Rendite von 22,3 Prozent pro Jahr.

DAX 30

Datum	Indexstand	Investitionsbetrag	Gekaufte Anteile
30.09.1987	1.500,17		
30.10.1987	1.177,38		
30.11.1987	1.022,84		
30.12.1987	1.000,00		
29.01.1988	935,57		
29.02.1988	1.079,55		
31.03.1988	1.063,17		
29.04.1988	1.054,46		
31.05.1988	1.083,31		
30.06.1988	1.141,80		
29.07.1988	1.181,72		
31.08.1988	1.165,36		
30.09.1988	1.252,69		
31.10.1988	1.300,79		
30.11.1988	1.275,99		
29.12.1988	1.327,87		
31.01.1989	1.312,73		
28.02.1989	1.288,66		
31.03.1989	1.322,66		
28.04.1989	1.370,90		
31.05.1989	1.407,29		
30.06.1989	1.473,72		
31.07.1989	1.554,16		
Summen:			
Gesamtwert der gekauften Fondsanteile:			
Rendite:			

Ergebnis: Anleger, die von September 1987 bis Juli 1989 auf einen Fondssparplan auf Basis des DAX 30 gesetzt haben, erzielten bei gleichmäßiger Besparung eine durchschnittliche Rendite von 30,13 Prozent.
Im Anhang finden Sie zusätzlich die Daten des DAX 30 nach dem nach dem Platzen der Internetblase im Jahr 2000. Wer möchte, kann auch diese Datenreihen einmal durchrechnen.

Vorsicht

Während sich der Cost-Average-Effekt in Phasen sinkender Börsenkurse zu Gunsten der Anleger auswirkt, schlägt der Effekt gegen den Investor um, wenn Anleger während steigender Kurse Fondsanteile kaufen und diese später zu einem gesunkenen Kurs wieder verkaufen müssen. In einer solchen Situation bleibt Anlegern nichts anderes übrig als abzuwarten, bis sich die Kurse wieder erholt haben.

Achtung

Zur Kontrolle, zum Vergleich und zur Übung rechnen Sie mit dem Beratungsrechner (www.beratungsrechner.de) nach. Die Beratungssoftware für Praktiker.

Teil 5

Das etwas andere Verkaufsgespräch

Die Basis für den Erfolg jedes Finanzdienstleisters sind erfolgreiche Kundengespräche. Hinzu kommt die Gewinnung von Neukunden, die für die meisten Finanzberater zunehmend schwieriger wird.

Im Folgenden verrate ich Ihnen eine wirkungsvolle und sofort in der Praxis umsetzbare Methode, wie Sie künftig mit Hilfe eines einfachen Kundengesprächs jederzeit einen überzeugenden Dialog zum Thema Geld beginnen und erfolgreich zu Ende führen können.

Es handelt sich um ein einfaches, spannendes Verkaufsgespräch zum Thema private Altersvorsorge. Eine verblüffend einfache Methode für faszinierende (Geld)Dialoge, begeisterte Kunden und zusätzliche Empfehlungen für Gespräche mit Neukunden. Sie benötigen für dieses Gespräch keine großen technischen Hilfsmittel. Vergessen Sie den Laptop. Alles, was Sie benötigen, ist der finanzmathematische Taschenrechner BWK Business®, ein Blatt Papier und einen Stift. Lediglich die Hilfsmittel, mit denen Sie auch die vergangenen Aufgaben gelöst haben. Auf diese Weise können Sie dieses Gespräch jederzeit ohne große Vorbereitung führen. Ich habe dies in vielen Jahren aktiven Verkaufens in dieser Form mit großem Erfolg praktiziert. Über 10.000 Finanzdienstleister haben diese Methode seit 1998 mit großem Erfolg übernommen.

Wenn Sie Finanzdienstleister und Führungskraft sind, wenn Sie also eigene Mitarbeiterinnen und Mitarbeiter haben, dann gilt: Trainieren Sie Ihre Mannschaft mit diesem Verkaufsgespräch. Sie wird mit zuvor unbekannter Begeisterung Geldgespräche führen wollen. Die Zeiten, in denen Sie mühevoll Ihre Mitarbeiter zu Kundenkontakten überreden mussten, sind ab sofort vorbei.

Thema Altersvorsorge – ein typischer Dialog

BEISPIEL

Steigen wir in das Gespräch mit dem Kunden über seine Altersvorsorge ein. Fast alle Kunden haben in der Zwischenzeit festgestellt, dass auf die gesetzliche Rentenversicherung kein Verlass mehr ist.

Das Gespräch beginnt mit einer einfachen Frage an den Kunden:

„Stellen Sie sich vor, Sie sind 65 Jahre alt und möchten sich zur Ruhe setzen. Vergessen Sie einmal, dass es eine gesetzliche Rentenversicherung gibt. Über welchen Betrag möchten Sie dann im Monat verfügen können, sozusagen als Privatrente aus Ihrem eigenen Vermögen an Sie gezahlt? Wie lange möchten Sie über diesen Betrag verfügen können?

Hinweis: Sie können natürlich noch lockerer anfangen. Fragen Sie dann Ihren Kunden einfach „Wann möchten Sie in Rente gehen? Also wann sollte der Zeitpunkt gekommen sein, an dem Sie sich aus Ihrem bis dahin angesammelten Vermögen eine private Zusatzrente auszahlen können?" Dann nehmen Sie die Jahreszahl auf, die Ihnen Ihr Kunde nennt. Der Vorteil: Von der ersten Frage an spürt der Kunde, dass Sie kein vorgefertigtes Verkaufsgespräch herunterbeten. Im Gegenteil: Sie signalisieren ihm, dass es Ihnen wirklich individuell um ihn und seine Bedürfnisse geht. Die Botschaft lautet: Wer fragt, der führt. Fragen Sie Ihre Kunden von Beginn an nach ihren Vorstellungen und führen Sie dadurch. Das sind die Erfolgsschritte eins und zwei.

Zurück zur oben gestellten Frage und dazu, welche Privatrente Ihr Kunde ab dem 65. Lebensjahr monatlich beziehen möchte.

Mit dieser Frage bringen Sie den Kunden erstmals dazu, selbst darüber nachzudenken, wie er sich seinen Lebensabend vorstellt. Eine Antwort kann jeder Kunde formulieren. Wichtig dabei ist: Weisen Sie Ihren Kunden – oder Ihre Kundin – im Gespräch darauf hin, dass ganz bewusst alle möglichen Rentenansprüche bei der Antwort auf diese Frage außer Acht gelassen werden sollen. Fordern Sie Ihren Kunden, Ihre Kundin auf, so zu tun, als gäbe es keine gesetzliche oder betriebliche Rentenzahlung.

Schließlich weiß ohnehin niemand, wie hoch die gesetzliche oder die betriebliche Alterversorgung eines Tages wirklich sein wird. Wenn Sie diese Erklärung der ersten Frage zu diesem Verkaufsgespräch anfügen, wird dem jeder Kunde, jede Kundin zustimmen und Sie fahren mit Ihrem Verkaufsgespräch fort.

Nehmen wir an, Ihr Kunde nennt Ihnen einen monatlichen Betrag von 3.000 €, den er monatlich zur freien Verfügung haben möchte. Diesen Betrag möchte er über einen Zeitraum von 25 Jahren, also bis zu seinem 90. Lebensjahr aus seinem Kapital entnehmen können.

+/– Berechnung

Sie rechnen einmal zusammen mit Ihrem Kunden nach, über welches Kapital er mit 65 Jahren verfügen muss, damit er sich die gewünschte monatliche Rente von 3.000 € bei einem relativ sicheren Zinssatz von 6 Prozent in der Entnahmezeit leisten kann.

Eingabe	Display	Erklärung
12 P/YR	P/YR 12,00	Der Kunde möchte monatlich einen bestimmten Betrag entnehmen.
25 xP/YR	N 300,00	Insgesamt möchte er die Entnahme 25 Jahre lang durchführen.
6 EFF%	I/YR NOM% 5,84	Sie nehmen einen Effektivzins von 6 % während der Entnahmezeit an. Direkte Umrechnung in den nominalen Zins.
3000 PMT	PMT 3.000,00	Der Kunde möchte monatlich einen Liquiditätszufluss von 3.000 €. Da der Betrag ausgezahlt wird, wird er positiv erfasst.
0 FV	FV 0,00	Nach 25 Jahre Entnahmezeit soll das Kapital aufgezehrt sein.
PV	PV – 472.723,21	Damit er sich diese Entnahme leisten kann, muss der Kunde mit 65 Jahren über ein Barvermögen von 472.723,21 € verfügen.

Nun kennen Sie bereits den Betrag, den unser Kunde benötigt, damit er sich ab dem 65. Lebensjahr seinen Wunsch erfüllen kann.

Sie kommen nun zum zweiten Teil des Beratungsgesprächs. Sie sprechen mit dem Kunden darüber, wie er dieses Vermögen, das er für die Absicherung seines Ruhestands benötigt, aufbauen kann.

Haben Sie es mit einem vorsichtigen Anleger zu tun, werden Sie sich über die Ansparmöglichkeiten mit Lebens- oder Rentenversicherungen oder die Möglichkeiten von Rentenfonds unterhalten.

Bevor Sie jedoch auf die verschiedenen Produkte eingehen, sprechen Sie nun erst einmal mit dem Kunden über die Möglichkeit, in der ihm noch bleibenden Zeit das notwendige Vermögen anzusparen.

Im nächsten Schritt erfragen Sie, wie lange der Kunde noch sparen kann, bis er mit der gewünschten monatlichen Entnahme beginnen will. Nehmen Sie einmal an, unser Kunde ist heute 25 Jahre alt. Dann hat er noch 40 Jahre Zeit, das benötigte Vermögen anzusparen.

Sie können hier bereits während des Gesprächs die ersten Eingaben für die Berechnung des erforderlichen Sparbetrages machen. Den soeben ermittelten Betrag für das Vermögen mit 65 können Sie sofort als Endergebnis des nun folgenden Sparplans übernehmen. Ändern Sie dazu das Vorzeichen mit der Taste +/–, sodass der Wert positiv dargestellt wird und drücken anschließend FV, damit ist der Wert als Endwert abgespeichert.

Eingabe	Display	Erklärung
RCL PV +/– FV	**FV** **472.723,21**	Sie übernehmen das Ergebnis der vorigen Rechnung und speichern es als benötigte Vermögen mit dem 65. Lebensjahr.

Sie setzen das Gespräch fort und erfassen dabei sofort die Informationen, die uns der Kunde gibt:

Frage/Antwort	Eingabe	Display	Erläuterung
Wann möchten Sie mit der Entnahme beginnen? Wie lange möchten Sie noch sparen? Antwort: 40 Jahre	**40 xP/YR**	**N** **480,00**	Der Kunde hat noch 40 Jahre Zeit, das notwendige Vermögen anzusparen.

Haben Sie bereits vorher ein wenig mit dem Kunden gesprochen, können Sie seine Risikoneigung bereits einschätzen. Je nach der Risikoeinschätzung des Kunden wählen Sie den Effektivzins, den Sie zur Berechnung des Ansparplans zu Grunde legen.

Haben Sie es mit einem sehr vorsichtigen Anleger zu tun, werden Sie bereits jetzt daran denken, diesem Kunden im Anschluss eine Lebens- oder Rentenversicherung als das für ihn geeignete Produkt anzubieten. In diesem Fall rechnen Sie mit einer Rendite von beispielsweise 6 Prozent weiter. Handelt es sich dagegen um einen Kunden, der chancenorientiert anlegen möchte und auch mit einer zwischenzeitlichen Wertschwankung seiner Anlagen leben kann, können Sie eine Anlage in eine Fondspolice oder einen Aktienfondssparplan zugrunde legen und mit einer durchschnittlichen Rendite von 8 bis 10 Prozent weiterarbeiten. Denken Sie jedoch auch daran, dass noch niemand zuviel gespart hat. Nehmen Sie eine zu hohe Rendite an, muss der Kunde weniger sparen und Ihnen entgehen Provisionen. Gehen Sie in unserer ersten Musterberechnung einmal von einem Aktienfondssparplan aus, der eine durchschnittliche Rendite von 10 Prozent pro Jahr erzielt.

Eingabe	Display	Erläuterung
10 EFF%	**I/YR NOM% 9,57**	Sie gehen in der Zeit des Vermögensaufbaus von einer Kapitalanlage aus, die einen durchschnittlichen Effektivzins von 10 % pro Jahr erzielt. Dieser wird direkt in den nominalen Zins umgerechnet.

Verfügt der Kunde über Kapital, das er bereits heute für die Altersvorsorge verwenden möchte, kann er dieses bereits zu Beginn in den Sparplan einzahlen. Steht kein Kapital zur Verfügung, erfassen Sie auch das. Damit kennen Sie alle Informationen, um dem Kunden berechnen zu können, wie hoch seine Sparzahlungen sein müssen, damit er sich seine gewünschte Privatrente auszahlen kann.

Fassen wir noch einmal zusammen:

- 40 Jahre Spardauer
- Startkapital: 0 €
- Rendite 10 Prozent

- notwendiges Endvermögen: 472.723,21 € (aus der vorherigen Berechnung bekannt)

Mit Ausnahme des Startkapitals haben Sie bereits alle Angaben während unseres Gesprächs im Rechner erfasst. Mit wenigen Eingaben ermitteln Sie die notwendige Sparzahlung des Kunden.

Eingabe	Display	Erläuterung
0 PV	PV 0,00	Der Kunde leistet keine Einmalzahlung.
PMT	PMT – 85,17	Der Kunde muss monatlich einen Betrag von 85,17 € ansparen.

Ergebnis: Wenn der Kunde heute beginnt, monatlich einen Betrag von rund 85 € in einen Aktienfondssparplan zu sparen, kann er sich selbst vom 65. bis zum 90. Lebensjahr aus seinem Kapital eine monatliche Rente von 3.000 € zahlen.

Erst an diesem Punkt beginnen Sie, mit dem Kunden über geeignete Produkte zu sprechen, die ihm helfen, sein Ziel zu erreichen. Mit Ihren Berechnungen haben Sie zunächst einmal das Interesse des Kunden für seine persönliche Altersvorsorge geweckt. Die Ermittlung der notwendigen Sparrate zeigt gleichzeitig, dass es gerade für junge Kunden sehr gut möglich ist, das erforderliche Vermögen aufzubauen. In den meisten Gesprächen mit Kunden ist zu diesem Zeitpunkt erreicht, dass Ihr Kunde sparen will. Verstehen Sie? Sie sitzen zu diesem Zeitpunkt vor einem Kunden, dessen eigenes Bedürfnis es ist, zu sparen.

Jetzt ist es Ihre Aufgabe als Berater, dem Kunden die Lösung für sein Problem zu bieten. Die Frage, die an dieser Stelle von Kunden gestellt wird, lautet: Mit welcher Kapitalanlage kann ich dieses Ziel erreichen. Jetzt können Sie dem Kunden das geeignete Produkt vorstellen und erläutern.

Vorteil für den Berater:

Sie beginnen ein Gespräch nicht damit, dem Kunden die Vorzüge eines bestimmten Produkts zu erklären und damit genau das Gleiche zu tun wie hundert andere Berater und Verkäufer vor Ihnen. Sie sprechen den Kunden auf einer Ebene an, auf die sich noch nie ein Berater mit ihm begeben hat. Sie erfragen die persönlichen Bedürfnisse des Kunden und ermitteln die Lösungen aus dem Gespräch heraus (nach den Angaben des Kunden).

Diese Vorgehensweise führt zu ungeahntem Vertrauen Ihrer Kunden in Ihre Person als Berater. Sie fragen, Ihr Kunde antwortet; Sie rechnen vor und sprechen mit Ihrem Kunden über die Rechenergebnisse. Sie ersparen sich langwierigen Produktverkauf, den jeder andere auch bietet, denn bekanntermaßen hat jeder Finanzberater die vermeintlich beste Lösung.

Auf welchen Berechnungen baut dieses Beratungsgespräch auf?

Was ist passiert? In diesem etwas anderen Verkaufsgespräch kombinieren Sie einen Entnahmeplan (die gewünschte Rente des Kunden) mit einem Ansparplan zum Aufbau des für die Rente notwendigen Vermögens. Damit Sie den Ansparplan berechnen können, müssen Sie zunächst das für den Rentenbezug notwendige Kapital ermitteln. Sie steigen in unser Gespräch also gewissermaßen „von hinten" ein. Die Frage ist nicht, wie viel der Kunde sparen will oder kann, sondern zunächst einmal geht es darum, herauszufinden, wie viel Vermögen der Kunde zu einem bestimmten Zeitpunkt benötigt.

Hinweis: Eben diese Vorgehensweise, bei der Ihr Kunde Ihnen nicht zu Beginn sagt, wie viel er sparen will, sondern Ihnen seine Geldbedürfnisse verrät, bringt Sie und Ihre Kunden in jedem Gespräch zusammen.

Betrachten Sie die folgende Abbildung: Bei dieser Berechnung haben viele Neueinsteiger die Schwierigkeit, die verschiedenen Zahlungsströme zu identifizieren und zu lösen. Oft wird versucht, die Berechnung im Zeitablauf durchzuführen. Der einzig mögliche Berechnungsweg setzt jedoch entgegen dem Zeitablauf an. Zunächst wird der Entnahmeplan (Schritt 1) berechnet. Damit steht dann eine weitere Information für den Ansparplan (Schritt 2) zur Verfügung, sodass auch dieser nun problemlos berechnet werden kann.

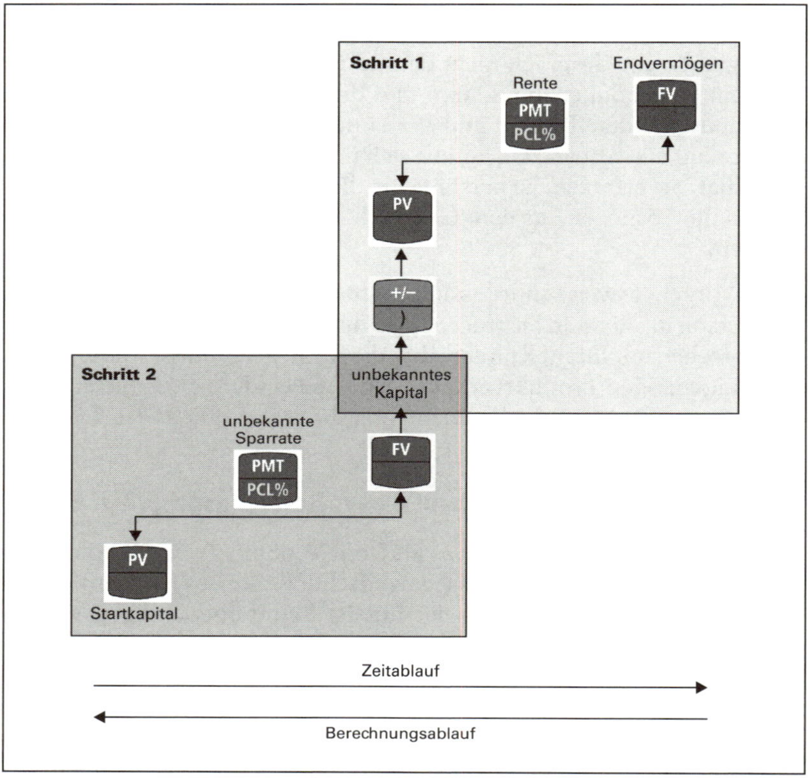

Fortsetzung des Verkaufsgesprächs

Bislang haben Sie mit dem Kunden über seine Altersvorsorge gesprochen, ohne dabei die Auswirkungen der Inflation zu berücksichtigen. Doch als verantwortungsbewusster Berater müssen Sie diesen Aspekt in die Beratung einfließen lassen. Unter Inflation verstehen Sie den Kaufkraftverlust des Kapitals durch Preissteigerungen.

Wenn Sie jetzt denken, Inflation gibt es bei uns doch kaum, müssen wir Sie enttäuschen. Es gibt auch im Alltag immer noch eine ständige Preissteigerung. Allerdings ist die Inflation nicht mehr so stark, dass sie sofort auffällt. In der ersten Hälfte des 20. Jahrhunderts sah es da in Deutschland schon anders aus. Schätzen Sie doch einmal, auf welchen Betrag der höchste in Deutschland je gedruckte Geldschein lautete. Im Jahr 1923 wurde eine Banknote herausgegeben, die auf den Betrag von 100 Billionen Mark – als Zahl 100.000.000.000.000 – lautete. Innerhalb weniger Jahre war der Wert der Mark ins Bodenlose gefallen. Die folgende Tabelle zeigt die ungefähren Dollarkurse aus der Zeit zwischen 1920 und 1923.

Datum	1 Dollar in Mark
01.01.1920	50
01.01.1921	75
01.01.1922	190
01.07.1922	400
01.01.1923	9.000
01.06.1923	100.000
01.09.1923	10.000.000
10.10.1923	10.000.000.000
25.10.1923	1.000.000.000.000
15.11.1923	4.200.000.000.000

Es ist zwar anzunehmen, dass wir eine derart starke Inflation nicht so schnell wieder erleben werden, aber ganz ohne Geldentwertung funktioniert es auch bei uns nicht.

In den vergangenen Jahren lag die Inflationsrate in Deutschland im Durchschnitt bei etwa 3 Prozent pro Jahr. Das heißt, für einen festen Geldbetrag X können sich in einem Jahr vermutlich 3 Prozent weniger leisten als noch heute. Auf Sicht von einem Jahr gesehen, mag das noch kein Problem darstellen, sprechen Sie aber mit dem Kunden über seine Altersvorsorge, geht es dabei um Zahlungen, die erst in 20, 30 oder mehr Jahren fließen werden. Betrachtet man einen so langen Zeitraum, macht sich der inflationsbedingte Kaufkraftverlust erheblich bemerkbar.

Auf diesen Kaufkraftverlust müssen Sie Ihren Kunden hinweisen. Denn: In über 90 Prozent aller Fälle ist der Betrag, den der Kunde Ihnen als Wunschrente nennt, an der heutigen Kaufkraft gemessen. Sagt also Ihr

Kunde heute, er hätte gern mit Beginn in 30 Jahren monatlich 3.000 € als private Zusatzrente, unterstellt er die heutige Kaufkraft der 3.000 €. Das heißt aber anders herum ausgedrückt: Unser Kunde will in diesem Beispiel gar nicht über eine Rente von 3.000 € verfügen. Er möchte vermutlich vielmehr über den Betrag verfügen, der bei seinem Rentenbeginn die gleiche Kaufkraft hat wie ein Betrag von 3.000 € heute. Ihnen als Finanzberater muss die Einbeziehung der Inflation ohnehin am Herzen liegen. Steigt doch letztlich absehbar der notwendige Sparbetrag, den der Kunde investieren muss, um seine gewünschte Vorsorge aufzubauen.

Rechnen Sie einmal zusammen mit dem Kunden nach, wie viel heutige Kaufkraft seine gewünschten 3.000 € in 40 Jahren noch haben werden.

Wie würden Sie die Inflation mit dem BWK Business® berechnen?

+/– Berechnung

Eingabe	Display	Erklärung
1 P/YR	P/YR 1,00	Inflation wird als einmaliger Vorgang pro Jahr berechnet. Innerhalb des Jahres werden keine Berechnungsschritte vorgenommen.
40 xP/YR	N 40,00	Sie betrachten einen Zeitraum von 40 Jahren.
3 I/YR	I/YR NOM% 3,00	Es wird eine durchschnittliche Inflationsrate von 3 % unterstellt.
0 PMT	PMT 0,00	Während der Inflationsberechnung werden keine zwischenzeitlichen Zahlungen erfolgen (grundsätzlich bei Inflationsberechnungen).
3000 FV	FV 3.000,00	Der Kunde erhält in 40 Jahren 3.000 €.
FV	FV – 919,67	Der Betrag von 3.000 € später wird mit einem jährlichen Zinssatz von 3 % abgezinst. Da der BWK Business® eine solche Abzinsung nur vornehmen kann, wenn er Einzahlungen und Auszahlungen erkennen kann, weist er den Betrag mit einem negativen Vorzeichen aus.

Ergebnis: Der Betrag von 3.000 € (nominal) später entspricht in 40 Jahren lediglich einer heutigen Kaufkraft von rund 920 €. Der Anleger hätte sich also bei seinem Bedarf für den Ruhestand um mehr als 60 Prozent verschätzt, wenn er keine Inflationseinflüsse berücksichtigt.

Als seriöser und guter Berater, der auf die Bedürfnisse seiner Kunden eingeht, müssen Sie den Kunden darauf hinweisen, dass eine monatliche Entnahme von 3.000 € mit Sicherheit nicht dazu ausreichen wird, seine Wünsche zu erfüllen.

Berechnung

In der Folge rechnen Sie gemeinsam mit dem Kunden aus, welchen Betrag er wirklich benötigt, damit er sich den gewünschten Lebensstandard leisten kann. Aus der vorherigen Berechnung sind noch alle Angaben im Rechner gespeichert, sodass Sie mit nur einer Eingabe zum Ergebnis gelangen können.

Eingabe	Display	Erklärung
3000 +/– PV	**PV – 3.000,00**	Nach heutiger Kaufkraft möchte der Kunde über einen Betrag von 3.000 € verfügen.
FV	**FV 9.786,11**	In 40 Jahren benötigt der Kunde einen Betrag von 9.786,11 € entsprechen.

Ergebnis: Um die gewünschte reale Kaufkraft zu erhalten, benötigt unser Kunde in 40 Jahren anstelle der von ihm genannten 3.000 € einen Betrag von fast 10.000 € monatlich. Dabei haben Sie mit einer vorsichtigen Inflationsrate von 3 Prozent pro Jahr gerechnet. Steigt die Inflation zukünftig an, fällt der benötigte Betrag noch höher aus.

Berechnung

Nachdem Sie mit dem Kunden seinen wirklichen Bedarf geklärt haben, können Sie ausrechnen, welchen Betrag er monatlich sparen muss, damit er sich diese Entnahmen ab seinem 65. Lebensjahr leisten kann.

Sie gehen vor wie bereits bei der ersten Berechnung:

Eingabe	Display	Erklärung
12 P/YR	P/YR 12,00	Der Kunde möchte monatlich einen bestimmten Betrag entnehmen.
25 xP/YR	N 300,00	Insgesamt möchte er die Entnahme 25 Jahre lang durchführen.
6 EFF%	I/YR NOM% 5,84	Sie nehmen einen Effektivzins von 6 % während der Entnahmezeit an. Umrechnung in den nominalen Zins.
10000 PMT	PMT 10.000,00	Der Kunde möchte monatlich einen Liquiditätszufluss von 10.000 €.
0 FV	FV 0,00	Nach 25 Jahre Entnahmezeit soll das Kapital aufgezehrt sein.
PV	PV – 1.575.744,02	Damit er sich diese Entnahme leisten kann, muss der Kunde mit 65 Jahren über ein Barvermögen von 1.575.744,02 € verfügen.

Zwischenergebnis: Unter Berücksichtigung der Inflation muss der Kunde ein Vermögen von 1.575.744,02 € bis zu seinem Rentenbeginn ansparen.

Eingabe	Display	Erklärung
RCL PV +/– FV	**FV** **1.575.744,02**	Dieser Betrag wird als gewünschtes Endergebnis des nun zu berechnenden Sparplans übernommen.
40 xP/YR	**N** **480,00**	Der Sparer hat noch 40 Jahre Zeit sein Sparziel zu erreichen.
10 EFF%	**I/YR NOM%** **9,57**	Für die Sparphase nehmen Sie einen durchschnittlichen effektiven Zins von 10,0 % an. Dieser wird direkt in den nominalen Zins umgerechnet.
0 PV	**PV** **0,00**	Der Kunde leistet keine Sonderzahlungen zu Beginn des Sparplans.
PMT	**PMT** **– 283,90**	Um sein Ziel zu erreichen, muss der Kunde einen Betrag von 283,90 € monatlich sparen.

Ergebnis: Möchte der Kunde sein Ziel erreichen, muss er unter Berücksichtigung der Inflation für die nächsten 40 Jahre monatlich einen Betrag von 283,90 € sparen. Zur Erinnerung: Berücksichtigt er die Inflation nicht, weil Sie ihn nicht darauf hingewiesen haben, kann der Kunde real nur über etwa ein Drittel dessen verfügen, was er sich vorgestellt hat. Dann fällt allerdings die monatliche Sparrate mit 199 € um 70 Prozent geringer aus, Ihre Provision als Berater ist bei einem höheren Abschluss selbstverständlich auch höher.

Vielleicht ist Ihnen aufgefallen, dass in der vorigen Berechnung die Inflationsverluste nur bis zum Rentenbeginn berücksichtigt wurden. Was ist jedoch in der Rentenphase? Auch hier sind es immerhin 25 Jahre, wo der Kunde Preissteigerungen hinnehmen muss. Daher ist auch eine Berücksichtigung in der Rentenphase dringend notwendig. Mit dem finanzmathematischen Taschenrechner BWK Business® haben Sie ein sehr gutes Hilfsmittel. Hier können Sie wunderbar die Preissteigerungen in der Rentenphase mit der Dynamik-Funktion des Rechners berechnen.

Hierfür ein Beispiel: Wenn sich die Preise jährlich um 3 Prozent erhöhen, muss sich auch die Rente eines Rentners um 3 Prozent erhöhen. Hier können Sie dann bei den Auszahlungen eine jährliche Dynamik von 3 Prozent annehmen.

Nehmen wir wiederum alle Angaben aus der obigen Rechnung an, wo der Kunde zu Rentenbeginn eine Rente von 10.000 € monatlich benötigt. Wie auch zuvor berechnen Sie als Erstes das Vermögen, welches der Kunde zu Rentenbeginn benötigt, um sich die Rente auszahlen lassen zu können.

Eingabe	Display	Erklärung
12 P/YR	**P/YR 12,00**	Monatliche Auszahlung der Rente.
25 xP/YR	**N 300,00**	Die Rente soll 25 Jahre lang ausgezahlt werden.
6 EFF%	**I/YR NOM% 5,84**	Sie nehmen einen effektiven Zins von 6 % während der Entnahmezeit an. Direkte Umrechnung in den nominalen Zins.
10000 P/D	**P/D 10.000,00**	Es soll zu Rentenbeginn eine Rente von 10.000 € ausgezahlt werden, die jährlich ansteigt.
3 %D	**%D 3,00**	Die Rente soll jeweils jedes Jahr um 3 % (Inflation) ansteigen.
0 FV	**FV 0,00**	Nach 25 Jahren soll das Vermögen aufgezehrt sein.
PV	**PV – 2.104.354,55**	Berechnung des notwendigen Vermögens.

Zwischenergebnis: Unter Berücksichtigung der Inflation bis zum Rentenende muss der Kunde ein Vermögen von 2.104.354,55 € bis zu seinem Rentenbeginn ansparen.

Eingabe	Display	Erklärung
RCL PV +/– FV	FV 2.104.354,55	Abrufen des benötigten Vermögens zu Rentenbeginn und speichern als zu erreichendes Vermögen.
40 xP/YR	N 480,00	Der Kunde kann bis zum 65. Lebensjahr noch 40 Jahre sparen.
10 EFF%	I/YR NOM% 9,57	Es wird ein effektiver Zins von 10 % angenommen. Direkte Umrechnung in den nominalen Zins.
0 PV	PV 0,00	Es wird zu Beginn keine Einmalanlage eingezahlt..
PMT	PMT – 379,14	Berechnung der notwendigen Sparrate.

Ergebnis: Wird die Inflation auch in der Rentenphase berücksichtigt, muss der Kunde monatlich rund 380 € sparen.

Lassen Sie wiederum alle Angaben gespeichert. Der Kunde kann sich eine jetzige Sparrate von 380 € nicht leisten. Sie schlagen ihm aufgrund dessen einen Dynamiksparplan vor. Damit ist der Kunde auch einverstanden und wartet auf Ihre Berechnung. Nehmen Sie eine Steigerung der Sparrate von 5 Prozent an.

Eingabe	Display	Erklärung
5 %D	%D 5,00	Sie rechnen mit einer Dynamik von 5 %.
P/D	P/D – 219,53	Berechnen der anfänglichen Sparrate.
SHIFT P/D	P/DE – 1.471,88	Anzeige der Sparrate im 64. Lebensjahr.

Ergebnis: Würde der Kunde einen Sparplan mit 5 Prozent Dynamik abschließen, hätte er zu Beginn eine Sparrate von rund 220 € und nach 39 Jahren eine Sparrate von rund 1.470 €.

Weisen Sie Ihren Kunden auf jeden Fall darauf hin, dass das Ziel nur erreicht wird, wenn er auch jedes Jahr eine Dynamikerhöhung in Kauf nimmt. Hier die kurze Übersicht über die oben berechneten Ergebnisse:

	Ohne Inflation	**Mit Inflation bis Rentenbeginn**	**Mit Inflation bis Rentenende**
benötigte anfängliche Rente	3.000 €	10.000 €	10.000 €
benötigtes Kapitel zu Rentenbeginn	472.723 €	1.575.744 €	2.104.355 €
notwendige Sparrate	85 €	284 €	379 €
anfängliche Sparrate bei 5 % Dynamik			220 €

Wichtig

Beraten Sie Kunden bei der Planung der Altersvorsorge, weisen Sie unbedingt auf die Auswirkungen von Kaufkraftverlusten durch Inflation hin. Der Kunde könnte eine böse Überraschung erleben, wenn Sie keine Inflation bei der Planung berücksichtigen. Und wie bereits erwähnt: Zusätzlich steigt durch die Berücksichtigung der Inflation die notwendige Sparleistung des Kunden und damit Ihre Provision. Die Botschaft lautet also: Nutzen Sie auf seriöse Weise und völlig berechtigt Inflation als Verkaufsförderung.

Berechnung der „ewigen" Rente

Nehmen wir den Kunden aus dem vorigen Beispiel an, der jetzt mit dem 65. Lebensjahr ein Vermögen von 1.575.744,02 € angespart hat. Nun sieht er aber, dass die gesetzliche Rente höher ausfällt als erwartet und er sich die selbstersparte Rente nicht vollständig auszahlen lassen muss. Sie sind immer noch Berater dieses Kunden und machen den Vorschlag der „ewigen Rente". Er lässt sich also nur die Zinsen des Kapitals auszahlen und das Kapital von 1,5 Millionen € bleibt weiterhin bestehen.

Berechnung

Eingabe	Display	Erklärung
12 P/YR	P/YR 12,00	Monatliche Auszahlung der Rente.
1 xP/YR	N 12,00	Sie brauchen hier nur ein Jahr berechnen, denn das Kapital bleibt gleich, egal ob Sie ein oder zehn Jahre eingeben.
6 EFF%	I/YR NOM% 5,84	Sie nehmen einen effektiven Zins von 6 % während der Entnahmezeit an. Dieser wird direkt in den nominalen Zins umgerechnet.
1575744,02 +/– PV	PV – 1.575.744,02	Ihr Kunde zahlt zu Beginn den ersparten Betrag in das Anlageprodukt ein.
1575744,02 FV	FV 1.575.744,02	Nach der Entnahme der Rente soll zum Ende eines jeden Jahres der gleiche Betrag zur Verfügung stehen wie zu Beginn des Jahres.
PMT	PMT 7.670,01	Berechnung der ewigen Rente.

Ergebnis: Somit könnte sich der Kunde eine ewige, monatliche Rente von 7.670 € auszahlen lassen. Zudem hat der Anleger jederzeit noch ein Vermögen von rund 1,5 Millionen € zur Verfügung. Ein weiteres Plus für den Kunden ist, dass er nicht an die Zeit gebunden ist. In der ersten Berechnung kann er sich nur 25 Jahre die Rente über 10.000 € auszahlen lassen, danach ist das Kapital aufgebraucht. Bei der Rente von 7.670 € hat er den Vorteil, dass er sich diese ewig auszahlen lassen kann, auch wenn er älter als erwartet werden sollte.

Die Rentnerinflation – Wie viel Geld Ihr Kunde wirklich brauchen wird

Bis jetzt haben Sie mit dem Kunden über seine Altersversorgung gesprochen und ihm die Einflüsse der Inflation auf seine Vermögensplanung erklärt.

Beim Ansatz der Inflation sind Sie von der durchschnittlichen Inflationsrate ausgegangen, wie sie das statistische Bundesamt regelmäßig bekannt gibt. Diese Inflationsrate wird ermittelt anhand der Preissteigerungen für die Bestandteile eines statistischen Warenkorbs, der sich an den Bedürfnissen eines durchschnittlichen Haushalts orientieren soll. Dabei sind in diesem Warenkorb nicht nur die reinen Lebenshaltungskosten, sondern auch Ausgaben für Reisen, Telekommunikation und Ähnliches enthalten.

Spannend und für die Höhe Ihrer Verkaufsabschlüsse hochinteressant wird ein Blick auf die von mir so genannte Rentnerinflation. Betrachten Sie dazu einmal die Einkommen von Rentnerhaushalten, die den größten Teil ihres Budgets zur Bestreitung ihres Lebensunterhalts aufbringen müssen:

Monatliches Haushaltseinkommen von Rentnerhaushalten in Westdeutschland		
1970	1998	Steigerung in Prozent pro Jahr
558 Mark	3.964 Mark	

Ermitteln Sie einmal die tatsächliche Steigerung der Einkommen. Die Berechnung können Sie genau so durchführen, wie eine Berechnung der Inflationsraten.

Monatliches Haushaltseinkommen von Rentnerhaushalten in Westdeutschland		
1970	1998	Steigerung in Prozent pro Jahr
558 Mark	3.964 Mark	7,25

Sie sehen: Die Einkommenssteigerung ist bei Haushalten mit geringem Einkommen wesentlich höher ausgefallen, als die durchschnittliche Inflationsrate des statistischen Bundesamtes.

Gehen Sie nun davon aus, dass Haushalte mit geringen Einkommen beinahe das gesamte Einkommen verwenden müssen, um den Grundbedarf des alltäglichen Lebens abzudecken, wird deutlich, dass eine Kalkulation des Vorsorgebedarfs für die Zukunft auf der Basis der Inflationsdaten des statistischen Warenkorbes die tatsächlichen Verhältnisse nicht unbedingt trifft. Vielmehr ist es sinnvoll, hier mit der soeben ermittelten Erhöhung der Haushaltseinkommen von Rentnerhaushalten mit geringem Einkommen zu kalkulieren. Zumindest dann, wenn Sie als Finanzberater für Ihre Kunden auf Nummer sicher gehen wollen.

In der Regel wird auch Ihr Kunde seine gewünschte monatliche Rente dazu verwenden, seinen Lebensstandard zu sichern, bzw. seinen Lebensunterhalt zu bestreiten. Das heißt aber auch, dass Sie in diesem Fall nicht mit der Inflationsangabe des statistischen Bundesamtes rechnen können, sondern als verantwortungsvoller Berater statt dessen die Einkommenssteigerung von Haushalten mit geringem Einkommen ansetzen müssen.

Nur so erfassen Sie nicht die statistisch geglätteten Preissteigerungen, sondern den tatsächlichen Anstieg der Lebenshaltungskosten.

Rechnen Sie unter Berücksichtigung dieser „Rentnerinflation“ einmal die Daten nach, die Sie soeben mit dem Kunden im Beratungsgespräch aufgenommen haben:

BEISPIEL

Zur Erinnerung: Der heute 25 Jahre alte Kunde möchte ab dem 65. Lebensjahr über 25 Jahre eine monatliche Rente aus seinem Kapital beziehen, die einer Kaufkraft von heute 3.000 € entspricht. Das Vermögen soll in dieser Zeit mit einer durchschnittlichen Rendite von 6 Prozent pro Jahr angelegt werden. Damit er sich diese Entnahmen leisten kann, möchte der Kunde in den nächsten 40 Jahren einen monatlich gleich bleibenden Betrag in eine Kapitalanlage investieren, die eine Rendite von 10 Prozent pro Jahr erzielt.

Ermitteln Sie einmal die Ergebnisse und tragen diese in die unten stehen Tabelle ein. Zum direkten Vergleich der Differenzen finden Sie die bisherigen Berechnungsergebnisse noch einmal dargestellt.

Hinweis: Die Zahlen der folgenden Tabelle gehen von der nicht gerundeten, nötigen Rente aus; in diesem Fall 9.786 €.

Die Ergebnisse finden Sie in der folgenden Tabelle.

	Ohne Berücksichtigung von Inflation	**Bei 3 % Inflation laut Statistischem Bundesamt**	**Bei Berücksichtigung der „Rentnerinflation"**
Benötigte Rente	3.000,00 €	9.786,00 €	
Notwendiges Vermögen mit 65	472.723,00 €	1.542.023,00 €	
Notwendige Sparrate	85,17 €	277,82 €	

Die Anlage dieser Sparzahlungen wird er vermutlich über den Berater abwickeln, der ihm erstmals die Notwendigkeit zum Sparen derart klar und verständlich erläutert hat.

	Ohne Berücksichtigung von Inflation	**Bei 3 % Inflation laut Statistischem Bundesamt**	**Bei Berücksichtigung der „Rentnerinflation"**
Benötigte Rente	3.000,00 €	9.786,00 €	49.319,00 €
Notwendiges Vermögen mit 65	472.723,00 €	1.542.023,00 €	7.771.412,00 €
Notwendige Sparrate	85,17 €	277,82 €	1.400,00 €

Ergebnis: Um einen vollständigen Ausgleich des Kaufkraftverlusts zu gewährleisten benötigt Ihr Kunde ein Vielfaches des Betrags, den er ursprünglich einmal genannt hat. Selbst wenn er nicht in der Lage sein sollte, den gesamten Betrag aufzubringen, der erforderlich wäre, dieses Ziel zu erreichen, ist dem Kunden nach dieser Berechnung erstmals klar geworden, dass er so viel wie möglich für seine Altersvorsorge sparen muss.

Achtung

Zur Kontrolle, zum Vergleich und zur Übung rechnen Sie mit dem Beratungsrechner (www.beratungsrechner.de) nach. Die Beratungssoftware für Praktiker.

Beraten mit YOERS©®

Der Begriff YOERS entstand aus den englischen Worten: Yes, OK, Exactly, Right, Sure. Der deutsche Begriff JOERS©® entstand aus den Worten: Ja, OK, Einverstanden, Richtig, Stimmt. Doch welche Bedeutung haben diese Wörter für einen Finanzdienstleister? Ich verrate es Ihnen. Sind Sie kurz vor dem Abschluss eines Produktes beim Kunden, so benutzen Sie diese Wörter. Sie lassen sich nochmals alle berechneten Zahlen vom Kunden bestätigen und benutzen am Ende jeden Satzes eines dieser fünf Wörter. Also beispielsweise: „Sie möchte mit dem 65. Lebensjahr in Rente gehen, stimmt's?“; „Monatlich möchten Sie eine Rentenauszahlung von 5.000 €, richtig?“

Sie lassen sich alle berechneten Zahlen vom Kunden bestätigen, damit der Kunde, aber auch Sie, die Sicherheit hat, dass Sie alles zu seiner Zufriedenheit berechnet haben. Dadurch hat der Kunde das Gefühl alles richtig gemacht zu haben und sieht auch beispielsweise die zu zahlende Sparrate ein. Und: Wenn eine Zahl kommt, die der Kunde variiert wünscht, dann ändern Sie sie. Dieser YOERS®-Modus dient also sowohl Ihren Kunden/Klienten als auch Ihnen als Finanzdienstleister.

Wie benutzen Sie YOERS mit dem Taschenrechner BWK Business®? Sicherlich haben Sie schon die Taste YOERS auf dem Taschenrechner entdeckt. Diese liegt eine Taste unterhalb von „PV“. Würden Sie auf die Taste YOERS drücken, so gelangen Sie in den YOERS-Modus. Hier gibt der Taschenrechner nochmals alle Zahlen der obigen TVM-Berechnung wieder. Er zeigt also die einzeln, gespeicherten Zahlen auf den jeweiligen Tasten: N, I/YR, EFF%, PV usw. Zudem haben Sie die Möglichkeit bis zu 40 verschiedene Berechnungen mit einem individuellen Namen zu speichern. Somit können Sie beispielsweise für einen unschlüssigen Kunden eine Berechnung speichern und beim Folgetermin nochmals zeigen. Ich möchte Ihnen den YOERS-Modus zeigen, wie Sie diesen in einem Kundengespräch bestens einsetzen und welche Möglichkeiten dieser bietet.

BEISPIEL

Ein 30-jähriger Kunde möchte mit dem 60. Lebensjahr in Rente gehen. Er möchte eine Zusatzrente von 3.000 € monatlich bis zum 90. Lebensjahr erhalten. Sie berechnen mit einem Auszahlungszins von 5 Prozent und einem Ansparzins von 9 Prozent. Berücksichtigen Sie zudem die Inflation von 3 Prozent jährlich. Wie hoch müssen seine jetzigen Sparleistungen monatlich sein?

Berechnung

Als Erstes berechnen Sie das notwendige Kapital, welches zu Beginn der Rentenzahlungen zur Verfügung stehen muss.

Eingabe	Display	Erklärung
12 P/YR	P/YR 12,00	Monatliche Auszahlung der Rente.
30 xP/YR	N 360,00	Der Kunde möchte eine Rente vom 60.–90. Lebensjahr ausgezahlt bekommen.
5 EFF%	I/YR NOM% 4,89	Der effektive Auszahlungszins beträgt 5 %. Dieser wird direkt in den nominalen Zins umgerechnet.
3000 PMT	PMT 3.000,00	Ihr Kunde möchte eine Rente von 3.000 €.
0 FV	FV 0,00	Nach dem 90. Lebensjahr soll das Kapital vollständig aufgebraucht sein.
PV	PV – 565.978,79	Berechnung des notwendigen Kapitals zu Beginn.

Der Kunde muss einen Betrag von rund 566.000 € sparen, um die Rentenvorstellungen umsetzen zu können. Sprechen Sie mit dem Kunden, während Sie die Eingaben in den Taschenrechner eingeben. Lassen Sie die Eingaben ruhig nochmals vom Kunden bestätigen. Oder lassen Sie den Kunden die notwendigen Zahlen mitschreiben. Hauptsache der Kunde ist im Gespräch aktiv dabei. Nun fragen Sie den Kunden, ob er die Rentenzahlung von 3.000 € nach heutigem Wert meint. Antwortet er mit „Ja", so berechnen Sie die Rente nach Inflation:

Eingabe	Display	Erklärung
1 P/YR	**P/YR 1,00**	Jährliche Inflation.
30 xP/YR	**N 30,00**	Bis zur 1. Rentenauszahlung sind es noch 30 Jahre (60.–30. Lebensjahr).
3 I/YR	**I/YR NOM% 3,00**	Eingabe der Inflationsrate von 3 %.
3000 PV	**PV 3.000,00**	Der Kunde meint 3.000 € nach heutigem Wert.
0 PMT	**PMT 0,00**	Keine regelmäßigen Zahlungen in der Inflationsberechnung.
FV	**FV – 7.281,79**	Berechnung der inflationsbereinigten Rente mit dem 60. Lebensjahr.

Somit muss sich der Kunde im 60. Lebensjahr eine Rente von 7.281,79 € auszahlen lassen. Bleiben Sie auch hier bei glatten Zahlen und sagen Sie 7.300 €. Nun lassen Sie sich vom Kunden bestätigen, dass zwischen dem 60. und 90. Lebensjahr auch eine Inflation zu berücksichtigen ist. „Die Rente muss dann also ab dem 60. Lebensjahr jährlich um 3 Prozent ansteigen, richtig?" Bestätigt auch hier der Kunde mit einem „Ja" berechnen Sie wiederum das notwendige Kapital, diesmal inflationsbereinigt:

Eingabe	Display	Erklärung
12 P/YR	P/YR 12,00	Monatliche Auszahlung der Rente.
30 xP/YR	N 360,00	Die Rente wird von 60.–90. Lebensjahr ausgezahlt.
5 EFF%	I/YR NOM% 4,89	Der effektive Zins in der Entnahmephase liegt bei 5 %. Direkte Umrechnung in den nominalen Zins.
7300 P/D	P/D 7.300,00	Sie speichern die Rente als anfängliche Dynamikzahlung in P/D.
3 %D	%D 3,00	Die Rente soll sich jährlich um 3 % erhöhen und damit an die Inflation anpassen.
12 SHIFT %D	xD 12,00	Die Erhöhung der Rente erfolgt jährlich, also alle 12 Monate.
0 FV	FV 0,00	Es soll kein Kapital mehr mit dem 90. Lebensjahr zur Verfügung stehen.
PV	PV – 1.963.746,96	Berechnung des notwendigen Kapitals.

Der Kunde muss also ein Kapital von rund 2 Millionen € sparen. Nun können Sie YOERS benutzen. Hierzu drücken Sie einfach die Taste „YOERS“. Danach befinden Sie sich im Modus und bedienen mit dem Steuerkreuz. In der Moduszeile bleibt „YOERS“ bestehen, solange der YOERS-Modus aktiviert ist.

Eingabe	Display	Erklärung
YOERS	ACTUAL VAL	Sie starten den YOERS-Modus. „YOERS“ wird im Display angezeigt. Sie befinden sich im ACTUAL VAL. Das ist die Anzeige der aktuell gespeicherten Werte der obigen Tasten.
►	P/YR 12,00	Mit rechts beginnen Sie bei P/YR, N, I/YR. Drücken des Steuerkreuzes rechts, um die Eingaben, beginnend bei P/YR, abzufragen.

Drücken Sie die Pfeiltaste im Steuerkreuz rechts, so erhalten Sie die erste gespeicherte Angabe „P/YR“.

Den Kunden können Sie nun fragen: „Sie möchten monatliche Rentenauszahlungen, richtig?"

Eingabe	Display	Erklärung
►	N 360,00	Drücken der Pfeiltaste rechts, um die nächste Angabe abzufragen.

Sie fragen den Kunden: „Die Rente soll vom 60. bis zum 90. Lebensjahr gezahlt werden, also 360 Monate, stimmt's?"

Eingabe	Display	Erklärung
►	I/YR NOM% 4,89	Drücken der Pfeiltaste rechts, um die nächste Angabe abzufragen.
►	EFF% 5,00	Drücken der Pfeiltaste rechts, um die nächste Angabe abzufragen.

Sie fragen den Kunden: „Wir rechnen mit einem effektiven Auszahlungszins von 5 Prozent, einverstanden?"

Eingabe	Display	Erklärung
►	PV = – 1.963.746,96	Drücken der Pfeiltaste rechts, um die nächste Angabe abzufragen. Im Display erscheint hinter dem PV ein Gleichheitszeichen, was bedeutet, dass Sie diese Taste berechnet haben.

„Somit müssen Sie ein Kapital von rund 2 Millionen € mit dem 60. Lebensjahr zur Verfügung haben, um sich Ihren Rentenwunsch zu verwirklichen, einverstanden?"

Eingabe	Display	Erklärung
►	P/D 7.300,00	Drücken der Pfeiltaste rechts, um die nächste Angabe abzufragen.
►	P/DE 0,00	Drücken der Pfeiltaste rechts, um die nächste Angabe abzufragen. Hinweis: Da Sie noch nicht P/DE berechnet haben, wird hier noch 0,00 angezeigt.

„Mit dem 60. Lebensjahr erhalten Sie eine inflationsbereinigte Rente von 7.300 €, ok?"

Eingabe	Display	Erklärung
▶	%D 3,00	Drücken der Pfeiltaste rechts, um die nächste Angabe abzufragen.
▶	xD 12,00	Drücken der Pfeiltaste rechts, um die nächste Angabe abzufragen.

„Die Rente erhöht sich um 3 Prozent jeweils alle 12 Monate, also jährlich, einverstanden?"

Eingabe	Display	Erklärung
▶	FV 0,00	Drücken der Pfeiltaste rechts, um die nächste Angabe abzufragen.

„Mit dem 90. Lebensjahr soll kein Kapital mehr vorhanden sein, stimmt's?"

Nun haben Sie dem Kunden die letzte Berechnung anhand des YOERS-Modus gezeigt. Ist der Kunde zufrieden, könnten Sie diese Berechnung in den YOERS-Speicher speichern:

Eingabe	Display	Erklärung
SHIFT YOERS	YOERS 01 1	Speichern der aktuellen TVM-Rechnung. Es wird „NAME" angezeigt, was bedeutet, dass Sie unter einem individuellen Namen speichern können.
C	– 1	Sie drücken die Taste „C", um den Namen „YOERS 01" zu löschen.
777 33 66 8 33	RENTE_ 1	Sie geben mit den Zifferntasten (wie auf der Mobilfunktelefontastatur) einen beliebigen Namen ein, hier „RENTE".
▶	P/YR 01 12,00	Durch das Drücken einer beliebigen Taste im Steuerkreuz speichern Sie den Namen, den Sie jedoch auch jederzeit ändern können.
YOERS	0,00	Verlassen des YOERS-Modus.

Nun haben Sie die Rentenberechnung des Kunden in den YOERS-Speicher abgelegt. Sie können also mit der Berechnung der Sparrate fortfahren:

Eingabe	Display	Erklärung
RCL PV +/– FV	FV 1.963.746,96	Sie rufen das notwendige Vermögen aus PV ab und speichern es mit positivem Vorzeichen als zu erreichendes Endvermögen.
30 xP/YR	N 360,00	Der Kunde möchte vom 30. bis zum 60. Lebensjahr sparen.
9 EFF%	I/YR NOM% 8,65	Der effektive Ansparzins beträgt 9 %. Dieser wird direkt in den nominalen umgerechnet und angezeigt.
0 PV	PV 0,00	Es steht kein Kapital zu Beginn zur Verfügung.
PMT	PMT – 1.153,71	Berechnung der monatlich notwendigen Sparrate.

Der Kunde müsste also einen monatlichen Betrag von rund 1.150 € sparen. Auch hier nutzen Sie als Abschlusshilfe den YOERS-Modus:

Eingabe	Display	Erklärung
YOERS	ACTUAL VAL	Sie starten den YOERS-Modus. Sie befinden sich im ACTUAL VAL. Das ist die Anzeige der aktuell gespeicherten Werte der obigen Tasten.
►	P/YR 12,00	Drücken des Steuerkreuzes rechts, um die Eingaben der Berechnung zu wiederholen.

Sie fragen den Kunden: „Sie möchten monatlich sparen, richtig?"

Eingabe	Display	Erklärung
▶	N 360,00	Sie drücken die Pfeiltaste rechts, um zu dem nächsten gespeicherten Wert zu gelangen.

„Sie möchten von heute beginnend bis zum 60. Lebensjahr sparen, also 360 Monate, ja?"

Eingabe	Display	Erklärung
▶	I/YR NOM% 8,65	Sie drücken die Pfeiltaste rechts, um zu dem nächsten gespeicherten Wert zu gelangen.
▶	EFF% 9,00	Sie drücken die Pfeiltaste rechts, um zu dem nächsten gespeicherten Wert zu gelangen.

„Wir rechnen mit einem Ansparzins von 9 Prozent, einverstanden?"

Eingabe	Display	Erklärung
▶	PV 0,00	Sie drücken die Pfeiltaste rechts, um zu dem nächsten gespeicherten Wert zu gelangen.

„Es steht heute keine Einmalanlage zur Verfügung, richtig?"

Eingabe	Display	Erklärung
▶	PMT = – 1.153,71	Sie drücken die Pfeiltaste rechts, um zu dem nächsten gespeicherten Wert zu gelangen. Im Display erscheint hinter dem PV ein Gleichheitszeichen, welches anzeigt, dass PMT berechnet wurde.

„Somit müssen Sie von heute an eine monatliche Rate von rund 1.150 € sparen, um Ihre Rentenvorstellungen zu verwirklichen, einverstanden?“

Eingabe	Display	Erklärung
▶	FV 1.963.746,96	Sie drücken die Pfeiltaste rechts, um zu dem nächsten gespeicherten Wert zu gelangen.

„Zu Rentenbeginn soll ein Kapital von rund 2 Millionen € zur Verfügung stehen, ok?“

Der Kunde wird hier wahrscheinlich zurückschrecken, doch er weiß, dass Sie alles richtig berechnet haben. Deshalb haben Sie ihn ja mit dem YOERS-Modus alle Angaben bestätigen lassen. Der Kunde wird nun vielleicht nicht direkt 1.150 € sparen, aber einen höheren Betrag als sicherlich bisher angenommen.

Auch diese Berechnung können Sie nun speichern oder dem Kunden eine mögliche Sparvariante mit Dynamik zeigen, um die Sparrate ein wenig zu verringern.

Eingabe	Display	Erklärung
YOERS	0,00	Beenden des YOERS-Modus.

Wichtig

Weitere Funktionen zu dem YOERS-Modus erhalten Sie im Handbuch des finanzmathematischen Taschenrechners BWK Business®.

Teil 6

Risikoabsicherung

Die Risikoabsicherung zählt heutzutage zu den Pflichtbestandteilen einer Beratung. Hier zählt nicht eine grobe Annahme, vielmehr ist eine zukunftsgerechte und detaillierte Berechnung absolut wichtig. Einige Kunden wissen das, jedoch nicht alle. Es können drei Kundengruppen unterschieden werden:

1. **Der Brauch-Ich-Nicht-Typ:** Dieser meint, Risikoabsicherung sei nicht wichtig. Sie müssen Ihn vom Gegenteil überzeugen. Wenn Sie das schaffen, können Sie hier die größten Provisionen verdienen.
2. **Der Hab-Schon-Alles-Typ:** Dieser meint, er sei bereits gut abgesichert. In der Regel ist jedoch das Gegenteil der Fall: der Kunde ist nicht genug abgesichert, er ist unterversichert. Auch hier müssen Sie den Kunden überzeugen, mehr zu tun. Es fällt jedoch vergleichsweise zum erstgenannten Kundentypus leichter, da dieser Kunde weiß, dass er etwas für Risikoabsicherung tun muss.
3. **Der Sicherheits-Typ:** Dieser Kunde gibt einen großen Teil seines Einkommens für Absicherung aus. Er ist gut abgesichert – zu gut. Er braucht einfach nicht mehr, sondern eher weniger. Sie müssen Ihn also davon überzeugen, weniger in Absicherung zu zahlen, stattdessen in andere Bereiche zu investieren, zum Beispiel für Vermögenssteigerung.

Ist Ihnen bei den obigen Personen etwas aufgefallen? Genau, bei allen müssen Sie Überzeugungsarbeit leisten. Doch wie? In der Finanzwelt ist die ZAHL eine der wichtigsten Entscheidungsgrößen. Natürlich ist auch die verbale Argumentation ein Entscheidungsgrund für den Kunden. Die Zahl jedoch ist ausschlaggebend. Wenn Sie diese dem Kunden präsentieren können, kann er sich leichter entscheiden und sich sehr viel besser mit seiner Entscheidung identifizieren. Zudem können Sie nicht nur ein Gespräch aufbauen, sondern ein spannendes Geldgespräch. Wie Sie dieses Geldgespräch in der Risikovorsorge am besten aufbauen, erfahren Sie in diesem Kapitel.

Die genaue Risikoanalyse ist im Rahmen der Finanzplanung eine der zentralen Fragen, die besondere Aufmerksamkeit erfordert, denn der Eintritt eines Risikos (zum Beispiel Krankheit, Berufsunfähigkeit oder Tod) kann die gesamte Vermögensplanung auf einen Schlag vernichten. Pauschal kann gesagt werden, dass es drei Pflichtabsicherungen gibt:

1. Einkommens-/Vermögensabsicherung bei Tod des Hauptverdieners,
2. Einkommensabsicherung bei Erwerbsminderung des Hauptverdieners,
3. Private Haftpflichtversicherung.

Bei der Risikobetrachtung geht der Berater im Regelfall von der aktuellen Datenerhebung/Bilanz aus und prüft dabei, wie sich die Vermögensdispositionen des Kunden verändern, wenn dessen Arbeitskraft morgen ausfallen würde. Diese Betrachtung ist zwar statischer Natur, erlaubt jedoch eine erste grundlegende Einschätzung über das vorhandene und auszugleichende Defizit.

Berufsunfähigkeit

Es ist wichtig, dass das regelmäßige Einkommen gesichert ist. Denn die Lebenshaltungskosten müssen abgedeckt sein, um den gewohnten Lebensstandard halten zu können. Auch laufende Ausgaben, wie Darlehenstilgungen, Vorsorge etc. sind sehr hoch. Wenn das regelmäßige Einkommen wegfällt, kommt es zu Notverkäufen, zum Beispiel der eigenen Immobilie, o. ä. und es wird nur wenig Erlös erzielt, da der Druck sehr hoch ist! Sehr schlecht ist es auch, wenn Vermögen, das für die Altersvorsorge gedacht ist, verlebt wird. Dass Sie Ihrem Kunden also ein Produkt bezüglich Berufsunfähigkeit, Erwerbsunfähigkeit, Grundfähigkeit etc. anbieten, ist sehr wichtig.

Folgende häufige Krankheiten sind Gründe für eine Berufsunfähigkeit:

Herz-, Kreislauf-, Gefäßerkrankungen	32,8 %
Rheuma, Knochen- und Wirbelsäulenerkrankungen	21,7 %
Schädigungen von Verdauungsorganen, Leber, Niere, Stoffwechsel, Diabetes	12,5 %
Nerven-, Geisteserkrankungen, Sucht	7,7 %
Krebs, gutartige Tumore	5,8 %
Asthma, chronische Bronchitis	3,5 %
Unfallverletzungen	9,8 %
sonstige Erkrankungen	6,8 %

Auch gesetzlich ist in diesem Fall in den letzten Jahren viel Nachteiliges für die Bürger umgesetzt worden, zum Beispiel die Erwerbsminderungsrente, die nur sehr gering ist. Die Daten vom 31.12.2003 von der Bundesversicherungsanstalt für Angestellte, kurz BfA, sind in der nachfolgenden Tabelle angegeben:

	Rentenbetrag in €		
Rentenart	Insgesamt	Männer	Frauen
Berufsunfähigkeitsrente	548	600	502
Renten wegen teilweiser Erwerbsminderung	399	454	362
Renten wegen voller Erwerbsminderung	796	943	723

Quelle: BfA, Stand: 31.12.2003

Diese Tabelle zeigt die durchschnittliche Rente eines „Eckrentners“. Das ist derjenige, der 45 Beitragsjahre jeweils einen Entgeltpunkt gesammelt hat. Selbst in diesem Idealfall ist die Rente sehr gering.

Auch Freiberufler wie Ärzte, Architekten, Steuerberater, Wirtschaftsprüfer oder Rechtsanwälte haben durch ihre Kammer eine eigene Absicherung gegen Berufsunfähigkeit, die jedoch nach sehr strengen Regeln funktioniert: auch wenn es schon fast unmöglich ist, den Beruf auszuüben, wird noch keine Rente gezahlt. Eine private Vorsorge für den Fall der Berufsunfähigkeit ist deswegen auch für Freiberufler dringend notwendig.

Sicherlich haben Sie schon eine bestimmt Strategie, wie Sie ein Produkt anbieten – hier sollte auch jeder seine eigenen Verkaufsargumente „auf den Tisch legen" können. Wie Sie diese Argumente mit einigen Zahlen unterlegen können, zeigen wir Ihnen auf den folgenden Seiten.

Hier noch einmal die wichtigsten drei Produktarten für diese Risikoabsicherung:

1. Kapitallebensversicherung einschließlich Berufsunfähigkeit (BU),
2. Risikolebensversicherung einschließlich BU,
3. Selbstständige Berufsunfähigkeitsversicherung.

Wir werden uns mit den zwei letzteren Versicherungsarten befassen, denn die Kapitallebensversicherung ist ein Produkt, welches, unseres Erachtens, ausgedient hat. Beachten Sie, dass eine BU-Absicherung über eine Risikolebensversicherung in der Regel preiswerter ist als die gleiche Absicherung über einen kapitalbildenden Tarif.

WICHTIG: In diesem Zusammenhang muss darauf hingewiesen werden, dass Renten aus privater Berufsunfähigkeitsversicherung (BU) bzw. Berufsunfähigkeitszusatzversicherung (BUZ) steuerpflichtig sind.

Neben der Ertragsanteilsbesteuerung (nur soweit diese ab 2005 abgeschlossen sind) sind bei einer kapitalbildenden Lebensversicherung weitere Kosten versteckt. Der Bund der Versicherten hat einen Bericht herausgegeben, der diese Kosten und Nachteile der Kapitallebensversicherung inklusive BU herausstellt. Weitere Informationen finden Sie unter *www.bundderversicherten.de*. Deshalb kann dem Kunden geraten werden, Risikovorsorge und Altersvorsorge zu trennen. Genau das spiegelt eine Kapitallebensversicherung mit BU nicht wieder. Eine Risikolebensversicherung ist, wie der Name schon sagt, ein Risikoprodukt. Wenn ein Risiko eintritt, wird etwas geleistet. Genauso geschieht es bei der reinen BU.

Wie können Sie dem Kunden klar machen, dass er eine BU braucht? Hier sollte generell zwischen zwei Personengruppen unterschieden werden. Zum einen die Gruppe derjenigen, die gerade ins Berufsleben eingestiegen sind, und zum anderen die Arbeitnehmer, die schon länger arbeiten und Geld angesammelt haben. Wie immer im Leben sind die Leute besser gestellt, die auch schon Vermögen besitzen. So auch in diesem Fall. Berufseinsteiger haben noch kein Vermögen und wenn diese dann berufsunfähig werden, ist schon eine halbe Katastrophe voreingestellt. Deshalb ist es für diese Gruppe sehr wichtig eine BU-Versicherung abzuschließen.

Für die Vermögenden ist es einfacher. Sie können von vorhandenem Kapital zehren und sich davon eine BU-Rente auszahlen lassen. Doch auch in diesem Fall muss darauf geachtet werden, dass

1. ausreichende Auszahlungsmöglichkeit vorhanden ist
2. Vermögen für die Altersliquidität nicht verringert wird.

Eine weitere Frage stellt sich bei der Kalkulation der Höhe der Berufsunfähigkeitsrenten. Soll hier das Netto- oder das Bruttovermögen oder vielleicht noch ein anderer Betrag eingesetzt werden? Wichtig ist, dass zum einen der Lebensstandard gesichert ist und zum anderen, dass auch später noch, also ab dem Ruhestand, genügend Mittel für die Altersliquidität bereitstehen. Es sollte also ungefähr der Netto-Betrag zur Verfügung stehen. Doch auch hierfür werden, wie oben erwähnt, Steuern erhoben. Die Berufsunfähigkeits-Rente soll also ca. beim Bruttovermögen angesetzt werden.

Sinnvoll ist auch der Abschluss einer BU-Versicherung mit Nachversicherungsgarantie, die eine spätere flexible Rentenerhöhung ohne erneute Gesundheitsprüfung ermöglicht. Denn sobald die Versicherung einige Jahre besteht, deckt die vereinbarte BU-Rente die tatsächlichen Lebenshaltungskosten oft nicht mehr ab. Denn diese sind durch Gehaltserhöhungen und Inflation gestiegen.

BEISPIEL 1

Roland K. ist gerade vor fünf Jahren ins „gute" Berufsleben eingestiegen. Der 28-Jährige arbeitet in einem mittelständischen Unternehmen. Durch großen Fleiß und viel Sorgfalt konnte er ein Bruttogehalt von jährlich 40.000 € erreichen. In die Altersvorsorge investiert er zurzeit 300 € und für Lebenshaltung braucht er nach eigenen Angaben rund 1.200 €. Beim Gespräch merken Sie, dass der Kunde sehr unschlüssig ist, ob er eine BU-Rente abschließen sollte. Er hat schon eine BU-Versicherung über monatlich 500 €, weshalb er meint, keine weitere Vorsorge zu benötigen. Kurz gesagt, mit Worten konnten Sie ihn nicht überzeugen. Der BWK Business® muss also her ...

Berechnung

Sie rechnen nun Roland K. vor, was er für ein Vermögen benötigen würde, wenn er in einer Woche erwerbsunfähig würde. Aus dem Kapital zahlt er sich also eine Rente aus.

Da der Steuerteil oft sehr gering ist, außer bei Renten von einer Auszahlungsdauer von mehr als 35 Jahren (Ertragsanteil 35 %), lassen wir diesen außer Betracht. Der Kunde muss die Lebenshaltungskosten (1.200 €) und die Zahlungen für die Altersvorsorge (300 €) absichern – insgesamt also 1.500 €. Da er schon eine BU über 500 € hat, benötigt er noch eine Zusatzabsicherung über 1.000 €. Stellen wir uns vor, der junge Herr K. wird in einer Woche berufsunfähig. Welches Vermögen braucht er zu Beginn, um sich selber eine Rente von 1.000 € über 32 Jahre auszahlen zu lassen? Nehmen Sie einen sicheren, effektiven Auszahlungszins von 4,5 Prozent an.

Eingabe	Display	Erklärung
12 P/YR	P/YR 12,00	Monatliche Auszahlung der Rente.
32 xP/YR	N 384,00	Er muss sich das Vermögen 32 Jahre auszahlen lassen.

4,5 EFF%	**I/YR NOM%** **4,41**	Eingabe des effektiven Zinses. Direkte Umrechnung in den nominalen Zins.
1000 PMT	**PMT** **1.000,00**	Eingabe des Auszahlungsbetrages, dieser muss positiv sein, da er in die Tasche des Kunden hineinfließt – die BU über 500 € wurde nicht berücksichtigt, da er diese ja schon besitzt und Sie ihm diese ja nicht nochmal verkaufen möchten.
0 FV	**FV** **0,00**	Zum 60. Lebensjahr soll kein Vermögen mehr vorhanden sein.
PV	**PV** **– 205.588,92**	Berechnung des Barwerts.

Somit braucht Roland K. heute einen Betrag von rund 205.000 €. Sie können Ihn direkt fragen: „Stellen Sie sich vor, Sie werden in einer Woche berufsunfähig, haben Sie dann den Betrag von 205.000 €?" Er wird Ihnen wahrscheinlich „nein" sagen und abschließen. So berechnen Sie für einen Berufseinsteiger die Berufsunfähigkeitsrente.

BEISPIEL 2

Nehmen wir jetzt einmal den Fall an, Sie haben den Kunden Karl F. (40 Jahre alt), der sich schon einiges aufbauen konnte.

Seine Vermögenswerte stellen sich wie folgt dar:

Eigentumswohnung	200.000 €
Investmentfonds	100.000 €
– davon Altersvorsorge	50.000 €
Versicherungen	150.000 €
Barvermögen	10.000 €
Gesamtvermögen	460.000 €

Monatlich spart der 40-jährige Kunde 300 € für die Liquidität im Alter. Lebenshaltungskosten inklusive aller Annuitäten etc. belaufen sich auf 2.000 € pro Monat.

Berechnung

Bei Kunden, die schon mehr Vermögen besitzen, wird es schon komplizierter, da Herr F. bei Berufsunfähigkeit innerhalb kürzester Zeit zwar auch ein Vermögen braucht, dieses aber schon größtenteils besitzt. Es kommt zum einen darauf an, welches Vermögen er für das Alter vorgesehen hat und welches nicht. Zudem muss das Vermögen direkt verfügbar sein, das er sich bei eventueller Erwerbsunfähigkeit direkt auszahlen lassen kann. Folgende Formel kann angewandt werden:

	Gesamtes Vermögen
–	angesammeltes Vermögen für Liquidität im Alter
=	von Altersvorsorge unabhängiges Vermögen
–	davon nicht direkt frei verfügbares Vermögen
=	anrechenbares Vermögen für BU zu Beginn

Die Formel können wir direkt für obigen Fall annehmen:

	Gesamtes Vermögen	460.000 €
–	Eigentumswohnung	200.000 €
–	AV-Teil Investmentfonds	50.000 €
–	Versicherungen	150.000 €
=	von Altersvorsorge unabh. Verm.	60.000 €
–	davon nicht direkt frei verfügbar	0 €
=	anrechenbares Vermögen für BU	60.000 €

Zur Erläuterung: Eigentumswohnungen zählen in den meisten Fällen zur Liquidität im Alter. Zudem wird ein Teil von Investmentfonds als Altersvorsorge zurückgelegt. Versicherungen sind fast ausschließlich für die Altersvorsorge gedacht. Somit ist hier jedes Vermögen direkt frei verfügbares Vermögen. Nicht frei verfügbares Einkommen könnten zum Beispiel Beteiligungen sein, die in dem Fall der Berufsunfähigkeit nur sehr schwierig verkauft werden können. Die meisten Vermögensteile für Altersvorsorge sind auch gleichzeitig nicht direkt verfügbare Einkommen. Immobilien sind nur schwer in kurzer Zeit zu veräußern und bei Versicherungen ist es oft unrentabel während der Laufzeit zu verkaufen. Es ist aber auch zu beachten, dass Versicherungen und Beteiligungen im Fall der Berufsunfähigkeit Sonderregelungen haben und in solchen Ausnahmefällen gut veräußert werden können.

Als erstes berechnen Sie, welche BU-Rente Karl F. aus dem direkt frei verfügbaren Einkommen bekommen kann. Auch hier nehmen Sie einen sicheren Zins nach Steuern von effektiv 4,5 Prozent an.

Eingabe	Display	Erklärung
12 P/YR	P/YR 12,00	Monatliche Auszahlung.
20 xP/YR	N 240,00	Bis zum 60. Lebensjahr wird die Rente ausgezahlt.
4,5 EFF%	I/YR NOM% 4,41	Eingabe des effektiven Zinses. Direkte Umrechnung in den nominalen Zins.
60000 +/– PV	PV – 60.000,00	Das frei verfügbare Einkommen wird ins Anlageprodukt investiert – aus der Tasche heraus, daher Minus-Vorzeichen.
0 FV	FV 0,00	Zum 60. Lebensjahr ist kein Vermögen mehr vorhanden.
PMT	PMT 376,67	Berechnung der monatlichen Rente.

Monatlich kann sich Johannes F. also eine Rente von rund 375 € aus dem schon bestehenden Vermögen auszahlen lassen. Da er Lebenshaltungskosten von 2.000 € hat und Zahlungen von 300 € für Liquidität im Alter, muss er nur noch rund 1.925 € absichern.

Berechnen Sie einfach das Vermögen, das heute zur Verfügung stehen müsste, um eine Rente von 1.925 € auszuzahlen.

Eingabe	Display	Erklärung
12 P/YR	P/YR 12,00	Monatliche Rentenauszahlung.
20 xP/YR	N 240,00	Die Rente soll über 20 Jahre ausgezahlt werden.
4,5 EFF%	I/YR NOM% 4,41	Eingabe des effektiven Zinses. Direkte Umrechnung in den nominalen Zins durch den BWK Business®.

1925 PMT	**PMT 1.925,00**	Es soll eine BU-Rente von 1.925 € ausgezahlt werden – in die Tasche herein, deshalb positives Vorzeichen.
0 FV	**FV 0,00**	Mit dem 60. Lebensjahr soll kein Vermögen mehr zur Verfügung stehen.
PV	**PV – 306.631,55**	Berechnung des Barwerts.

Somit müsste heute zusätzlich ein frei verfügbares Einkommen in Höhe von 307.000 € bestehen, um sich eine Rente auszahlen lassen zu können.

Sie sehen also, dass gerade im Bereich der Berufsunfähigkeits-Vorsorge genau zu differenzieren ist zwischen Kunden mit Einkommen + geringem Vermögen (Berufseinsteiger) und Kunden mit Einkommen + hohem Vermögen.

Risikolebensversicherungen

Hat der Kunde schon ein sehr großes Vermögen, kann von einer solchen Sicherungsstrategie abgesehen werden. Der Kunde kann selber Rücklagen bilden „für den Fall der Fälle". Hat er keine Rücklagen, so muss er es mit Versicherungen absichern. Diese Absicherung ist auch zwingend notwendig, da zum Beispiel eine Witwe/ein Witwer vom Staat nicht viel erwarten kann, wie auch die folgende Tabelle von der BfA beweist:

	Rentenbetrag in €		
	Insgesamt	Männer	Frauen
Renten wegen Todes	579	233	635

Quelle: BfA, Stand: 31.12.2003

Diese Tabelle verdeutlicht, dass der Staat den Verbliebenen kaum noch unter die Arme greift, wenn der Hauptverdiener verstirbt.

Hinweis: Die genaue Berechnung des erforderlichen Kapitalbedarfs auf Basis der Familiengröße, der Ausgabenstruktur und der ursprünglich geplanten Investitionen ist zwingend erforderlich. Wir raten grundsätzlich dazu, das 3- bis 5-fache des Bruttojahresgehaltes abzusichern. Dies ist eine einfache Orientierung, um eine erste Berechnungsgröße zu ermitteln. Genauer wird die Berechnung, wenn der effektive Finanzbedarf nach dem Ableben des Hauptverdieners kalkuliert wird und dabei die Ausgaben und Einnahmen genau erfasst werden. Ein eventuelles Defizit ist dann entsprechend abzusichern. Dabei sind auch die bestehenden Darlehen zu berücksichtigen, die durch den Tod des Vermögensinhabers sofort zu tilgen sind. Nehmen Sie immer das Negativ-Prinzip, das heißt, gehen Sie immer in Ihrer Berechnung bei Risikolebensversicherungen sowie auch bei BU-Versicherungen davon aus, dass dem Versicherten schnellstmöglich etwas zustößt und dieser somit direkt nach Abschluss Versicherungsleistungen bezieht.

BEISPIEL 1

Das Ehepaar Sabrina und Michael K. hat zwei Kinder, ein Eigentumshaus, das nur noch gering verschuldet ist und ein Vermögen von rund 300.000 €. Hiervon ist das meiste für die Altersvorsorge vorgesehen. Das Ehepaar besitzt direkt verfügbare Mittel in Höhe von 30.000 €. Der 40-jährige Michael hat ein Gesamtjahreseinkommen von brutto 60.000 €. Sabrina ist Hausfrau. Wie versichern Sie die Familie gegen den Tod des Hauptverdieners?

Berechnung

Gehen Sie in folgenden Schritten vor: Vervierfachen Sie das jährliche Bruttoeinkommen, um damit den Absicherungsbetrag zu berechnen. Dieser liegt bei 240.000 € (60.000 · 4). Da noch ein im Durchschnitt verfügbares Einkommen von 30.000 € vorhanden ist, kann die Absicherungssumme um diesen Betrag verringert werden. Es müsste somit eine Risikolebensversicherung über 210.000 € abgeschlossen werden. Diese kostet für Michael über eine Versicherungsdauer von 20 Jahren jährlich rund 600 €. Sabrina macht sich einige Gedanken über die hohe Absicherung und fragt Sie.

Nun nehmen Sie Ihren BWK Business® zur Hand und berechnen für Sabrina eine Rente, die sie aus dem Vermögen im Falle des Todes Ihres Mannes erhalten würde. Sie nehmen einen Zins von effektiv 4 Prozent nach Steuern an und berechnen die Rente bei Kapitalverzehr bis zum 60. Lebensjahr.

Eingabe	Display	Erklärung
12 P/YR	P/YR 12,00	Monatliche Rentenauszahlung.
20 xP/YR	N 240,00	Die Rente wird 20 Jahre lang ausgezahlt.
4 EFF%	I/YR NOM% 3,93	Der effektive Zins nach Steuern beträgt 4 %. Der nominale Zins wird direkt berechnet und angezeigt.
240000 +/– PV	PV – 240.000,00	Es wird ein Vermögen von 240.000 € in das Produkt zur Rentenauszahlung eingezahlt.
0 FV	FV 0,00	Die Rente soll mit Kapitalverzehr ausgezahlt werden, somit soll kein Vermögen mehr für das 60. Lebensjahr vorhanden sein.
PMT	PMT 1.445,33	Berechnung der monatlichen Rente.

Somit würde sich die Witwe bis zum 60. Lebensjahr eine Rente von 1.445,33 € auszahlen lassen können. Nach dem 60. Lebensjahr würden die Liquiditätszahlungen der Altersvorsorge folgen, da die Familie bisher schon viel dafür angelegt hat.

Es gibt auch Personen, die zwar gut verdienen, aber noch kein großes Vermögen aufbauen konnten. Was passiert in einem solchen Fall, wenn der Hauptverdiener stirbt? Plötzlich ist das hohe Einkommen weg. Die Hinterbliebenen stehen dann mit den Kindern da und das Darlehen, das für das Eigenheim aufgenommen wurde, muss weiter abbezahlt werden. Ein finanzielles Chaos steht bevor. Daran denken die meisten Leute jedoch nicht. Sie denken daran, wie schön es ist, im eigenen Haus zu sein und das Leben in vollen Zügen zu genießen.

BEISPIEL 2

Nehmen wir eine andere Familie mit einem Kind an. Der Mann, Stephan, 35 Jahre alt, hat gerade eine sehr gute Geschäftsidee umgesetzt, er hat sich selbstständig gemacht. Er konnte sein voriges Arbeitnehmer-Einkommen von 30.000 € auf 60.000 € verdoppeln. Diesen Kunden beraten Sie schon seit längerem und durch diesen finanziellen „Umschwung" haben Sie sich in letzter Zeit sehr viel mit dem Kunden beschäftigt und Strategien entwickelt. Beim heutigen Kundenbesuch geht es um Risikovorsorge, denn der Kunde hat nur eine Risikolebensversicherung über 100.000 €. Die Familie konnte noch kein großes Vermögen aufbauen und das Eigentumshaus ist mit noch 300.000 € stark darlehensgestützt.

Auch für die Altersvorsorge ist noch nicht viel getan worden. Die Frau, Anna, erwartet das 2. Kind. Es wäre also eine Katastrophe, wenn der Hauptverdiener verstirbt.

Wie würden Sie in diesem Fall vorgehen?

Berechnung

Folgende Eckdaten sollten Sie genau beachten.

1. Risikolebensversicherung über 100.000 €,
2. Darlehen 300.000 €,
3. Keine Altersvorsorge.

Die 100.000 € der Risikolebensversicherung ziehen Sie von dem abzusichernden Vermögen ab. Das Darlehen sollte jedoch noch zu der Absicherungssumme addiert werden. Was tun Sie aber gegen die fehlende Altersvorsorge? Vielleicht eine Kapitallebensversicherung? – Nein! Wie schon in der Einleitung beschrieben, sollten Sie Risikovorsorge und Altersvorsorge trennen. Sie sollten nun die zu berechnende Rente nicht mit Kapitalverzehr berechnen, sondern als ewige Rente, damit die Witwe dann noch zusätzlich mit dem 60. Lebensjahr ein Vermögen hätte, das sie zusätzlich zur Liquidität im Alter „verzehren" kann.

Berechnung der Absicherungshöhe:

	4-fache des Einkommens	240.000 €
–	vorhandene RLV	100.000 €
+	Darlehen	300.000 €
	Absicherungshöhe	440.000 €

Für die Absicherung müsste Stephan jährlich 875 € aufwenden. Wie hoch ist also die ewige Rente der Frau, wenn sie bei einem effektiven Zins nach Steuern von 5 Prozent anlegt?

Eingabe	Display	Erklärung
12 P/YR	P/YR 12,00	Berechnung einer monatlichen Rente.
25 xP/YR	N 300,00	Der Betrag wird bis zum 60. Lebensjahr gezahlt, danach folgt Kapitalverzehr für Liquidität im Alter – hier könnten Sie auch ein Jahr eingeben, da die zu berechnende Rente jedes Jahr gleich bleibt.
5 EFF%	I/YR NOM% 4,89	Eingabe des effektiven Zinses. Direkte Umrechnung in den nominalen Zins.
440000 +/– PV	PV – 440.000,00	Der Auszahlungsbetrag ist die oben berechnete Absicherungshöhe, die in das Produkt eingezahlt wird.
440000 FV	FV 440.000,00	Zum 60. Lebensjahr soll genauso der Betrag wie zu Beginn vorhanden sein = ewige Rente.
PMT	PMT 1.792,61	Berechnung der ewigen Rente.

Somit könnte sich die Frau ihr Leben lang eine ewige Rente von 1.792,61 € auszahlen lassen – solange das Produkt einen Nach-Steuerzins von 5 Prozent erzielt.

Die Frau fragt Sie nun, wie hoch dann noch die Auszahlung später im Alter sein wird. Auch hier nehmen Sie einen Auszahlungszins von 5 Prozent an. Gehen Sie darüber hinaus von einer Lebenserwartung der Frau von 90 Jahren aus.

Eingabe	Display	Erklärung
12 P/YR	P/YR 12,00	Monatliche Rentenauszahlung.
30 xP/YR	N 360,00	Die Frau bekommt die Rente vom 60.–90. Lebensjahr ausgezahlt, also 30 Jahre.
5 EFF%	I/YR NOM% 4,89	Eingabe des effektiven Zinses. Direkte Umrechnung in den nominalen Zins.
440000 +/– PV	PV – 440.000,00	Sie zahlt das übrig gebliebene Vermögen in das Altersvorsorgeprodukt ein.
0 FV	FV 0,00	Nach 30 Jahren, mit dem 90. Lebensjahr, soll das Vermögen aufgebraucht sein.
PMT	PMT 2.332,24	Berechnung der Rente.

Somit könnte sich die Witwe ab dem 60. Lebensjahr eine monatliche Rente mit Kapitalverzehr von rund 2.330 € auszahlen lassen oder weiterhin, wie oben berechnet, eine ewige Rente von rund 1.790 € beziehen.

Als guter Berater jedoch sollten Sie die Familie auf die Inflation hinweisen, dass diese 2.330 € später nicht mehr diesen Wert wie heute haben werden. Mit wenigen Schritten berechnen Sie die Rente nach 3 Prozent Inflation:

Eingabe	Display	Erklärung
1 P/YR	P/YR 1,00	Jährliche Inflationssteigerung.
25 xP/YR	N 25,00	Bis zur ersten Rentenauszahlung vergehen noch 25 Jahre.
3 I/YR	I/YR NOM% 3,00	Eingabe des nominalen Zinses, dieser entspricht aufgrund der jährlichen Zinsverrechnung dem effektiven Zins.
0 PMT	PMT 0,00	Keine regelmäßigen Zahlungen bei der Inflationsberechnung.
2330 FV	FV 2.330,00	Der Betrag von 2.330 € wird in 25 Jahren ausgezahlt.
PV	PV – 1.112,82	In 25 Jahren hat die Rente noch einen Wert von 1.110 €.

Somit hätten Sie die Familie für den Todesfall des Hauptverdieners abgesichert. Bei den Gesprächen der Risikoabsicherung sollten Sie zudem noch das Thema Berufsunfähigkeit ansprechen. So können Sie gleichzeitig BU-Schutz in die Risikolebensversicherung einbauen.

Nehmen wir nun den Fall an, dass Sie einen Kunden haben, der gerne die Regeln vorgibt und schon genaue Vorstellungen darüber hat, welche Rente seine Frau in seinem Todesfall bekommt. Er möchte von Ihnen wissen, über welchen Betrag der Risikolebensversicherungsschutz lauten sollte.

BEISPIEL 3

Hans Ganzsicher, 38 Jahre alt, möchte für seine Frau vorsorgen, für den Fall, dass er als Hauptverdiener sterben sollte. Sie soll eine monatliche Rente von 3.000 € mit Kapitalverzehr bekommen. Sie nehmen einen Auszahlungszins von 4 Prozent an.

Berechnung

Eingabe	Display	Erklärung
12 P/YR	P/YR 12,00	Monatliche Rentenauszahlungen.
22 xP/YR	N 264,00	Die Rente bezieht die mögliche Witwe 22 Jahre lang.
4 EFF%	I/YR NOM% 3,93	Eingabe des effektiven Zinses. Direkte Umrechnung in den nominalen Zins.
3000 PMT	PMT 3.000,00	Die Frau soll eine Auszahlung von monatlich 3.000 € bekommen.
0 FV	FV 0,00	Nach 22 Jahren soll das Vermögen aufgebraucht sein.
PV	PV – 529.710,35	Berechnung des Barwerts.

Somit müsste Ihr Kunde einen Betrag von 530.000 € absichern.

Als Berater stellen Sie sich ganz besonders hervor, wenn Sie dem Kunden schnell berechnen, was er wünscht. Es ist nicht wichtig, was er sich wünscht, Sie sollten ihm das nur berechnen können. Hier erweist sich der BWK Business® gerade bei Kundenbesuchen als äußerst nützlich.

Kapitallebensversicherungen

Gerade in den letzten Jahren hat dieses Produkt in Bezug auf Vorsorge und Renditeerzielung an Ansehen und Bedeutung verloren. Durch die Börsenflaute in den Jahren 2001, 2002 und 2003 konnten die Versicherer nicht mehr die prognostizierten Überschüsse halten. Einige Unternehmen haben Ihre Überschussbeteiligung bis auf den Garantiezins zurückgeschraubt. Doch in diesem Kapitel geht es um Risikoschutz. Ist, in diesem Zusammenhang, eine Anlage in dieses Produkt sinnvoll oder nicht?

Hierüber wird in einigen Fachkreisen sehr stark diskutiert. Letztendlich sollten Geldanlage und Risikovorsorge getrennt werden. Bei Kapitallebensversicherungen fallen jedoch bei diesem Punkt enorme Kosten an. Ein weiteres Argument, warum Sie Anlage und Risiko trennen sollten, ist folgende Frage: Was machen Sie, wenn Sie nicht mehr den Kapitalaufbau nutzen möchten, sondern nur noch die Risikovorsorge? Haben Sie die Mittel in einem Produkt gebunden (Kapitallebensversicherung), können Sie das ganze Produkt kündigen. Haben Sie Geldanlage und Risikovorsorge in zwei verschiedenen Produkten berücksichtigt, können Sie das eine beitragsfrei stellen oder kündigen. Das andere Produkt kann dann noch weiterlaufen.

Kurz gesagt: Als reine Risikovorsorge kann von einer Kapitallebensversicherung abgeraten werden. Ganz anders verhält es sich dagegen, wenn Sie die versicherungsgestützte Konzeption im Rahmen eines Vermögensaufbaus nutzen wollen. Hier bieten sich auch nach dem 01.01.2005 trotz einer Einführung des Alterseinkünftegesetzes interessante Anlagealternativen.

Teil 7

Rechnen für Profis

Im Folgenden möchte ich Ihnen einige wirklich anspruchsvolle Fragestellungen vorstellen, die Sie mit Hilfe des BWK Business® lösen können. Diese komplexen Fragestellungen sind nicht unbedingt tägliche Praxis, kommen aber von Zeit zu Zeit auch im Beratungsalltag vor.

Verstehen Sie diese Aufgabenstellung bitte als eine Art Abschlusstest. Wenn Sie in der Lage sind, diese Fragestellungen ohne Hilfestellung zu lösen, haben Sie die Grundlagen von Zahlungsströmen verinnerlicht. Gelingt Ihnen die Lösung dieser Fragen in der angegebenen Zeit, können Sie sich jederzeit beruhigt mit dem Taschenrechner bewaffnet auf den Weg zum Kundengespräch machen. Sie werden dort mit großer Sicherheit nicht auf Fragen stoßen, die Sie nicht beantworten können. Die Botschaft lautet daher: Verstehen Sie die folgenden Seiten als eine kleine Herausforderung.

Eine Finca auf Mallorca

BEISPIEL

Karin W. (35 Jahre) ist allein erziehende Mutter zweier Kinder. Sie kann monatlich einen Betrag von 250 € sparen. In 5 Jahren möchte sie ihrem Sohn mit 4.000 € den Berufsstart erleichtern. In 8 Jahren soll ihre Tochter den gleichen Betrag erhalten, allerdings möchte Karin der Tochter den Betrag zur Verfügung stellen, der die gleiche Kaufkraft hat, wie die Summe, die der Bruder 3 Jahre zuvor bekommen hat (Inflationsrate

3,16 Prozent). In 8 Jahren möchte Karin sich einen Partner suchen. Dieser soll monatlich einen Betrag von 300 € zu ihren Sparzahlungen hinzuzahlen.

In 14 Jahren hat sie die Möglichkeit, eine Finca auf Mallorca von einem Freund zu kaufen. Der Kaufpreis soll 50.000 € betragen. Auch hier haben sich die beiden darauf geeinigt, dass die Inflation bis zum Kauf berücksichtigt werden soll.

Für die Anlage geht Karin W. von einer effektiven Rendite von 8 Prozent pro Jahr aus.

Karin W. fragt Sie als ihren Berater nun:

1. Kann sie ihre Ziele erreichen?
2. Wenn ja: Wie viel kann sie selbst ab dem 8. Jahr weniger sparen, wenn ihr Partner 300 € monatlich zuzahlt?
3. Wenn nein: Wie viel muss der Partner zuzahlen, damit sie ihre Ziele erreicht?
4. Wie viel muss ab dem 11. Jahr ein Zweitfreund (Mallorca) für Karin sparen, damit sie sich im 14. Jahr auf Mallorca für dann 120.000 € einen Ferrari als Zweitwagen leisten kann?

Eine solch komplexe Fragestellung stiftet zunächst einmal Verwirrung. Sie haben schnell wieder Ordnung in Ihren Gedanken und erkennen die richtige Vorgehensweise, wenn Sie sich zuerst einmal die Zahlungsströme verdeutlichen.

Stopp

Bevor Sie weiterlesen, gilt einmal mehr: Denken Sie zuerst ohne jegliche Hilfe nach. Sortieren Sie Ihre Gedanken und schreiben Sie Ihre Gedanken auf. Skizzieren Sie den Sachverhalt, insbesondere die Zahlungsströme. Verstehen Sie. Ordnen Sie den Sachverhalt gedanklich. Dann handeln Sie und beginnen zu rechnen. Das sind die Erfolgsschritte eins und zwei. Und: Erst wenn Sie diese beiden Erfolgsschritte einhalten, bereiten Ihnen die folgenden Aufgaben so richtig Spaß.

Die Auszahlungen:

- in 5 Jahren: 4.000 €
- in 8 Jahren 4.000 € + Inflationsausgleich
- in 14 Jahren 50.000 € + Inflationsausgleich

Die Einzahlungen:

- 1. bis 8. Jahr: 250 € monatliche Sparzahlung von Karin W.
- 9. bis 14. Jahr: 250 € monatliche Sparzahlung Karin W. + 300 € Sparzahlung monatlich vom Partner

+/– Berechnung

Als ersten Berechnungsschritt werden für alle Zahlungen die Nominalwerte ermittelt. Das heißt, dort, wo ein Inflationsausgleich durchgeführt werden soll, ermitteln wir den tatsächlich anfallenden Zahlungsbetrag.

1. Zahlung an die Tochter: Hier ist ein Inflationsausgleich über 3 Jahre zu berücksichtigen.

Eingabe	Display	Erklärung
1 P/YR	**P/YR 1,00**	Es handelt sich um eine Inflationsberechnung, daher rechnen wir mit einer Periode jährlich.
3 xP/YR	**N 3,00**	Der Inflationsausgleich soll über 3 Jahre stattfinden.
3,16 I/YR	**I/YR NOM% 3,16**	Die angenommene Inflationsrate beträgt 3,16 % jährlich.
4000 +/– PV	**PV – 4.000,00**	Der ursprüngliche Betrag war: 4.000 €.
0 PMT	**PMT 0,00**	Keine regelmäßigen Zahlungen bei Inflationsberechnungen.
FV	**FV 4.391,31**	Karin W. müsste der Tochter in 8 Jahren einen Betrag von 4.391 € zur Verfügung stellen, wenn die Tochter gegenüber dem Sohn nicht schlechter gestellt sein soll.

2. Kaufpreis der Finca: Der Kauf soll in 14 Jahren erfolgen. Der Kaufpreis nach heutiger Kaufkraft soll 50.000 € betragen.

Eingabe	Display	Erklärung
1 P/YR	P/YR 1,00	Es handelt sich um eine Inflationsberechnung, daher rechnen wir mit einer Periode jährlich.
14 xP/YR	N 14,00	Der Inflationsausgleich soll über 14 Jahre stattfinden.
3,16 I/YR	I/YR NOM% 3,16	Die angenommene Inflationsrate beträgt 3,16 % jährlich.
50000 +/– PV	PV – 50.000,00	Der ursprüngliche Betrag war 50.000 €.
0 PMT	PMT 0,00	Keine regelmäßigen Zahlungen bei einer Inflationsberechnung.
FV	FV 77.290,95	Der Kaufpreis der Finca wird nominal 77.291 € betragen.

Damit sind alle notwendigen Zahlungen als Nominalgrößen bekannt, mit denen wir arbeiten und rechnen können.

Wir ermitteln das Endergebnis des geplanten Spar- und Entnahmeplans in mehreren Berechnungsschritten. Zunächst stellen wir den absoluten Zahlungsstrom dar:

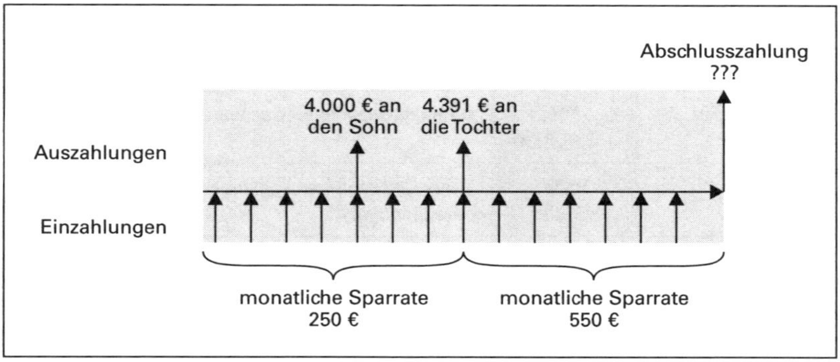

Aus dieser Darstellung lassen sich die erforderlichen Berechnungen leicht ersehen:

Die ersten 5 Sparjahre bis zur Zahlung an den Sohn:

Eingabe	Display	Erklärung
12 P/YR	P/YR 12,00	Karin W. spart monatlich.
5 xP/YR	N 60,00	Wir betrachten die ersten 5 Jahre des Sparplans.
8 EFF%	I/YR NOM% 7,72	Wir nehmen einen Effektivzins von 8 % an. Der BWK Business® rechnet direkt in den nominalen Zins um und zeigt diesen auch an.
0 PV	PV 0,00	Karin W. verfügt nicht über Kapital für eine Einmalanlage.
250 +/– PMT	PMT – 250,00	Karin W. spart monatlich 250 €.
FV	FV 18.236,16	Kontostand nach 5 Jahren.

Nach 5 Jahren verfügt Karin W. über ein Vermögen von 18.236,16 €. Davon erhält der Sohn 4.000 €.

Wir rechnen weiter von der Zahlung an den Sohn bis zur nächsten Veränderung des Zahlungsstrom – der Auszahlung an die Tochter.

Eingabe	Display	Erklärung
RCL FV	FV 18.236,16	Abrufen des vorher berechneten Endvermögens.
– 4000 = +/– PV	PV – 14.236,16	Es werden 4.000 € entnommen. Der verbleibende Teil wird als Anfangskapital in den nächsten Berechnungsschritt übernommen.
3 xP/YR	N 36,00	Die zweite Berechnungsstufe.
FV	FV 28.024,81	Kontostand nach insgesamt 8 Jahren.

Nach 8 Jahren verfügt Karin W. über ein Vermögen von 28.024,81 €. Davon erhält die Tochter 4.391,31 €. Ab diesem Zeitpunkt wird ihr Partner sie unterstützen und zusätzlich 300 € monatlich einzahlen.

Die beiden sparen den Rest der Zeit gemeinsam weiter.

Eingabe	Display	Erklärung
RCL FV	**FV 28.024,81**	Abrufen des vorher ermittelten Endvermögens.
– 4391,31 = +/– PV	**PV – 23.633,50**	Es werden 4.391,31 € entnommen. Der verbleibende Teil wird als Anfangskapital in den nächsten Berechnungsschritt übernommen.
6 xP/YR	**N 72,00**	Die letzte Sparperiode bis zur Entnahme dauert noch 6 Jahre (72 Monate).
550 +/– PMT	**PMT – 550,00**	Jetzt zahlt der Partner ebenfalls ein, damit ergibt sich ein monatlicher Sparbetrag von 550 €.
FV	**FV 87.671,15**	Kontostand nach insgesamt 14 Jahren.

Ergebnis: In 14 Jahren kann Karin W. über ein Vermögen von 87.671 € verfügen. Die Finca kostet nach Inflationsausgleich 77.291 €. Das Kapital genügt, um sich diesen Wunsch zu erfüllen.

Frage 2 ist damit gegenstandslos. Karin W. muss ihre Sparzahlung nicht erhöhen, sondern kann ab dem 9. Jahr ihre eigene Einzahlung reduzieren.

Berechnung

Wir arbeiten direkt mit den bereits gespeicherten Werten weiter!

Eingabe	Display	Erklärung
77290,95 FV	**FV 77.290,95**	Karin W. benötigt als Endvermögen einen Betrag von 77.290,95 €.
PMT	**PMT – 436,20**	Bereits mit einer Sparzahlung 436,20 € in der letzten Sparphase kann Karin W. ihr Zielvermögen erreichen.

Ergebnis: In der letzten Sparphase genügt ein monatlicher Investitionsbetrag von 436,20 € um das Zielvermögen zu erreichen. Da der Partner 300 € der Sparzahlung aufbringen soll, kann Karin W. ihre eigenen Sparzahlungen auf 136,20 € verringern.

Berechnung

In 3 Jahren soll der Zweitfreund für Karin bei einer Rendite von 8 Prozent ein Vermögen von 120.000 € ansparen. Welchen Betrag muss er monatlich in die Freundschaft zu Karin investieren?

Eingabe	Display	Erklärung
12 P/YR	**P/YR 12,00**	Es wird monatlich eingezahlt.
3 xP/YR	**N 36,00**	Die Zahlungen werden 3 Jahre lang geleistet.
8 EFF%	**I/YR NOM% 7,72**	Wir nehmen einen Effektivzins von 8 % an. Direkte Umrechnung in den Nominalzins.
0 PV	**PV 0,00**	Eine Einmalanlage wird nicht gezahlt.

120000 FV	**FV** **120.000,00**	Das Sparziel ist ein Vermögen von 120.000 €.
PMT	**PMT** **– 2.972,85**	Um das Zielvermögen zu erreichen, muss monatlich ein Betrag von 2.972,85 € angelegt werden.

Ergebnis: Damit Karin sich den Traumwagen leisten kann, muss der Freund monatlich einen Betrag von 2.972,85 € anlegen.

BEISPIEL

Ihr Kunde hat ganz genaue Vorstellungen, welche Beträge er im Alter benötigt. Er möchte mit 60 Jahren in den Ruhestand gehen. Vom 60. bis zum 70. Lebensjahr möchte er eine monatliche Rente von 4.000 € beziehen. Vom 70. bis zum 80. Lebensjahr soll die Rente nur noch 3.000 € betragen. Dafür möchte er mit 75 Jahren einen Betrag von 50.000 € einmalig aus seinem Vermögen entnehmen, um eine Weltreise zu unternehmen. Ab dem 80. Lebensjahr will er eine monatliche Rente von 2.800 € lebenslänglich erhalten. Sein Kapital soll durch diese Rente nicht mehr verringert werden. Der Kunde ist heute 25 Jahre alt.

Seine Fragen an Sie:

1. Wie viel Kapital muss er bis zum 60. Lebensjahr ansparen, damit er sich die geplanten Entnahmen bei einer Rendite seiner Anlagen von 6 Prozent leisten kann?
2. Welchen Betrag muss er ab sofort monatlich sparen, damit er das notwendige Kapital aufbauen kann (Rendite in der Sparzeit: 11 Prozent)?
3. Welchen Betrag wird er seinen Erben hinterlassen?

Auch bei dieser Fragestellung müssen Sie sich zuerst einmal alle Zahlungsströme verdeutlichen. Betrachten Sie dafür die grafische Darstellung auf der nächsten Seite.

Sie sehen: Der Wunsch des Kunden lässt sich nicht in einem einzigen Zahlungsstrom darstellen. Damit der notwendige Sparvertrag berechnet werden kann, müssen wir das Zielvermögen im Alter von 60 Jahren kennen. Dieses Endvermögen können wir in diesem Fall nicht mit einer einzigen Berechnung ermitteln.

Wir kommen hier nur weiter, wenn wir jede einzelne Phase des Auszahlungszeitraums separat betrachten. Hier kann für jede der einzelnen Auszahlungsphasen zunächst einmal der Barwert aller Zahlungen zu Beginn des Auszahlungszeitraums ermittelt werden. Diesen Wert müssen wir weiter auf den Zeitpunkt abzinsen, zu dem der erste Auszahlungsplan beginnt, also auf das 60. Lebensjahr des Kunden.

Diese Berechnung muss für jede Phase des Auszahlungszeitraums durchgeführt werden. Die Summe aller Barwerte zum 60. Lebensjahr des Kunden ist gleich dem Vermögen, das zu Beginn der Auszahlungen zur Verfügung stehen muss.

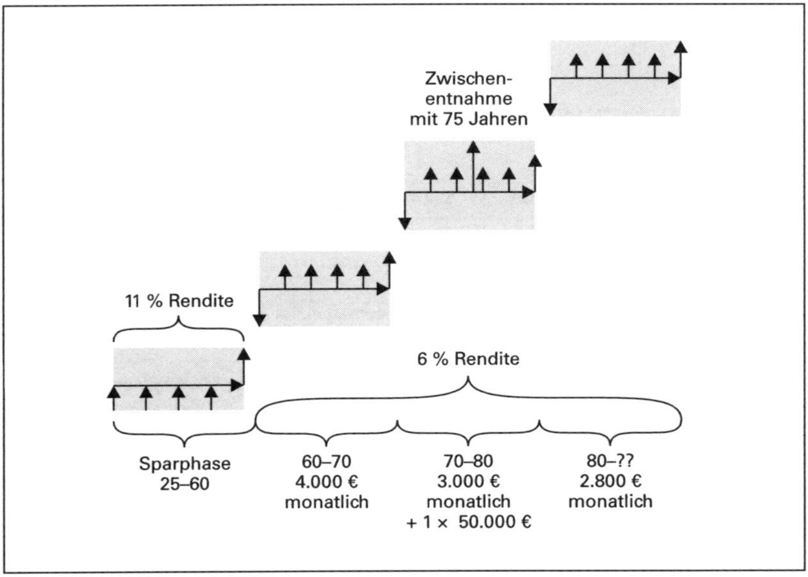

Auf den folgenden Seiten können Sie die Berechnungen durchführen:

+/– Berechnung 1: Barwert der Zahlungen zwischen 60. und 70. Lebensjahr

Eingabe	Display	Erklärung
12 P/YR	P/YR 12,00	Es fließen monatliche Zahlungen.
10 xP/YR	N 120,00	Wir betrachten einen Zeitraum von 10 Jahren.
6 EFF%	I/YR NOM% 5,84	Es wird ein Effektivzins von 6 % angenommen. Direkte Umrechnung in den nominalen Zins.
4000 PMT	PMT 4.000,00	Es sollen monatlich 4.000 € Rentenzahlung fließen.
0 FV	FV 0,00	Wir setzen kein Endvermögen an. Den Zeitraum ab dem 70. Lebensjahr betrachten wir später separat.
PV	PV – 362.897,29	Um die Zahlungen zwischen dem 60. und dem 70. Lebensjahr zu gewährleisten, benötigt der Kunde einen Betrag von 362.897,29 €.

+/– Berechnung 2: Zahlungen zwischen dem 70. und dem 80. Lebensjahr

Eingabe	Display	Erklärung
12 P/YR	P/YR 12,00	Es fließen monatliche Zahlungen.
10 xP/YR	N 120,00	Wir betrachten einen Zeitraum von 10 Jahren.
6 EFF%	I/YR NOM% 5,84	Es wird ein Effektivzins von 6 % angenommen. Direkte Umrechnung in den Nominalzins.
3000 PMT	PMT 3.000,00	Es sollen monatlich 3.000 € Rentenzahlung fließen.
0 FV	FV 0,00	Wir setzen kein Endvermögen an. Den Zeitraum ab dem 70. Lebensjahr betrachten wir später separat.
PV	PV – 272.172,96	Um die Zahlungen zwischen dem 70. und dem 80. Lebensjahr zu gewährleisten, benötigt der Kunde einen Betrag von 272.172,96 €.

Dieser Betrag von 272.172,96 € wird zu Beginn des 70. Lebensjahres benötigt. Da wir das Vermögen errechnen möchten, das der Kunde mit 60 Jahren benötigt, müssen wir weitere 10 Jahre abzinsen.

Eingabe	Display	Erklärung
RCL PV	PV – 272.172,96	Abrufen des gerade berechneten Barwerts.
+/– FV	FV 272.172,96	Der Betrag wird als Endwert übernommen.
0 PMT	PMT 0,00	Es wird keine Rente mehr entnommen.
PV	PV – 151.979,96	Barwert zum 60. Lebensjahr.

Um zwischen dem 70. und 80. Lebensjahr eine monatliche Rente von 3.000 € entnehmen zu können, muss unser Kunde mit 60 Jahren einen Betrag von 151.979,96 € mit einer Rendite von 6 Prozent anlegen.

+/– Berechnung 3: Einmalige Entnahme mit 75 Jahren

Auch das Kapital, das für die Sicherung dieser Zahlung zum 60. Lebensjahr vorhanden sein muss, ermitteln wir durch die Berechnung des Barwerts.

Eingabe	Display	Erklärung
1 P/YR	P/YR 1,00	Es handelt sich um eine Einmalzahlung.
15 xP/YR	N 15,00	Die Zahlung soll 15 Jahre nach dem 60. Geburtstag erfolgen.
6 EFF%	I/YR NOM% 6,00	Es wird ein Effektivzins von 6 % angenommen. Dieser ist aufgrund der jährlichen Zins- und Tilgungsverrechnung gleich dem nominalen Zins.
0 PMT	PMT 0,00	Keine regelmäßige Zahlung.

50000 FV	**FV 50.000,00**	Es soll ein Betrag von 50.000 € fließen.
PV	**PV – 20.863,25**	Berechnung des Barwerts.

Ergebnis: Damit die Zahlung im Alter von 75 Jahren gewährleistet werden kann, wird zum 60. Lebensjahr ein Kapital von 20.863,25 € benötigt.

Berechnung 4: Zahlungen ab dem 80. Lebensjahr

Hier muss ermittelt werden, welches Kapital der Kunde benötigt, damit er sich eine lebenslange Rente von 2.800 € selbst zahlen kann.

Diese Berechnung kann nicht mit der Funktion TVM des Taschenrechners durchgeführt werden. Die manuelle Berechnung ist jedoch völlig unkompliziert.

Zunächst wird dazu ermittelt, wie viel Zinsen der Anleger im Jahr benötigt, damit er diese Rente erhalten kann. Dieser Betrag entspricht dem Zwölffachen der gewünschten Rente, also 12 • 2.800 € = 33.600 €.

Der Rest ist eine einfache Dreisatzrechung. Bei einer angenommenen Rendite von 6 Prozent entsprechen diese 33.600 € 6 Prozent des notwendigen Kapitals. Hier jedoch ist zu beachten, dass die Rentenauszahlung monatlich erfolgt. Deshalb muss die Rendite von 6 Prozent in den nominalen Zins umgerechnet werden. Dieser liegt gerundet bei 5,84 Prozent. Mit diesem Zins berechnen Sie die Dreisatzrechnung.

Damit ermittelt sich das notwendige Kapital wie folgt::

$$33.600 \cdot \frac{100}{5,84} = 575.342,47 \text{ €}$$

Dieser Betrag muss im Alter von 80 Jahren noch zur Verfügung stehen, damit diese Rente gezahlt werden kann. Der gleiche Betrag wird später einmal an die Erben fallen, da zur Rentenzahlung nur die Zinsen entnommen werden.

Auch den Betrag von rund 575.000 €, der zur Zahlung der „ewigen Rente“ verfügbar sein muss, zinsen wir nun auf das Ende des Ansparplans ab.

Eingabe	Display	Erklärung
1 P/YR	P/YR 1,00	Es handelt sich um eine Einmalzahlung.
20 xP/YR	N 20,00	Der Betrag soll 20 Jahre nach dem 60. Geburtstag zur Verfügung stehen.
6 EFF%	I/YR NOM% 6,00	Es wird ein Effektivzins von 6 % angenommen, der auch gleich dem Nominalzins ist.
0 PMT	PMT 0,00	Keine regelmäßigen Zahlungen.
575342,47 FV	FV 575.342,47	Es soll ein Betrag von 575.000 € im Alter von 80 Jahren bereitstehen.
PV	PV – 179.394,50	Berechnung des Barwerts.

Jetzt kennen wir die Barwerte aller Auszahlungsströme zum Ende der Sparphase. Die Summe aller Barwerte ist das Kapital, das Ihr Anleger bis zu seinem 60. Geburtstag ansparen muss, damit er seine gewünschten Rentenzahlungen erhalten kann.

Wir addieren die einzelnen Barwerte auf und berechnen den Sparplan:

Zahlungsstrom/Zahlung	Barwert zum 60. Lebensjahr des Kunden
Rentenzahlung 60.–70. Lebensjahr	362.897,29 €
Rentenzahlung 70.–80. Lebensjahr	151.979,96 €
einmalige Entnahme im Alter von 75 Jahren	20.863,25 €
„ewige Rentenzahlung“ ab dem 80. Lebensjahr	179.394,50 €
Summe:	**715.135,00 €**

Diese Summe muss der Kunde bis zu seinem 60. Lebensjahr ansparen. Die Berechnung der notwendigen Sparzahlungen stellt für Sie kein Problem mehr dar:

Eingabe	Display	Erklärung
12 P/YR	P/YR 12,00	Der Kunde wird monatlich sparen.
35 xP/YR	N 420,00	Der gesamte Ansparplan dauert 35 Jahre.
11 EFF%	I/YR NOM% 10,48	Es wird ein Effektivzins von 11 % angenommen. Dieser entspricht einem Nominalzins von 10,48 %.
0 PV	PV 0,00	Der Kunde verfügt über kein Startkapital.
715135 FV	FV 715.135,00	Es soll ein Betrag von 715.135 € angespart werden.
PMT	PMT – 166,24	Er muss 35 Jahre lang 166,24 € sparen, um seine Ziele zu erreichen.

Ergebnis: Damit sich Ihr Kunde seine gewünschten Rentenzahlungen ab dem 60. Lebensjahr leisten kann, muss er ab sofort monatlich einen Betrag von 166,24 € sparen.

DRV Renteninformation – ein Praxisfall

Seit dem Jahr 2003 versendet die Deutsche Rentenversicherung Bund Renteninformationen mit den zu erwartenden Rentenansprüchen nach dem 67. Lebensjahr. In dieser Renteninformation wurde auch eine Hochrechnung mit ein und zwei Prozent Rentensteigerung gemacht. Diese Rentensteigerungen sind nichts anderes als ein Zinssatz, mit dem sich die angenommene Rente bis zum Rentenbeginn verzinst. Im Folgenden ist die relevante Seite einer Renteninformation angegeben:

[redacted]

Deutsche Rentenversicherung

[redacted]

Ihre Versicherungsnummer
[redacted]
(bitte stets angeben)

Servicetelefon 0800 1000 48080
Telefon [redacted]

[redacted]

Renteninformation 2007

Ihre Renteninformation

Sehr geehrter [redacted]

in dieser Renteninformation haben wir die für Sie vom 01.09.1997 bis zum 21.02.2007 gespeicherten Daten und das ab 01.01.2008 geltende Rentenrecht berücksichtigt. Die Regelaltersgrenze erreichen Sie am **25.03.2048** (Altersgrenze für die Regelaltersrente). Änderungen in Ihren persönlichen Verhältnissen und gesetzliche Änderungen können sich auf Ihre zu erwartende Rente auswirken. Bitte beachten Sie, dass von der Rente auch Kranken- und Pflegeversicherungsbeiträge sowie gegebenenfalls Steuern zu zahlen sind. Auf der Rückseite finden Sie zudem wichtige Erläuterungen und zusätzliche Informationen.

Rente wegen voller Erwerbsminderung
Wären Sie heute wegen gesundheitlicher Einschränkungen voll erwerbsgemindert, bekämen Sie von uns eine monatliche Rente von: **1.174,39 EUR**

Höhe Ihrer künftigen Regelaltersrente
Ihre bislang erreichte Rentenanwartschaft entspräche nach heutigem Stand einer monatlichen Rente von: **224,40 EUR**
Sollten bis zur Regelaltersgrenze Beiträge wie im Durchschnitt der letzten fünf Kalenderjahre gezahlt werden, bekämen Sie ohne Berücksichtigung von Rentenanpassungen von uns eine monatliche Rente von: **1.573,13 EUR**

Rentenanpassung
Aufgrund zukünftiger Rentenanpassungen kann die errechnete Rente in Höhe von 1.573,13 EUR tatsächlich höher ausfallen. Allerdings können auch wir die Entwicklung nicht vorhersehen. Deshalb haben wir - ohne Berücksichtigung des Kaufkraftverlustes - zwei mögliche Varianten für Sie gerechnet. Beträgt der jährliche Anpassungssatz 1 Prozent, so ergäbe sich eine monatliche Rente von etwa 2.340 EUR. Bei einem jährlichen Anpassungssatz von 2 Prozent ergäbe sich eine monatliche Rente von etwa 3.470 EUR.

Zusätzlicher Vorsorgebedarf
Da die Renten im Vergleich zu den Löhnen künftig geringer steigen werden und sich somit die spätere Lücke zwischen Rente und Erwerbseinkommen vergrößert, wird eine zusätzliche Absicherung für das Alter wichtiger ("Versorgungslücke"). Bei der ergänzenden Altersvorsorge sollten Sie - wie bei Ihrer zu erwartenden Rente - den Kaufkraftverlust beachten.

Anlage: Beiblatt

Mit freundlichen Grüßen
Ihre Deutsche Rentenversicherung
[redacted]

Bitte nehmen Sie diesen Beleg zu Ihren Rentenunterlagen.

BEISPIEL

Aus dieser Information könnten Sie also ersehen, welche Rente bei keiner, bei 1-prozentiger und bei 2-prozentiger Rentensteigerung bezogen werden kann. Nehmen wir an, Sie fragen einen Kunden nach dieser Rente, aber dieser hat nicht mehr die Renteninformation und kann sich nur noch an die höchste Rentensteigerung von 2 Prozent erinnern: 3.470 €.

Keine Rentenanpassung	??? €
1 % Rentenanpassung	??? €
2 % Rentenanpassung	3.470 €

Um den Kunden nun eine möglichst genaue Berechnung der Rentenlücke zu ermöglichen, müssen Sie auch die Rente bei keiner und bei 1 Prozent Rentenanpassung berechnen. Ihr Kunde ist 27 Jahre alt und erhält die Rente erst mit dem 67. Lebensjahr.

Berechnung

Eingabe	Display	Erklärung
1 P/YR	**P/YR** **1,00**	Jährliche Rentenanpassung.
40 xP/YR	**N** **40,00**	Ihr Kunde erhält in 40 Jahren die erste Rentenzahlung.
2 I/YR	**I/YR NOM%** **2,00**	Die Rentensteigerung beträgt 2 % – hier ist der nominale gleich dem effektiven Zins, da nur eine jährliche Zahlungsperiode.
0 PMT	**PMT** **0,00**	Es werden keine regelmäßigen Einzahlungen getätigt.
3470 FV	**FV** **3.470,00**	Die erste Rentenzahlung mit 2 % Steigerung beträgt 3.470 €.
PV	**PV** **– 1.571,53**	Sie ermitteln die Rente bei 0 % Rentenanpassung.

Würde Ihr Kunde also ab heute 40 Jahre lang eine Rentenanpassung von jährlich 2 Prozent erhalten, so würde er mit 67 Jahren 3.470 € bekommen. Sie haben also die Rente mit 67 in FV, also Zukunftswert, eingegeben und die Rente auf den heutigen Tag abgezinst. Ohne Rentenanpassung würde sich die Rente vom heutigen Stand nicht mehr erhöhen. Diesen Wert haben Sie in der obigen Rechnung ermittelt. Nun möchten Sie die Rente mit 1 Prozent Rentenanpassung berechnen. Dazu haben Sie noch die obigen Werte gespeichert und brauchen nur eine Zahl verändern:

Eingabe	Display	Erklärung
1 I/YR	**I/YR NOM% 1,00**	Sie berechnen die Rente mit einer Rentenanpassung von 1 %.
FV	**FV 2.339,79**	Die Rente in 40 Jahren bei einer Rentenanpassung von 1 % beträgt rund 2.340 €.

Da Sie in der ersten Berechnung den gegenwärtigen Stand (PV) der Rente ermittelt haben, brauchen Sie nur noch die Rente in der Zukunft (FV) ermitteln. Die Tabelle sieht also mit den fehlenden Daten wie folgt aus:

Keine Rentenanpassung	1.571 €
1 % Rentenanpassung	2.340 €
2 % Rentenanpassung	3.470 €

In Zukunft könnte der Kunde also diese Rente als Auszahlungen erhalten. Dann aber ist diese Rente aller Voraussicht nach nicht mehr soviel Wert, wie sich der Kunde das vorstellt. Als Berater sollten Sie dem Kunden noch die heutige Kaufkraft dieser Renten berechnen. Gehen Sie hier von einer jährlichen Inflation von 3 Prozent aus.

Eingabe	Display	Erklärung
1 P/YR	P/YR 1,00	Jährliche Inflation.
40 xP/YR	N 40,00	Bis zur ersten Rentenzahlung sind es noch 40 Jahre.
3 I/YR	I/YR NOM% 3,00	Sie rechnen mit einer Inflation von 3 %.
0 PMT	PMT 0,00	Es fließen keine regelmäßigen Zahlungen bei der Inflationsrechnung.
1571 FV	FV 1.571,00	Die erste Rentenzahlung beträgt in der Zukunft 1.571 €.
PV	PV – 481,60	Die heutige Kaufkraft der zukünftigen Rentenzahlung entspricht 482 €.

Somit hat der Kunde einen kleinen Anhaltspunkt, welche heutige Kaufkraft die zukünftige Rentenzahlung hat, wenn keine Rentenanpassung erfolgt. Nun berechnen Sie auch den gegenwärtigen Wert für die 1- und 2-prozentige Rentenanpassung. Die obigen Daten sind noch im Taschenrechner gespeichert – Sie brauchen also jeweils nur eine Zahl zu ändern.

Eingabe	Display	Erklärung
2340 FV	FV 2.340,00	Bei einer Rentenanpassung von 1 % erhält der Kunde eine Rente von 2.340 € ausgezahlt.
PV	PV – 717,34	Die heutige Kaufkraft bei dieser Rentenauszahlung in der Zukunft entspricht 717 €.
3470 FV	FV 3.470,00	Bei einer Rentenanpassung von 2 % erhält der Kunde eine Rente von 3.470 € ausgezahlt.
PV	PV – 1.063,75	Die heutige Kaufkraft der Rentenzahlung beträgt 1.064 €.

	Zukünftige Rentenzahlung	Nach Inflation
Keine Rentenanpassung	1.571 €	482 €
1 % Rentenanpassung	2.340 €	717 €
2 % Rentenanpassung	3.470 €	1.064 €

Danach wird Ihr Kunde einschätzen können, dass die gesetzliche Rente nach Berücksichtigung der Inflation für den Ruhestand nicht ausreichen wird.

Ergebnis: Kann sich ein Kunde nur noch an eine Zahl der Renteninformation erinnern, so reicht dies aus, die notwendigen übrigen Renten berechnen zu können. Auf diese Weise ist eine ziemlich genaue Berechnung der Rentenlücke möglich. Auch die Rentenberechnung nach Inflation ist für den Kunden wichtig, da er nur so erfährt, welche Kaufkraft die Renten noch in der Zukunft besitzen.

Test

Im Folgenden noch eine kleine Variante der letzten Aufgabe. Testen Sie auch hier, ohne Hilfe, ob Sie die Rechenschritte verstanden haben:

Ihre Kundin (29 Jahre) erinnert sich bei der Renteninformation nur noch an die Rente nach einer Rentenanpassung von 1 Prozent – 1.270 €. Um die Rentenlücke vollständig zu berechnen, fehlen Ihnen noch einige Angaben.

	Zukünftige Rentenzahlung	Nach Inflation
Keine Rentenanpassung	??? €	??? €
1 % Rentenanpassung	1.270 €	??? €
2 % Rentenanpassung	??? €	??? €

Bevor Sie auf die Lösung schauen, versuchen Sie die Berechnungsschritte selbst zu entwickeln.

Berechnung

Eingabe	Display	Erklärung
1 P/YR	P/YR 1,00	Jährliche Rentenanpassung.
38 xP/YR	N 38,00	Bis zur Rentenauszahlung dauert es noch 38 Jahre.
1 I/YR	I/YR NOM% 1,00	In den 38 Jahren wird eine Rentenanpassung von 1 % vorgenommen.
0 PMT	PMT 0,00	Es erfolgen keine regelmäßigen Zahlungen.
1270 FV	FV 1.270,00	Die erste Rentenzahlung beträgt 1.270 €.
PV	PV – 870,14	Bei keiner Rentenanpassung beläuft sich die Rente auf einen Betrag von 870,14 €.

Lassen Sie für die Berechnung der Rente bei einem Anpassungssatz von 2 Prozent alle Angaben gespeichert.

Eingabe	Display	Erklärung
2 I/YR	I/YR NOM% 2,00	Es erfolgt eine jährliche Rentenanpassung von 2 %.
FV	FV 1.846,71	Bei einer Rentenanpassung von 2 % beträgt die erste Rente 1.846,71 €.

Nun erfolgen die Berechnungen für die heutige Kaufkraft der Renten:

Eingabe	Display	Erklärung
1 P/YR	P/YR 1,00	Jährliche Inflation.
38 xP/YR	N 38,00	Bis zur ersten Rentenauszahlung vergehen noch 38 Jahre.
3 I/YR	I/YR NOM% 3,00	Sie gehen von einer Inflation von 3 % aus.
0 PMT	PMT 0,00	Keine regelmäßigen Zahlungen bei der Inflationsrechnung.
870,14 FV	FV 870,14	Bei keiner Rentenanpassung erhält Sie 870,14 € Rente.
PV	PV – 282,99	Die heutige Kaufkraft der Rente beträgt 283 €.

Sie lassen alle Angaben aus der oberen Berechnung gespeichert und berechnen für die zwei anderen Rentenauszahlungen die heutige Kaufkraft:

Eingabe	Display	Erklärung
1270 FV	FV 1.270,00	Bei einer Rentenanpassung von 1 % beträgt die Rente 1.270 €.
PV	PV – 413,04	Die heutige Kaufkraft der Rente entspricht 413 €.
1846,71 FV	FV 1.846,71	Bei einer Rentenanpassung von 2 % beträgt die Rente 1.846,71 €.
PV	PV – 600,60	Die heutige Kaufkraft der Rente entspricht 600,60 €.

Zusammengefasst haben Sie für den Kunden folgende Beträge berechnet:

	Zukünftige Rentenzahlung	Nach Inflation
Keine Rentenanpassung	870 €	283 €
1 % Rentenanpassung	1.270 €	413 €
2 % Rentenanpassung	1.867 €	601 €

Somit können Sie nun die Rente des Kunden nach dem Schema wie in Teil 5 dieses Buches „Das etwas andere Verkaufsgespräch" berechnen. Hier sollten Sie jedoch mit der Rente bei keinem Rentenanpassungssatz ausgehen, damit der Kunde eine Sicherheit erhält, da es in der Zukunft immer häufiger eine „Nullrunde" bei den Rentenanpassungssätzen geben wird.

Ergebnis: Die Rente nach Inflation haben Sie berechnet, um den Kunden die Wirkung von Inflation zu zeigen und dass die gesetzliche Rente nur wenig Bedeutung bei der Berechnung der Rentenlücke hat.

Wichtiger Hinweis

Haben Sie komplexe Berechnungen beispielsweise bei den Themen Immobilien, Altersvorsorge, DRV-Renteninformationen, steuerliche Berechnungen, Altersvorsorgeprodukten o. Ä. so empfehle ich Ihnen den „Dr. Kriebel Beratungsrechner". Diese Software für Ihren PC ist als Hilfsmittel neben dem finanzmathematischen Taschenrechner BWK Business® geradezu unschlagbar. Beide Beratungstools ergänzen sich in perfekter Weise für unschlagbare Souveränität im Umgang mit Zahlen. Mehr Informationen zu der Software erhalten Sie unter www.beratungsrechner.de.

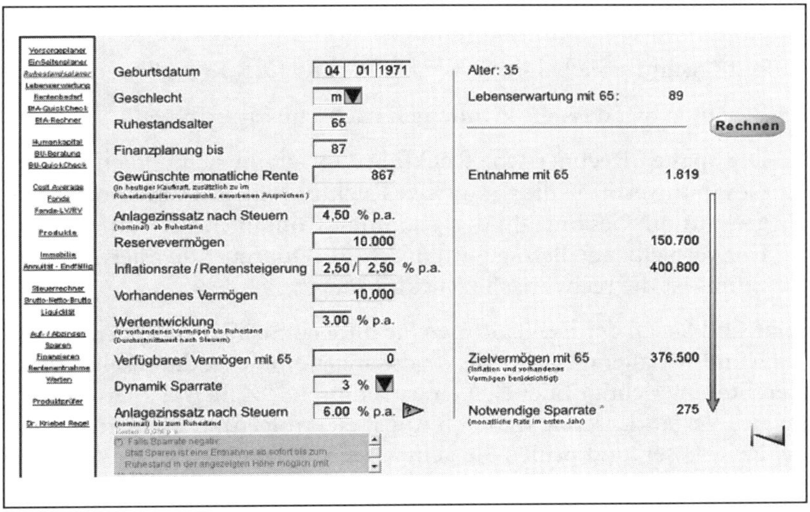

Geld in Containern

Teil 1

Im Folgenden finden Sie eine weitere Variante einer spannenden Aufgabe für alle Fortgeschrittenen. Bei dieser Aufgabe stellen wir Ihnen zunächst ein Angebot vor. Beim Anbieter handelt es sich um ein seriöses Unternehmen, das seit vielen Jahren mit demselben Produkt am Finanzdienstleistungsmarkt tätig ist. Das Angebot in der von uns genannten Form wurde vor einiger Zeit interessierten Finanzdienstleistern und Kunden präsentiert. Der Vollständigkeit halber muss erwähnt werden, dass die betreffende Firma bereits seit langem die Zahlen zu den einzelnen Angeboten anders präsentiert.

Es geht also nicht um Produktschelte, sondern darum, dass Sie völlig selbstständig das folgende Finanzprodukt bzw. das folgende Angebot unter die Lupe nehmen (vgl. Seite 283).

Anmerkungen:

1. Bitte rechnen Sie bei Ihrer Kontrolle mit 91,25 Tagen/Quartal.
2. Beachten Sie, dass die Zahlungen nachschüssig erfolgen.
3. Die Spalte „Rechnerische Rückführung" ergibt sich, indem von der Gesamtinvestition die garantierte Rückführung pro Container, bezogen auf die Gesamtzahl der gekauften Container, subtrahiert wird. Der verbleibende Betrag wird durch 24 (Quartale) dividiert. Das Ergebnis ist die rechnerische Rückführung.

Jetzt sind Sie an der Reihe. Prüfen Sie bitte einmal die einzelnen Zahlen nach und vor allem: Prüfen Sie, ob die angenommene, durchschnittliche Rendite eine richtige oder eher eine irreführende Zahl ist (sofern von Ihnen als Vermittler keine weiteren Angaben erfolgen). Lassen Sie sich dabei Zeit. Lesen und prüfen Sie genau. Stellen Sie sich vor, Sie sitzen bei diesem Kunden. Sie können sich alles leisten, auch ausreichend Zeit zur Berechnung.

Teil 2

Nun zum zweiten Teil. Sie haben Ihrem Kunden im Beratungsgespräch die Anlage in solche Container empfohlen. Ihr Kunde fragt Sie nun nach Ihrer Meinung zu der folgenden – zugegeben cleveren – Idee: „Wenn ich jetzt noch die Auszahlungen zwischendurch wieder anlege, kann ich doch die Rendite durch den Zinseszinseffekt der angelegten Sparbeiträge erheblich steigern, oder?" Diese Frage des Kunden geben wir nun an Sie weiter. Rechnen Sie jetzt. Verzinsen Sie die quartalsweisen Ausschüttungen mit sagen wir a) 6 und b) 8 Prozent effektiv jährlich. Wie hoch ist jetzt beim gleichen Beispiel die Rendite?

Kompliment! An dieser Aufgabe scheitern die meisten Finanzdienstleister kläglich. Wenn Sie dagegen diese Aufgabe gelöst haben, zählen Sie, unabhängig von den weiteren Hilfsmitteln, die Sie in Ihrer Beratung ansonsten einsetzen, gewiss zu den Fortgeschrittenen.

Angebot Nr: 140
ST 9532 G

Standard Stahl
20 Fuss
Container

— NEU —

Maße und Gewichte:	Außenlänge	6096 mm	Höchstgew.	24.000 kg
	Außenbreite	2438 mm	Eigengew.	2.268 kg
	Außenhöhe	2591 mm	Max. Ladegew.	21.550 kg

Int. Zulassungen: ISO Intern. Standards Org.
TIR
CSC Container Safety Convention
Australian Department of Health
UIC Union Intern. de Conteneurs

Mieter/Vermietungs-agent:	DIVERSE Containerleasinggesellschaften aus Gründen der Risikostreuung. Die Container sind bereits vermietet.
Lieferung	SOFORT
Versicherung:	marine all risks insurance, voll vom jeweiligen Mieter getragen
Wartung/Reparatur:	vertraglich vom jeweiligen Mieter übernommen

---

Garantie-Miete lt. Verwaltungsvertrag:	DM 2,02 pro Kalendertag fest auf 6 Jahre. Dies ergibt bezogen auf den Kaufpreis 16,76 %.
Mietdauer:	6 Jahre
Rückkauf garantiert:	Rückkaufwert pro Container: DM 1.780,00 am Ende des 6. Jahres
Beginn der Garantie-Miete:	nach 10 Arbeitstagen bei Treuhandabwicklung und nach 5 Arbeitstagen bei Bezahlung auf Konten der P & R GmbH
Auszahlungsmodus:	1/4 jährlich nachschüssig. Die erste Mietzahlung erfolgt nach dem ersten vollen Quartal.
Kaufpreis:	DM 4.400,00 pro Container
Mindestabnahme:	6 Stück

Bitte wenden!

RENDITE-BERECHNUNGSBEISPIEL
für Angebot 140

Kauf von 10 Containern zum Stückpreis von DM 4.400,00

Gesamtinvestition:	DM	44.000,00
Mietkonditionen:	DM	20,20 (10 Stück x 2,02) Tagesmiete für 6 Jahre
garant. Rückkauf:	DM	17.800,00

QUAR-TAL	KAPITAL QUART.ANF.	GESAMT MIETE	RECHN. RÜCKFÜHR.	RECHN. ERTRAG	KAPITAL-QUART. ENDE	STEUER bei 35 %	REND. n. St.	REND. p. a.
1	44.000,00	1.843,25	1.091,67	751,58	42.908,33	0,00	1,71	
2	42.908,33	1.843,25	1.091,67	751,58	41.816,66	0,00	1,75	
3	41.816,66	1.843,25	1.091,67	751,58	40.724,99	0,00	1,80	
4	40.724,99	1.843,25	1.091,67	751,58	39.633,32	0,00	1,85	7,11
5	39.633,32	1.843,25	1.091,67	751,58	38.541,65	0,00	1,90	
6	38.541,65	1.843,25	1.091,67	751,58	37.449,98	0,00	1,95	
7	37.449,98	1.843,25	1.091,67	751,58	36.358,31	0,00.	2,01	
8	36.358,31	1.843,25	1.091,67	751,58	35.266,64	0,00	2,07	7,93
9	35.266,64	1.843,25	1.091,67	751,58	34.174,97	0,00	2,13	
10	34.174,97	1.843,25	1.091,67	751,58	33.083,30	0,00	2,20	
11	33.083,30	1.843,25	1.091,67	751,58	31.991,63	0,00	2,27	
12	31.991,63	1.843,25	1.091,67	751,58	30.899,96	0,00	2,35	8,95
13	30.899,96	1.843,25	1.091,67	751,58	29.808,29	0,00	2,43	
14	29.808,29	1.843,25	1.091,67	751,58	28.716,62	0,00	2,52	
15	28.716,62	1.843,25	1.091,67	751,58	27.624,95	0,00	2,62	
16	27.624,95	1.843,25	1.091,67	751,58	26.533,28	0,00	2,72	10,29
17	26.533,28	1.843,25	1.091,67	751,58	25.441,61	0,00	2,83	
18	25.441,61	1.843,25	1.091,67	751,58	24.349,94	0,00	2,95	
19	24.349,94	1.843,25	1.091,67	751,58	23.258,27	0,00	3,09	
20	23.258,27	1.843,25	1.091,67	751,58	22.166,60	0,00	3,23	12,10
21	22.166,60	1.843,25	1.091,67	751,58	21.074,93	0,00	3,39	
22	21.074,93	1.843,25	1.091,67	751,58	19.983,26	0,00	3,57	
23	19.983,26	1.843,25	1.091,67	751,58	18.891,59	0,00	3,76	
24	18.891,59	1.843,25	1.091,67	751,58	17.799,92	83,30	3,54	14,26
		44.238,00	26.200,08	17.954,62	17.799,92	83,30	60,64	60,64
zuz. steuerfr. Rückkauf:			17.800,00					
Kapitalrückführung:			44.000,08					

Die Netto-Rendite auf das jeweils eingesetzte Kapital beträgt insg.: 60,64 %

Die durchschn. Rendite – nach Steuern – p. a. Beträgt: 60,64 / 6 J. 10,10 %

P. S.: Die Rendite wird in obiger Berechnung auf die in der Spalte Rechn.ertrag ausgewisenen Beträge berechnet. Tatsächlich ausgeschüttet wird der in der Spalte Gesamtmiete genannte Betrag. Die Einkünfte aus der Containervermietung unterliegen nicht der 30-prozentigen Zinsabschlagsteuer!

Hinweis

Ich empfehle Ihnen, hin und wieder dieses Buch zur Seite zu legen. Erst einige Tage später schlagen Sie willkürlich die ein oder andere Seite auf, beginnen zu lesen und zu rechnen. Wenn Sie so vorgehen, prägen sich die Aufgaben und Rechenschritte immer schneller und bleibender ein. Denken Sie daran: Vom Ultrakurzzeitgedächtnis zum Kurzzeitgedächtnis und letztlich zum Langzeitgedächtnis gibt es nur ein Geheimnis: die Wiederholung.

Achtung

Zur Kontrolle, zum Vergleich und zur Übung rechnen Sie mit dem Beratungsrechner (www.beratungsrechner.de) nach. Die Beratungssoftware für Praktiker.

Teil 8

Übungsaufgaben

Auf den folgenden Seiten wartet in gewisser Hinsicht Ihre ganz persönliche Abschlussprüfung. Nehmen Sie sich ein wenig Zeit. Zeit, um möglichst viele Aufgaben nacheinander zu rechnen. Das fordert und fördert Ihr Zahlendenken. Die Aufgaben auf den folgenden Seiten haben dabei einen unterschiedlichen Schwierigkeitsgrad.

Leichtere Übungsaufgaben

1. Aufgabe

Für eine neue Fertigungsmaschine braucht ein Unternehmer 40.000 €. Er kann bei einem Zinssatz von 6 Prozent jährliche Raten in Höhe von 6.000 € leisten. Kann er das Darlehen innerhalb von 8 Jahren tilgen?

2. Aufgabe

In 20 Jahren hat sich ein Startkapital von 10.000 € vervierfacht. Wie hoch war der jährliche Zins der Geldanlage?

3. Aufgabe

Eine Anleihe, in die Sie 10.000 € investieren, gibt vierteljährlich Zinscoupons in Höhe von 200 € aus. Nach einem Jahr erhalten Sie Ihre 10.000 € voraussichtlich in voller Höhe wieder zurück. Wie hoch ist

a) der Nominalzins
b) der Effektivzins?

4. Aufgabe

Ein Konto wird jährlich mit 6 Prozent verzinst. Jährlich werden 6.000 € eingezahlt. Berechnen Sie den Kontostand nach 10 Jahren bei

a) vorschüssiger jährlicher,

b) nachschüssiger jährlicher Einzahlung.

5. Aufgabe

Bezogen auf die Ausgangsdaten von Aufgabe 4 berechnen Sie nun den Kontostand nach 10 Jahren bei

a) einer monatlichen vorschüssigen Einzahlung von 500 €,

b) einer monatlichen nachschüssigen Einzahlung von 500 €.

6. Aufgabe

Wie viel Kapital muss Herr Dreher als Einmalanlage bei einem Jahreszinssatz von 4 Prozent anlegen, damit er nach 9 Jahren 40.000 € erhält?

7. Aufgabe

Frau Heinrich, 32 Jahre alt, möchte für ihre Rente einen Aktienfondssparplan nutzen. Sie nehmen 10 Prozent Rendite pro Jahr an. Ihre Kundin möchte bis zu ihrem 65. Lebensjahr monatlich 150 € sparen. Da aber gerade der Urlaub vor der Tür steht, möchte sie erst in 3 Monaten anfangen zu sparen. Was kostet Sie jeder Tag, den sie ihre Geldanlage hinauszögert?

8. Aufgabe

Die Stadt Koblenz wurde in den 1990er Jahren 2000 Jahre alt. Stellen Sie sich vor, jemand hätte bei Stadtgründung auf einem dortigen Sparkonto 1 Pfennig vergessen. Wenn es ein Sparbuch mit 1-prozentiger Verzinsung gewesen wäre: Wie viel Geld hätte man der Stadt zum Geburtstag schenken können?

9. Aufgabe

35 Jahre sollen in einen Aktienfonds monatlich 150 € eingezahlt werden. Nehmen sie eine durchschnittliche Rendite von 10 Prozent pro Jahr an. Nach 10 Jahren werden dem Fonds 5.000 € entnommen. Was hat die Entnahme den Sparer zum Ende der Laufzeit gekostet?

Mittelschwere Übungsaufgaben

10. Aufgabe

Vergleichen Sie zwei Finanzierungsmodelle für eine Eigentumswohnung. Es müssen 150.000 € finanziert werden. Berechnen Sie die monatliche Rate mit einem Tilgungssatz von 1 Prozent im Jahr, bezogen auf das Modell b).

a) 15 Jahre Laufzeit, Zinsfestschreibung zu 5,0 Prozent Zins pro Jahr,
b) 20 Jahre Laufzeit, Zinsfestschreibung zu 5,5 Prozent Zins pro Jahr.

Welches Finanzierungsmodell ist günstiger bzw. wie hoch darf der Zinssatz der Anschlussfinanzierung werden, wenn man die Restschuld von a) über weitere 5 Jahre finanziert?

11. Aufgabe

Bruder und Schwester (beide 20) haben unterschiedliche Einstellungen dem Sparen gegenüber: Der Bruder möchte jetzt, während der Ausbildung, monatlich 50 € in einen Aktienfonds für eine Zusatzrente sparen. Nach 5 Jahren will er dann insgesamt 150 € monatlich sparen. Seine Schwester bevorzugt es, erst in 5 Jahren für die Rente monatlich 150 € zu sparen. Beide wollen mit 60 in Rente gehen. Unterstellen sie eine vorsichtige Wertentwicklung des Aktienfonds von 8 Prozent und berechnen Sie

a) die entstehende Differenz der Endsummen,
b) die monatliche Sparrate der Schwester, wenn Sie das gleiche Ergebnis möchte.

12. Aufgabe

Vater (42) und Sohn (20) wollen für ihre Rente vorsorgen. Beide wollen ab ihrem 65. Lebensjahr eine monatliche Zahlung von 750 € erhalten.

a) Wie hoch muss die Summe des Vermögens sein, damit diese Rente über 15 Jahre gezahlt werden kann?
b) Wie hoch ist die monatliche Belastung für den Vater?
c) Wie hoch ist die monatliche Belastung für den Sohn?

Beide legen in einen Aktienfonds an, Sie rechnen vorsichtig mit 10 Prozent Rendite im Jahr. Der Auszahlplan soll mit 5 Prozent verzinst werden. In beiden Fällen ist mit effektivem Zinssatz zu rechnen.

13. Aufgabe

Herr Schmidt ist 25 Jahre alt. Die staatliche Rente ist ihm nicht genug. Unter dem Aspekt der Inflation (unterstellen Sie 2,5 Prozent durchschnittlich pro Jahr) möchte er ab dem 65. Lebensjahr monatlich 500 € (nach der Kaufkraft zum gegenwärtigen Zeitpunkt) über 20 Jahre ausgezahlt bekommen. Unterstellen Sie in der Ansparphase (Aktienfonds) eine jährliche vorsichtige Rendite von 10 Prozent. Für den Auszahlplan wählen Sie 5 Prozent.

a) Wie viel Vermögen muss Herr Schmidt ansparen, um seinen Plan zu realisieren?
b) Wie hoch ist seine monatliche Belastung in der Ansparphase?

14. Aufgabe

Der Auszubildende Fritz (16) erbt von seiner Oma 3.000 €. Da er noch in der Ausbildung steht, kann er sich keine monatlichen Sparraten für eine zusätzliche Rente leisten. Er will die 3.000 € aber in einem Aktienfonds (10 Prozent Rendite im Jahr) anlegen.

Wie viel Vermögen hat er im Alter von 60 Jahren angespart, wenn er ab dem 20. Lebensjahr zusätzlich noch 100 € monatlich im gleichen Fonds anspart?

15. Aufgabe

Ein Beamter möchte von seinem 62. Geburtstag an zusätzlich über 20 Jahre eine monatliche Rente von 1.000 € erhalten. Sowohl in der Anspar- als auch in der Auszahlungszeit wird sein Konto jährlich mit 5,5 Prozent effektiv verzinst.

a) Welchen Betrag muss er dafür 30 Jahre lang bis zu seinem 62. Geburtstag vierteljährlich einzahlen?
b) Welche ewige Rente könnte er bei diesen Einzahlungen erhalten? (Das bedeutet, dass kein Kapital verzehrt wird.)

16. Aufgabe

Als Verkaufspreis erhält ein Grundstücksverkäufer folgende Rentenzusage: Über 10 Jahre erhält er eine monatliche Rente in Höhe von 1.500 €. Welcher Verkaufspreis wird bei einem nominellen Jahreszinssatz von 5 Prozent erreicht?

17. Aufgabe

Herr Meier verkauft sein Haus für 250.000 €. Der Käufer möchte nicht bar zahlen, sondern 20 Jahre lang eine konstante monatliche Rente bezahlen. Wie hoch ist bei einem Jahreszinssatz von nominal 7 Prozent der nachschüssige und vorschüssige Rentenbetrag?

18. Aufgabe

Bei welchem nominellen Jahreszinssatz verdreifacht sich ein Kapital in 10 Jahren

a) falls die Zinsen jährlich bezahlt werden?
b) falls die Zinsen jeweils nach 3 Monaten bezahlt werden?

19. Aufgabe

Bei einer jährlichen Verzinsung soll aus einem Kapital von 100.000 € eine jährliche Rente von 10.000 € gezahlt werden. Berechnen Sie die Laufzeit der Rente bei einer Verzinsung von

a) 6 Prozent
b) 9 Prozent
c) 12 Prozent

20. Aufgabe

Ein Kredit für den Unternehmer Schmidt über 350.000 € mit einer Laufzeit von 10 Jahren ist jeweils jährlich mit 7 Prozent zu verzinsen. Der Tilgungssatz beträgt 1 Prozent jährlich. Bestimmen Sie die monatlichen Raten. Wie hoch ist die Restschuld nach 10 Jahren?

21. Aufgabe

Zum Ende eines Jahres zahlt die Firma Hansen jeweils 8.000 €. Es soll damit eine Schuld in Höhe von 80.000 € getilgt werden. Es ist ein Jahreszinssatz von 7 Prozent für 10 Jahre vereinbart. Ein neuer Zinssatz beträgt nach 10 Jahren 8 Prozent. Wie hoch muss die neue jährliche Rate sein, damit die Schuld in weiteren 10 Jahren endgültig getilgt ist?

22. Aufgabe

Lisa Müller (25 Jahre alt) steigt von der Uni frisch ins Berufsleben ein. Plötzlich hat sie ein Nettogehalt von 1.500 € monatlich. In ihrem bisherigen Studentenleben kam sie mit rund 500 € aus. Sie gönnt sich 100 € mehr im Monat und will den Rest sparen. In 4 Jahren möchte Sie dann weniger sparen und statt 900 € nur noch 100 € anlegen.

a) Hat Lisa mit 60 eine reelle Chance auf eine vernünftige Rente, wenn sie eine effektive Rendite von 10 Prozent für realistisch hält?
b) Kann sie mit ihren Anlageplänen eine monatliche Rente über 25 Jahre in Höhe von 4.000 € monatlich bei einem Zinssatz von nominal 5 Prozent aufbauen?

23. Aufgabe

Gelegenheitsarbeiter Hubert spielt seit 35 Jahren jede Woche für 15 € Lotto und hat noch nie gewonnen. Er ist jetzt 65 Jahre alt und seine Rente ist mager. Berechnen Sie ihm das Vermögen, das entstanden wäre, wenn er seine Lottoeinsätze monatlich mit 60 € angelegt hätte. Machen Sie ihn nicht zu unglücklich und rechnen Sie ganz vorsichtig mit nur 5 Prozent effektiv pro Jahr. Wenn er noch nicht überzeugt ist, werden Sie drastischer und rechnen Sie mit 10 Prozent Rendite. Setzen Sie noch einen drauf und verrenten Sie ihm dieses Vermögen über 20 Jahre bei einem Zins von nominal 5 Prozent pro Jahr.

24. Aufgabe

5 Jahre möchte Herr Becker einen Aktienfonds als Geldanlage nutzen, um in 5 Jahren ein neues Auto zu finanzieren. Er hat gehört, dass man sein Geld leicht verdoppeln kann und legt 10.000 € an. Sie raten ihm, lieber einen Rentenfonds zu wählen, der über diesen Zeitraum sicher 6 Prozent (effektiv) pro Jahr erwirtschaften kann. Nach 5 Jahren treffen Sie Herrn Becker wieder und der Fonds hat sich folgendermaßen entwickelt: In den ersten 4 Jahren gab es eine Rendite von 10 Prozent im Jahr. Im 5. Jahr brach die Börse ein und der Fonds verlor 30 Prozent. Berechnen Sie die tatsächliche Rendite nach 5 Jahren. Welche Alternative (Aktien- oder Rentenfonds) wäre die bessere gewesen?

25. Aufgabe

Der Aktienfondssparer Heinrich bittet Sie um Hilfe, nachdem sein Fonds, den er mit monatlich 150 € für seine Rente bespart, im ersten Jahr 20 Prozent, die nächsten beiden jeweils 40 Prozent und 4. Jahr 10 Prozent verloren hat. Insgesamt soll in den Fonds 30 Jahre eingezahlt werden. Können Sie Heinrich beruhigen, wenn Sie über die nächsten 26 Jahre durchschnittlich 11 Prozent erwarten? Berechnen Sie danach die durchschnittliche Rendite über 30 Jahre.

26. Aufgabe

Erklären Sie dem 28-jährigen Angestellten Horst, dass ein Ablaufmanagement eines Aktienfondssparplans eine sinnvolle Alternative ist, wenn man große Verluste am Ende der Laufzeit umgehen will. Es soll 32 Jahre gespart werden, der Fonds soll eine durchschnittliche Rendite von 10 Prozent erwirtschaften. Spielen Sie mit ihm drei mögliche Szenarien durch, wenn Horst monatlich 150 € spart:

a) konstante Rendite über 32 Jahre,
b) 29 Jahre Einzahlung in den Aktienfonds, in den letzten 3 Jahren erfolgt ein Ablaufmanagement in einem Rentenfonds zu 5 Prozent effektiv im Jahr,
c) 30 Jahre erwirtschaftet der Fonds 10 Prozent, in den letzen beiden Jahren verliert er jeweils 10 Prozent im Jahr.

27. Aufgabe

Malermeister Pinsel erbt unerwartet 20.000 €. Er ist verheiratet. Kinder sind erst in ein paar Jahren geplant. Daher hat er über einen Dachgeschossausbau bereits nachgedacht. Dieser würde ihn etwa 40.000 € kosten.

Machen Sie ihm deutlich, dass er, wenn er das geerbte Geld nun anlegt, den Ausbau praktisch umsonst bekommt. Rechnen Sie alternativ mit einer Geldanlage, die ihm 6 Prozent bzw. 10 Prozent einbringt.

a) Wie lange muss Herr Pinsel warten, bis der Ausbau ohne zusätzliche Finanzierung möglich ist?
b) Herr Pinsel ist so begeistert von der Idee, dass er monatlich noch 100 € zusätzlich ansparen möchte. Unterstellen Sie etwas vorsichtiger 7 Prozent und sagen ihm, wie lange es dann dauert.

28. Aufgabe

Auf einer Versteigerung ersteigert Herr Müller ein Gemälde. Der Kaufpreis beträgt 380.000 €. Er versichert das Kunstwerk für 5.000 € im Jahr. Nach 8 Jahren und 6 Monaten verkauft er es für 600.000 €. Untersuchen Sie, ob dies für Herrn Müller ein lohnendes Geschäft war, wenn er sein Geld anderweitig auch für 5 Prozent effektiven Jahreszins hätte anlegen können.

29. Aufgabe

Architekt Schubert braucht einen neuen Wagen. Der neue Kombi soll 35.000 € kosten. Er möchte den Wagen finanzieren und hat zwei Alternativen:

a) Finanzierung über 4 Jahre beim Händler über den vollen Kaufpreis zu 1,2 Prozent effektivem Jahreszins,
b) Finanzierung über die Hausbank zu 7,96 Prozent effektivem Jahreszins. Sein Vorteil: Er tritt als Barzahler auf und bekommt daher einen Rabatt in Höhe von 4.500 €.

Welche Alternative ist die günstigste für Herrn Schubert, wenn man Effektivverzinsung und Liquidität als Kriterien in Betracht zieht?

30. Aufgabe

Es werden in ein Produkt halbjährlich 800 € eingezahlt. Der Sparbetrag erhöht sich jedes 2. Jahr um 5 Prozent. Wie hoch ist das Vermögen nach 30 Jahren, wenn das Produkt einen effektiven Zins von 9 Prozent erzielt?

31. Aufgabe

Sparer Hannes hat vor 17 Jahren eine Lebensversicherung mit 3 Prozent Dynamik abgeschlossen. Der heutige monatliche Beitrag liegt bei 240,71 Euro. Die Gesellschaft gibt nach 30 Jahren <u>Gesamt</u>laufzeit eine prognostizierte Ablaufleistung von 160.000 Euro aus.

a) Wie hoch war der Anfangsbeitrag vor 17 Jahren?
b) Wie hoch ist der Effektivzins der Lebensversicherung über die Gesamtlaufzeit von 30 Jahren?

Anspruchsvolle Übungsaufgaben

32. Aufgabe

Mit 6 Prozent nominalem Jahreszins wird eine Schuld in Höhe von 70.000 € verzinst. Nach 5 tilgungsfreien Jahren soll sie in weiteren 10 Jahren in gleichen Raten halbjährlich zurückgezahlt werden. Berechnen Sie diese Rate, falls während der tilgungsfreien Zeit

a) die laufenden Zinsen gezahlt,
b) keine Zinsen gezahlt werden.

33. Aufgabe

In einem Beratungsgespräch mit einem Kunden, der sich für seine Altersvorsorge interessiert, ergeben sich die unterschiedlichsten Fragestellungen. Nehmen Sie für eine langfristige Aktienfondsanlage eine Rendite von 10 Prozent im Jahr an, für eine Verrentung ab dem 60. Lebensjahr 5 Prozent pro Jahr. Der Kunde ist 30 Jahre alt und hat folgende Bedürfnisse:

a) Sofortige Einmaleinzahlung in Höhe von 5.000 € plus monatlicher Sparrate von 200 €. Berechnen Sie das Endvermögen des Kunden mit 60 Jahren.
b) Berechnen Sie die monatliche Rente, wenn der Kunde 20 Jahre lang monatliche Zahlungen erhält.
c) Wie hoch muss das angesparte Vermögen sein, wenn die monatliche Rente 1.500 € betragen soll? Wie hoch ist die monatliche Belastung in der Ansparphase
d) Wie hoch muss die monatliche Belastung ohne Einmalanlage sein, wenn man unter Berücksichtigung der Inflationsrate von 3 Prozent p. a. eine monatliche Rente von 1.500 € erhalten will?

34. Aufgabe

Ein Mietshaus wird von einem Makler für 620.000 € zum Kauf angeboten. Es erzielt jährliche Mieteinnahmen in Höhe von 80.000 €. Steuern, Instandhaltung und weitere jährliche Aufwendungen kann man mit 17.000 € pauschal pro Jahr ansetzen. 20 Jahre später hat das Haus einen Wiederverkaufswert von 75 Prozent des aktuellen Kaufpreises. Lohnt sich der Kauf des Hauses als Kapitalanlage, wenn man einen steuerlichen und inflationären Aspekt unberücksichtigt lässt. Vergleichen Sie das Ergebnis mit einer Einmalanlage in einen Aktienfonds, der eine durchschnittliche Rendite pro Jahr von 9 Prozent erwirtschaftet.

35. Aufgabe

Ein Steuersparmodell, bei dem eine Einmalanzahlung von 100.000 € fällig ist, bringt in den ersten 2 Jahren eine jährliche Gewinnbeteiligung von 4.000 €. In den beiden folgenden Jahren gibt es keine Gewinne. Im 5. und 6. Jahr gibt es sogar 12.000 € und bis zum 10. Jahr weitere 7.500 € jährlich. Nach 10 Jahren bekommt der Anleger seine Einlage zurück und erhält einen Bonus von 40.000 € zusätzlich. Die jährlichen Ausschüttungen werden zu jeweils 5 Prozent jährlich verzinst. Kann diese Anlage ohne Berücksichtigung des Steueraspekts einen Aktienfonds schlagen, der über 10 Jahre Laufzeit eine Rendite von 8 Prozent bringt?

36. Aufgabe

Für den Kauf einer Eigentumswohnung hat Herr Schulze zwei Angebote. Es sollen 150.000 € finanziert werden.

a) Finanzierung zu 7 Prozent Zins pro Jahr mit gleichzeitiger Tilgung über 15 Jahre.
b) Finanzierung zu 7,5 Prozent effektivem Jahreszins über 15 Jahre. Mit 5 Jahren Tilgungsaussetzung. Danach erfolgen monatliche Raten in Höhe von 1.350 €. Der monatliche Differenzbetrag zu der Rate aus Aufgabe a) soll in den ersten 5 Jahren in einen Aktienfonds (durchschnittlich 9 Prozent Rendite über 15 Jahre) angelegt werden. Kann er damit die Restschuld nach 15 Jahren tilgen?

Zu welcher Variante würden Sie Herrn Schulze raten?

37. Aufgabe

Bausparer Herbert spart monatlich 100 € über 10 Jahre zu einem Zins von 3 Prozent. Nach 10 Jahren bekommt er ein Vermögen von 14.000 € und ein Darlehen über 14.000 € ausbezahlt, das er in weiteren 10 Jahren zu 2,5 Prozent Zinsen tilgt.

a) Wie hoch ist seine monatliche Belastung in der Tilgungsphase?
b) Wie hoch wäre der Vergleichszinssatz eines Darlehens, wenn er in der Ansparphase 7 Prozent effektive Verzinsung erreichen könnte?

38. Aufgabe

Ein Darlehen von 180.000 € wird zu 6 Prozent Zins und 2 Prozent Tilgung zuzüglich ersparter Zinsen gewährt. Die Zins- und Tilgungszahlungen werden monatlich geleistet. Nach der Zahlung der vierten Rate sinkt der Zins auf 5 Prozent. Wie hoch ist die Restschuld des Darlehens bei gleich bleibender Rate nach 10 Jahren?

39. Aufgabe

Auf ein Darlehen werden quartalsweise 2 Prozent Zinsen fällig. Die zusätzliche Tilgung erfolgt mit 2,6 Prozent des ursprünglichen Kreditbetrags pro Quartal. Wie lange dauert es, bis die Schuld getilgt ist?

40. Aufgabe

Ein Annuitätendarlehen in Höhe von 50.000 € wird halbjährlich mit jeweils 4 Prozent verzinst. Die Zins- und Tilgungszahlungen erfolgen zum Jahresende. Wie hoch ist die jährliche Rate, wenn das Darlehen in 20 Jahren getilgt sein soll?

41. Aufgabe

Sie haben Martina und Klaus L., beide 32 Jahre, mit einem Kind, zu in Ihrem Kundestock hinzu gewonnen. Martina ist Hausfrau, Klaus ist in einem Großbetrieb tätig. Er erzielt ein Bruttojahreseinkommen von 48.000 €. Die Kunden besitzen schon eine Eigentumswohnung im Wert von 150.000 €, worauf noch ein Darlehen von 100.000 € lastet. Der Arbeitnehmer hat darüber hinaus noch eine Risikolebensversicherung über

100.000 € sowie eine Berufsunfähigkeitsversicherung über monatlich 1.000 €. Für die Altersvorsorge bestehen rund 80.000 € in Versicherungen, für die 200 € monatlich aufgewendet werden. Lebenshaltungskosten belaufen sich auf rund 1.000 € monatlich.

a) Ist die Absicherung hinsichtlich des Todes des Hauptverdieners ausreichend? Welche ewige Rente bis zum 60. Lebensjahr könnte dann die Witwe beziehen? Wenn ab dem 60. Lebensjahr mit Kapitalverzehr eine Altersvorsorge bis zum 90. Lebensjahr gezahlt wird, wie hoch ist dann die Rente?
b) Ist die Absicherung hinsichtlich einer Erwerbsminderung ausreichend?

Für beide Lösungen steht ein Auszahlungsprodukt mit 4 Prozent effektiven Zins zur Verfügung.

42. Aufgabe

Beraten Sie einen Kunden hinsichtlich seiner Altersvorsorge. Der Kunde ist 25 Jahre alt und möchte mit dem 60. Lebensjahr in Rente gehen. Er schätzt seine Lebenserwartung auf 90 Jahre. Der Kunde wünscht sich eine monatliche Zusatzrente von 2.000 €. Rechnen Sie mit einem Ansparzins von 8 Prozent und einen Entnahmezins von 5 Prozent. Zudem rechnen Sie auch mit einem Inflationszins von 3 Prozent, der auch in der Entnahmephase berücksichtigt werden soll.

a) Wie hoch muss die sofortige, monatliche Sparrate sein, um den Rentenwunsch zu erfüllen?
b) Wie hoch ist die anfängliche und letzte Sparrate bei einem Dynamiksparplan mit 5 Prozent jährlicher Dynamik?

Lösungen zu den Übungsaufgaben

1. Lösung

Eingabe	Display	Erklärung
1 P/YR	**P/YR** **1,00**	Der Kunde zahlt eine jährliche Rate.
8 xP/YR	**N** **8,00**	Er zahlt 8 Raten in 8 Jahren.
6 I/YR	**I/YR NOM%** **6,00**	Der jährliche Nominalzins beträgt 6 %.
40000 PV	**PV** **40.000,00**	Die Schuld beträgt 40.000 € und wird dem Kunden gutgeschrieben (positive Anfangszahlung).
6000 +/– PMT	**PMT** **– 6.000,00**	Die jährliche Rate beträgt 6.000 €. Sie fließt dem Kunden ab, daher negatives Vorzeichen.
FV	**FV** **– 4.369,12**	4.369,12 € ist die Höhe der Restschuld nach 8 Jahren.

Ergebnis: Nach 8 Jahren hat der Unternehmer noch eine Restschuld von 4.369,12 € zu zahlen. Die vollständige Tilgung des Darlehens in 8 Jahren gelingt also nicht.

2. Lösung

Eingabe	Display	Erklärung
1 P/YR	**P/YR** **1,00**	Gehen Sie von einer jährlichen Zinsverrechnung aus.
20 xP/YR	**N** **20,00**	Die Laufzeit der Geldanlage ist 20 Jahre.
10000 +/– PV	**PV** **– 10.000,00**	Es wurden 10.000 € vor 20 Jahren eingezahlt, dem Anleger ist Kapital abgeflossen, daher negatives Vorzeichen.

0 PMT	**PMT 0,00**	Es gab keine regelmäßigen Zahlungen.
40000 FV	**FV 40.000,00**	Nach 20 Jahren hat sich das Grundkapital vervierfacht. Es fließt dem Anleger zu, daher positives Vorzeichen.
I/YR	**I/YR NOM% 7,18**	Der jährliche Zins lag bei 7,18 %.

Ergebnis: Die Geldanlage erbrachte eine durchschnittliche jährliche Verzinsung von 7,18 Prozent.

3. Lösung

a) Nominalzins:

Eingabe	Display	Erklärung
4 P/YR	**P/YR 4,00**	Vierteljährlich werden Zinscoupons ausgegeben.
1 xP/YR	**N 4,00**	Der Betrachtungszeitraum beträgt ein Jahr. Daher gibt es 4 Ausgaben der Coupons.
10000 +/– PV	**PV – 10.000,00**	Es werden 10.000 € eingezahlt.
200 PMT	**PMT 200,00**	Ein Coupon ist 200 € wert.
10000 FV	**FV 10.000,00**	Nach einem Jahr fließen dem Anleger wieder 10.000 € zu.
I/YR	**I/YR NOM% 8,00**	Der Nominalzins beträgt 8 %.

Ergebnis: Der Nominalzins der Anleihe beträgt 8 Prozent.

b) Effektivzins:

Sie können die vorhandenen Daten aus a) übernehmen und brauchen nur einen weiteren Rechenschritt:

Eingabe	Display	Erklärung
EFF%	EFF% 8,24	Der Effektivzins beträgt 8,24 %.

Ergebnis: Der Effektivzins der Anleihe beträgt 8,24 Prozent.

4. Lösung

a) bei vorschüssiger Einzahlung:

Eingabe	Display	Erklärung
SHIFT P/YR	0,00	Umstellung auf vorschüssige Zahlungen. „BEGIN" wird im Display angezeigt.
1 P/YR	P/YR 1,00	Es erfolgt eine Zahlung im Jahr.
10 xP/YR	N 10,00	Die Zahlungen erstrecken sich über 10 Jahre.
6 I/YR	I/YR NOM% 6,00	Der nominelle Jahreszinssatz beträgt 6 %.
0 PV	PV 0,00	Es erfolgt keine Anfangszahlung.
6000 +/– PMT	PMT – 6.000,00	Jährlich werden 6.000 € auf das Konto eingezahlt. Der Kunde leistet die Zahlung, daher ist das Vorzeichen negativ.
FV	FV 83.829,86	Das Ergebnis vorschüssiger Zahlungen beträgt 83.829,86 €.

Ergebnis: Das Endvermögen bei jährlich vorschüssigen Zahlungen über 10 Jahre beträgt 83.829,86 €.

b) bei nachschüssiger Einzahlung:

Eingabe	Display	Erklärung
SHIFT P/YR	0,00	Bitte beachten Sie, dass das Wort *BEGIN* im Display nicht mehr eingeblendet ist.
FV	FV 79.084,77	Das Ergebnis nachschüssiger Zahlungen beträgt 79.084,77 €.

Ergebnis: Das Endvermögen bei jährlich nachschüssigen Zahlungen über 10 Jahre beträgt 79.084,77 €.

5. Lösung

a) vorschüssige Zahlungen:

Eingabe	Display	Erklärung
SHIFT P/YR	0,00	Umstellung auf vorschüssige Zahlungen. „BEGIN" wird im Display angezeigt.
12 P/YR	P/YR 12,00	Es erfolgen 12 Zahlungen im Jahr.
10 xP/YR	N 120,00	Die Zahlungen erstrecken sich über 120 Monate.
6 I/YR	I/YR NOM% 6,00	Der nominelle Jahreszinssatz beträgt 6 %.
0 PV	PV 0,00	Es erfolgt keine Anfangszahlung.

500 +/– PMT	**PMT – 500,00**	Monatlich werden 500 € auf das Konto eingezahlt. Der Kunde leistet die Zahlung, daher ist das Vorzeichen negativ.
FV	**FV 82.349,37**	Das Ergebnis vorschüssiger Zahlungen beträgt 82.349,37 €.

Ergebnis: Das Endvermögen monatlich vorschüssiger Zahlungen über 10 Jahre beträgt 82.349,37 €.

b) nachschüssige Zahlungen:

Eingabe	Display	Erklärung
SHIFT P/YR	**0,00**	Bitte beachten Sie, dass das Wort *BEGIN* im Display nicht mehr eingeblendet ist.
FV	**FV 81.939,67**	Das Ergebnis nachschüssiger Zahlungen beträgt 81.939,67 €.

Ergebnis: Das Endvermögen bei monatlich nachschüssigen Zahlungen über 10 Jahre beträgt 81.939,67 €.

6. Lösung

Eingabe	Display	Erklärung
1 P/YR	**P/YR 1,00**	Es erfolgt eine jährliche Verrechnung der Erträge.
9 xP/YR	**N 9,00**	Die Gesamtlaufzeit der Anlage beträgt 9 Jahre.
4 I/YR	**I/YR NOM% 4,00**	Der nominelle Jahreszins beträgt 4 %.
0 PMT	**PMT 0,00**	Es erfolgen keine regelmäßigen Zahlungen.

40000 FV	**FV 40.000,00**	Nach 9 Jahren sollen dem Anleger wieder 40.000 € zufließen (positives Vorzeichen).
PV	**PV – 28.103,47**	PV zeigt Ihnen in diesem Fall das benötigte Startguthaben an.

Ergebnis: Um nach 9 Jahren bei einer jährlichen Verzinsung von 4 Prozent einen Betrag in Höhe von 40.000 € zu erhalten, muss man 28.103,47 € anlegen.

7. Lösung

Vermögen bei sofortigem Sparbeginn:

Eingabe	Display	Erklärung
12 P/YR	**P/YR 12,00**	Es erfolgen monatliche Zahlungen.
33 xP/YR	**N 396,00**	In 33 Jahren werden 396 monatliche Zahlungen geleistet.
10 EFF%	**I/YR NOM% 9,57**	Es wird ein effektiver Zins von 10 % pro Jahr unterstellt.
0 PV	**PV 0,00**	Es erfolgt keine Einmalanlage.
150 +/– PMT	**PMT – 150,00**	Monatlich werden 150 € gezahlt.
FV	**FV 418.073,04**	Nach 33 Jahren hat der Kunde ein Vermögen von 418.073,04 € angespart.

Ergebnis: Fängt Frau Heinrich sofort an zu sparen, kann sie nach 33 Jahren auf ein Vermögen von 418.073,04 € zurückgreifen.

Vermögen nach 3 Monaten Wartezeit:

Eingabe	Display	Erklärung
393 N	**N** **393,00**	Es werden nur 393 monatliche Zahlungen geleistet.
FV	**FV** **407.786,22**	Nach 32 Jahren und 9 Monaten hat der Kunde ein Vermögen von 407.786,22 € angespart.

Ergebnis: Frau Heinrich kostet jeder Tag, den sie zögert:
418.073,04 € – 407.786,22 € = 10.286,82 €
10.286,82 € : 90 = **114,30** €

8. Lösung

Eingabe	Display	Erklärung
1 P/YR	**P/YR** **1,00**	Es erfolgt eine Verrechnung der Erträge pro Jahr.
2000 xP/YR	**N** **2.000,00**	Die Anlagedauer soll 2000 Jahre betragen.
1 I/YR	**I/YR NOM%** **1,00**	Der Nominalzins der Anlage soll 1 % betragen.
0,01 +/– PV	**PV** **– 0,01**	Es wird einmalig ein Pfennig angelegt.
0 PMT	**PMT** **0,00**	Es erfolgen keine periodischen Zahlungen.
FV	**FV** **4.392.862,05**	Nach 2000 Jahren ist ein Vermögen von 4.392.862,05 DM vorhanden.

Ergebnis: Die Stadt Koblenz hätte sich bestimmt über 4.392.862,05 DM zum Geburtstag gefreut.

9. Lösung

Berechnung des Sparplans ohne Entnahme:

Eingabe	Display	Erklärung
12 P/YR	P/YR 12,00	Es erfolgen monatliche Zahlungen.
35 xP/YR	N 420,00	In 35 Jahren werden 420 Monatszahlungen getätigt.
10 EFF%	I/YR NOM% 9,57	Der Fonds hat einen durchschnittlichen Effektivzins von 10 % pro Jahr.
0 PV	PV 0,00	Es erfolgt keine Einmaleinzahlung.
150 +/– PMT	PMT – 150,00	Es erfolgen monatliche Einzahlungen von 150 €.
FV	FV 509.818,65	Nach 35 Jahren kann der Kunde über ein Vermögen von 509.818,65 € verfügen.

Ergebnis: Ohne Entnahme kann der Kunde nach 35 Jahren über ein Vermögen von 509.818,65 € verfügen.

Berechnung des Sparplans mit Entnahme:

Eingabe	Display	Erklärung
10 xP/YR	N 120,00	Nach 10 Jahren und 120 monatlichen Zahlungen wird ein Zwischenergebnis ermittelt.
FV	FV 29.979,58	Nach 10 Jahren kann der Kunde über ein Vermögen von 29.979,58 € verfügen.
– 5000 = +/– PV	PV – 24.979,58	Nach Abzug von 5.000 € (Entnahme) beginnt die zweite Berechnungsperiode mit dem Kontostand von 24.979,58 €.
25 xP/YR	N 300,00	Die Restlaufzeit der Anlage beträgt 25 Jahre. Damit fallen 300 weitere monatliche Zahlungen an.
FV	FV 455.645,12	Nach 35 Jahren kann der Kunde über ein Vermögen von 455.645,12 € verfügen.

Ergebnis: Die Entnahme kostet den Sparer in diesem Fall nach 35 Jahren 54.173,53 € (= 509.818,65 – 455.645,12).

10. Lösung

Berechnung der Restschuld von Darlehen b) nach 20 Jahren:

Eingabe	Display	Erklärung
12 P/YR	P/YR 12,00	Der Kunde zahlt 12 Raten im Jahr.
20 xP/YR	N 240,00	Er zahlt 240 Raten in 20 Jahren.
5,5 I/YR	I/YR NOM% 5,50	Der jährliche Nominalzins beträgt 5,5 %.
150000 PV	PV 150.000,00	Das Darlehen beträgt 150.000 € und wird dem Kunden gutgeschrieben (positive Anfangszahlung).
1 SHIFT PMT	PMT – 812,50	Der Tilgungssatz beträgt 1 %. Es wird direkt die monatliche Rate ermittelt.
FV	FV – 95.546,58	95.546,58 € ist die Höhe der Restschuld nach 20 Jahren.

Ergebnis: 95.546,58 € ist die Höhe der Restschuld nach 20 Jahren. Bitte speichern oder notieren Sie sich diesen Wert für die Folgerechnung.

Restschuld von Darlehen a) mit der bereits errechneten monatlichen Rate:

Eingabe	Display	Erklärung
15 xP/YR	**N** **180,00**	Er zahlt 180 Raten in 15 Jahren.
5 I/YR	**I/YR NOM%** **5,00**	Der jährliche Nominalzins beträgt 5 %.
FV	**FV** **– 99.883,32**	99.883,32 € ist die Höhe der Restschuld nach 15 Jahren.

Ergebnis: 99.883,32 € ist die Höhe der Restschuld nach 15 Jahren.

Mit dieser Restschuld ermitteln wir den Zinssatz, zu dem die Anschlussfinanzierung höchstens abgeschlossen werden darf, damit bei gleich bleibenden monatlichen Zahlungen die gleiche Restschuld erreicht wird wie in Alternative b). Das bedeutet, dass die nächsten 5 Jahre mit dieser monatlichen Rate weiter finanziert wird.

Zinssatz der Anschlussfinanzierung:

Eingabe	Display	Erklärung
5 xP/YR	**N** **60,00**	Er zahlt 60 Raten in 5 Jahren.
RCL FV	**FV** **– 99.883,32**	Entnehmen Sie die bereits berechnete Restschuld aus dem Speicher.
+/– PV	**PV** **99.883,32**	Insgesamt sind nach 15 Jahren noch 99.883,32 € zu finanzieren.
95546,58 +/– FV	**FV** **– 95.546,58**	Nach weiteren 5 Jahren soll die gleiche Restschuld vorliegen, wie bei der ursprünglichen Zinsfestschreibung über 20 Jahre.
I/YR	**I/YR NOM%** **9,07**	Der Darlehenszins, bei dem der Kunde in beiden Fällen gleich steht, wird ermittelt.

Ergebnis: Steigt der Darlehenszins der Anschlussfinanzierung über 9,07 Prozent, so ist das Angebot b) für den Kunden die bessere Alternative. Ist eine Anschlussfinanzierung günstiger als 9,07 Prozent zu erwarten, so ist Alternative a) zu bevorzugen.

11. Lösung

a) Endguthaben nach 40 Jahren des Bruders zunächst die ersten 5 Jahre:

Eingabe	Display	Erklärung
12 P/YR	P/YR 12,00	Es erfolgen monatliche Einzahlungen.
5 xP/YR	N 60,00	In 5 Jahren werden 60 monatliche Raten gezahlt.
8 EFF%	I/YR NOM% 7,72	Sie erwarten einen jährlichen Effektivzins von 8 %.
0 PV	PV 0,00	Zu Beginn der Laufzeit wird keine Einmalanlage getätigt.
50 +/– PMT	PMT 50,00	Die monatliche Sparrate beträgt 50 €.
FV	FV 3.647,23	Nach 5 Jahren verfügt der Anleger über ein Vermögen von 3.647,23 €.

Ergebnis: Nach 5 Jahren verfügt der Bruder über ein Vermögen von 3.647,23 €.

Diesen Wert tragen Sie nun als Startkapital für die restlichen 35 Jahre ein:

Eingabe	Display	Erklärung
35 xP/YR	**N** **420,00**	In 35 Jahren werden 420 monatliche Raten gezahlt.
RCL FV	**FV** **3.647,23**	Aufruf der Speicherbelegung.
+/– PV	**PV** **– 3.647,23**	Tragen Sie diesen Wert als Einmaleinzahlung der Restlaufzeit ein. Er fließt dem Anleger ab, daher negatives Vorzeichen.
150 +/– PMT	**PMT** **– 150,00**	Die neue monatlich Sparrate beträgt 150 €.
FV	**FV** **375.310,72**	Nach 35 Jahren verfügt der Anleger über ein Vermögen von 375.310,72 €.

Ergebnis: Nach insgesamt 40 Jahren verfügt der Bruder über ein Vermögen von 375.310,72 €.

Berechnen Sie nun das Vermögen der Schwester nach 35 Jahren mit monatlich gezahlten 150 €. Sie benötigen nur eine kleine Änderung der eingegebenen Werte:

Eingabe	Display	Erklärung
0 PV	**PV** **0,00**	Wir setzen die Einmaleinzahlung der vorherigen Rechnung einfach auf „Null".
FV	**FV** **321.385,14**	Nach 40 Jahren (35 Jahre Sparleistung) verfügt der Anleger über ein Vermögen von 321.385,14 €.

Ergebnis: Nach 35 Jahren verfügt die Schwester über ein Vermögen von 321.385,14 €. Es ergibt sich also eine Differenz von 53.925,58 € (für den Bruder würde dies etwa einen neuen Kleinwagen bedeuten ...).

Monatliche Sparrate der Schwester, mit dem Ziel das gleiche Endergebnis wie ihr Bruder zu erreichen:

Eingabe	Display	Erklärung
375310,72 FV	**FV 375.310,72**	Nach 35 Jahren soll das Vermögen 375.310,72 € betragen.
PMT	**PMT – 175,17**	Die notwendige monatliche Zahlung müsste 175,17 € betragen.

Ergebnis: Die Schwester müsste monatlich 175,17 € einzahlen, um das gleiche Ergebnis wie ihr Bruder zu erreichen.

12. Lösung

a) notwendiges Vermögen im Alter von 65 Jahren:

Eingabe	Display	Erklärung
12 P/YR	**P/YR 12,00**	Es werden monatliche Rentenzahlungen geleistet.
15 xP/YR	**N 180,00**	Es werden in 15 Jahren 180 Rentenbeiträge gezahlt.
5 EFF%	**I/YR NOM% 4,89**	Eingabe des effektiven Zinses.
0 FV	**FV 0,00**	Nach 15 Jahren ist das Vermögen komplett aufgezehrt.
750 PMT	**PMT 750,00**	750 € erhält der Anleger als monatliche Rente.
PV	**PV – 95.538,87**	95.538,87 € muss der Anleger bis zum 65. Lebensjahr angespart haben.

Ergebnis: Vater und Sohn müssen jeweils 95.538,87 € bis zum 65. Lebensjahr angespart haben.

b) Monatliche Belastung für den Vater in der Ansparphase:

Eingabe	Display	Erklärung
12 P/YR	**P/YR 12,00**	Es werden monatliche Zahlungen geleistet.
23 xP/YR	**N 276,00**	Es werden in 23 Jahren 276 monatliche Beiträge gezahlt.
10 EFF%	**I/YR NOM% 9,57**	Der jährliche effektive Zins soll 10 % betragen.
0 PV	**PV 0,00**	Es erfolgt keine Anfangszahlung.
95538,87 FV	**FV 95.538,87**	Nach 23 Jahren soll ein Vermögen in Höhe von 95.538,87 € angespart sein.
PMT	**PMT – 95,78**	Der Anleger muss 95,78 € monatlich einzahlen.

Ergebnis: Um seinen Plan zu realisieren, muss der Vater monatlich 95,78 € ansparen.

b) monatliche Belastung für den Sohn in der Ansparphase:

Eingabe	Display	Erklärung
45 xP/YR	**N 540,00**	Es werden in 45 Jahren 540 monatliche Beiträge eingezahlt.
PMT	**PMT – 10,60**	Der Anleger muss 10,60 € monatlich einzahlen.

Ergebnis: Um seinen Plan zu realisieren, müsste der Sohn monatlich 10,60 € sparen.

13. Lösung

Inflationsbedingte Wertveränderung von 500 €:

Eingabe	Display	Erklärung
1 P/YR	P/YR 1,00	Es erfolgt eine Verrechnung pro Jahr.
40 xP/YR	N 40,00	Berechnung der Inflation nach 40 Jahren.
2,5 I/YR	I/YR NOM% 2,50	Die Inflationsrate beträgt 2,5 % im Jahr.
500 +/– PV	PV – 500,00	Betrachten sie diesen Wert als Einmalanlage.
0 PMT	PMT 0,00	Regelmäßige Zahlungen erfolgen nicht.
FV	FV 1.342,53	In 40 Jahren entsprechen 1.342,53 € der heutigen Kaufkraft von 500 €.

Ergebnis: In 40 Jahren entsprechen 1.342,53 € der heutigen Kaufkraft von 500 €.

a) notwendiges Vermögen im 65. Lebensjahr:

Eingabe	Display	Erklärung
12 P/YR	P/YR 12,00	Es werden monatliche Rentenzahlungen geleistet.
20 xP/YR	N 240,00	Es werden In 20 Jahren 240 Rentenzahlungen geleistet.
5 EFF%	I/YR NOM% 4,89	Sie nehmen einen Effektivzins von 5 % an.
1342,53 PMT	PMT 1.342,53	1.342,53 € erhält der Anleger als monatliche Rente.

0 FV	**FV 0,00**	Nach 20 Jahren ist das Vermögen komplett aufgezehrt.
PV	**PV – 205.331,16**	205.331,16 € muss der Anleger bis zum 65. Lebensjahr gespart haben.

Ergebnis: 205.331,16 € muss der Anleger bis zum 65. Lebensjahr angespart haben.

b) monatliche Belastung in der Ansparphase:

Eingabe	Display	Erklärung
12 P/YR	**P/YR 12,00**	Es werden monatliche Zahlungen geleistet.
40 xP/YR	**N 480,00**	Es werden in 40 Jahren 480 monatliche Beiträge geleistet.
10 EFF%	**I/YR NOM% 9,57**	Der jährliche effektive Zins soll 10 % betragen.
0 PV	**PV 0,00**	Es erfolgt keine Anfangszahlung.
205331,16 FV	**FV 205.331,16**	Nach 40 Jahren soll ein Vermögen in Höhe von 205.331,16 € angespart sein.
PMT	**PMT – 36,99**	Der Anleger muss 36,99 € monatlich sparen.

Ergebnis: Um seinen Plan zu realisieren, muss Herr Schmidt monatlich 36,99 € investieren.

14. Lösung

Wertentwicklung der Einmalanlage nach vier Jahren:

Eingabe	Display	Erklärung
1 P/YR	**P/YR 1,00**	Es erfolgt eine Verrechnung der Erträge pro Jahr.
4 xP/YR	**N 4,00**	Das Geld wird 4 Jahre angelegt.
10 EFF%	**I/YR NOM% 10,00**	Der jährliche Effektivzins der Anlage beträgt 10 %.
3000 +/– PV	**PV – 3.000,00**	Einmalige Anfangszahlung, sie fließt vom Kunden weg, daher negatives Vorzeichen.
0 PMT	**PMT 0,00**	Es erfolgt keine regelmäßige Zahlung.
FV	**FV 4.392,30**	Das angesparte Vermögen beträgt 4.392,30 €.

Ergebnis: Das Guthaben der Einmalanlage beträgt nach 4 Jahren 4.392,30 €.

Fritz' Gesamtvermögen im Alter von 60 Jahren:

Eingabe	Display	Erklärung
12 P/YR	**P/YR 12,00**	Es erfolgen monatliche Ratenzahlungen.
40 xP/YR	**N 480,00**	Das Geld wird 4 Jahre angelegt.
10 EFF%	**I/YR NOM% 9,57**	Der jährliche Effektivzins der Anlage beträgt 10 %.
RCL FV +/– PV	**PV – 4.392,30**	Einmalige Anfangszahlung, sie fließt vom Kunden weg, daher negatives Vorzeichen.

100 +/– PMT	PMT – 100,00	Fritz spart monatlich 100 €.
FV	FV 753.827,04	Das angesparte Vermögen beträgt 753.827,04 €.

Ergebnis: Fritz hat mit 60 Jahren 753.827,04 € Vermögen erwirtschaftet.

15. Lösung

a) erforderlicher Ansparbetrag für eine 20 Jahre lang laufende Rente in Höhe von 1.000 €:

Eingabe	Display	Erklärung
12 P/YR	P/YR 12,00	Der Kunde erhält monatliche Rentenzahlungen.
20 xP/YR	N 240,00	Der Kunde erhält 240 Monate eine Auszahlung.
5,5 EFF%	I/YR NOM% 5,37	Sie erwarten einen jährlichen Effektivzins von 5,5 %.
1000 PMT	PMT 1.000,00	Während der Anlagelaufzeit erhält der Kunde 1.000 € monatlich.
0 FV	FV 0,00	Am Ende der Laufzeit ist das Kapital vollständig aufgebraucht.
PV	PV – 146.984,64	Zu Beginn der Laufzeit braucht der Kunde 146.984,64 €.

Ergebnis: Der Beamte benötigt für seine Rente im Alter von 63 Jahren eine Summe von 146.984,64 €. So viel muss er ansparen, damit er seine Ablaufleistung von monatlich 1.000 € erhält.

Monatliche Rate bei vierteljährlicher Einzahlung, die unser Beamter aufwenden muss, um die obige Summe zu erreichen:

Eingabe	Display	Erklärung
4 P/YR	P/YR 4,00	Es erfolgen 4 Einzahlungen pro Jahr.
30 xP/YR	N 120,00	Der Kunde zahlt 120 Quartale ein.
5,5 EFF%	I/YR NOM% 5,39	Vorgabe des Effektivzinses.
RCL PV	PV – 146.984,64	Der Rechner gibt die vorher benötigte Anfangssumme aus.
+/– FV	FV 146.984,64	Am Ende der Laufzeit soll der Anleger über 146.984,64 € verfügen.
0 PV	PV 0,00	Es wird keine Einmalanlage getätigt.
PMT	PMT – 497,16	Der Kunde muss vierteljährlich 497,16 € zahlen.

Ergebnis: Der Beamte muss über 30 Jahre vierteljährlich 497,16 € einzahlen, damit er mit einer monatlichen Rentenzahlung in Höhe von 1.000 € rechnen kann.

b) Höhe der ewigen Rente bei dieser Einzahlung (das bedeutet, dass das Anfangs- gleich dem Endkapital sein muss):

Eingabe	Display	Erklärung
12 P/YR	P/YR 12,00	Der Kunde erhält monatliche Zahlungen.
20 xP/YR	N 240,00	Der Kunde erhält 240 Monate lang Zahlungen. Es ist jedoch gleichgültig, welche Laufzeit Sie hier vorgeben. Sie können ein Jahr oder auch mehrere Jahre eingeben.
5,5 EFF%	I/YR NOM% 5,37	Der effektive Zins liegt bei 5,50 %.

RCL FV	FV 146.984,64	Aufruf der Speicherbelegung.
+/– PV	PV – 146.984,64	Zu Beginn zahlt der Kunde das vorhandene Vermögen ein, das er auch nach der Laufzeit noch zur Verfügung hat.
PMT	PMT 657,27	Die monatliche Rente beträgt 657,27 €.

Ergebnis: Die monatliche ewige Rente des Beamten beträgt 657,27 €. Dabei ist am Ende der Laufzeit das anfänglich vorhandene Kapital erhalten geblieben, denn er erhält ja prinzipiell nur die Zinszahlungen.
Anmerkung: Bei dieser Berechnung ist es egal, welche Laufzeit Sie vorgeben. Da der Kunde immer nur die Zinsen entnimmt, verändert sich das Ergebnis nicht.

16. Lösung

Eingabe	Display	Erklärung
12 P/YR	P/YR 12,00	Es erfolgen 12 Rentenzahlungen pro Jahr.
10 xP/YR	N 120,00	Der Kunde erhält 120 Monate Zahlungen.
5 I/YR	I/YR NOM% 5,00	Der nominelle Jahreszinssatz beträgt 5 %.
1500 PMT	PMT 1.500,00	Der Kunde erhält 1.500 € als monatliche Rente.
0 FV	FV 0,00	Zum Abschluss der Vereinbarung gibt es keine weitere Zahlung.
PV	PV – 141.422,03	Ermittlung des Barwerts aller Zahlungen.

Ergebnis: Aus der monatlichen Rente ergibt sich der Verkaufspreis des Grundstücks. Unter Berücksichtigung eines jährlichen Nominalzinses von 5 Prozent ergibt sich daraus ein Verkaufspreis in Höhe von 141.422,03 €.

17. Lösung

a) nachschüssiger Rentenbetrag:

Eingabe	Display	Erklärung
12 P/YR	P/YR 12,00	Es erfolgen 12 Rentenzahlungen pro Jahr.
20 xP/YR	N 240,00	Der Kunde erhält 240 Monate eine Zahlung.
7 I/YR	I/YR NOM% 7,00	Der nominelle Jahreszinssatz beträgt 7 %.
250000 +/– PV	PV – 250.000,00	Der Verkaufspreis liegt bei 250.000 €.
0 FV	FV 0,00	Es erfolgt keine Abschlusszahlung.
PMT	PMT 1.938,25	Die monatlich nachschüssige Rente beträgt 1.938,25 €.

Ergebnis: Die monatliche Rente beträgt 1.938,25 € (der BWK Business® ist standardmäßig auf nachschüssige Rechnungen eingestellt).

b) vorschüssige Rentenzahlung:

Eingabe	Display	Erklärung
SHIFT P/YR	0,00	Umstellung auf vorschüssige Zahlungen. Es wird „BEGIN" im Display angezeigt.
PMT	PMT 1.927,01	Die monatlich vorschüssige Rente beträgt 1.927,01 € Rente.

Ergebnis: Die monatlich vorschüssige Rente für Herrn Kluge liegt niedriger als die nachschüssige.

18. Lösung

Die Höhe des Kapitals können Sie beliebig wählen, zum Beispiel 1 €.

a)

Eingabe	Display	Erklärung
1 P/YR	P/YR 1,00	Es erfolgt eine Verrechnung der Erträge pro Jahr.
10 xP/YR	N 10,00	Die Gesamtlaufzeit der Anlage beträgt 10 Jahre.
1 +/– PV	PV – 1,00	Einmalig wird 1 € angelegt.
0 PMT	PMT 0,00	Es erfolgen keine regelmäßigen Einzahlungen.
3 FV	FV 3,00	Nach 10 Jahren sollen dem Anleger wieder 3 € zufließen.
I/YR	I/YR NOM% 11,61	Der benötigte Zins liegt bei 11,61 %.

Ergebnis: Um in 10 Jahren das eingesetzte Kapital zu verdreifachen, ist eine Verzinsung von 11,61 Prozent erforderlich.

b)

Eingabe	Display	Erklärung
4 P/YR	P/YR 4,00	Es erfolgt eine vierteljährliche Verrechnung der Erträge pro Jahr.
10 xP/YR	N 40,00	Die Gesamtlaufzeit der Anlage beträgt 10 Jahre (40-mal wird der Ertrag verrechnet).
I/YR	I/YR NOM% 11,14	Der benötigte Zins liegt bei 11,14 %.

Ergebnis: Um in 10 Jahren das eingesetzte Kapital zu verdreifachen, ist ein Zins von 11,14 Prozent nötig.

19. Lösung

a) mit 6 Prozent:

Eingabe	Display	Erklärung
1 P/YR	**P/YR 1,00**	Der Kunde erhält eine Rentenzahlung pro Jahr.
6 I/YR	**I/YR NOM% 6,00**	Der Nominalzins beträgt 6 %.
100000 +/– PV	**PV – 100.000,00**	Anfangskapital, aus dem die Rente gezahlt wird.
10000 PMT	**PMT 10.000,00**	Während der Anlagelaufzeit erhält der Kunde 10.000 € im Jahr.
0 FV	**FV 0,00**	Am Ende der Laufzeit ist das Kapital vollständig aufgebraucht.
N	**N 15,73**	Nach 15,73 Jahren ist das Kapital verzehrt.

Ergebnis: Nach 15,73 Jahren wäre das gesamte Kapital verzehrt.

b) mit 9 Prozent:

Folgende Änderungen müssen gemacht werden:

Eingabe	Display	Erklärung
9 I/YR	**I/YR NOM% 9,00**	Der Nominalzins beträgt 9 %.
N	**N 26,72**	Nach 26,72 Jahren ist das Kapital aufgezehrt.

Ergebnis: Nach 26,72 Jahren wäre das gesamte Kapital verzehrt.

c) mit 12 Prozent:

Folgende Änderungen müssen gemacht werden:

Eingabe	Display	Erklärung
12 I/YR	I/YR NOM% 12,00	Der Nominalzins beträgt 12 %.
N	ERROR	???

Ergebnis: Das Kapital wird nicht aufgezehrt, weil die jährliche Auszahlung kleiner als die jährlichen Zinsen ist. Denn 12 Prozent Zins auf 100.000 € sind 12.000 €. Somit würde sich das Kapital bis ins unendlich vermehren und somit der Endbetrag (FV) niemals auf 0 sinken. Deshalb gibt der Taschenrechner „ERROR" aus.

Prüfen Sie das, indem Sie für die Darlehenslaufzeit ein Jahr eingeben und den Kontostand nach einem Jahr abfragen.

Eingabe	Display	Erklärung
1 xP/YR	N 1,00	Laufzeit von einem Jahr vorgeben.
FV	FV 102.000,00	Nach einem Jahr ist das Vermögen trotz der Entnahme von 10.000 € auf 102.000 € angewachsen. Es wird also nie der beabsichtigte Kapitalverzehr stattfinden.

20. Lösung

Eingabe	Display	Erklärung
12 P/YR	P/YR 12,00	Der Kunde zahlt monatliche Raten.
10 xP/YR	N 120,00	Der Darlehensnehmer zahlt 120 Monatsraten in 10 Jahren.
7 I/YR	I/YR NOM% 7,00	Nominaler Jahreszins des Kredits.
350000 PV	PV 350.000,00	Zu Beginn der Darlehenslaufzeit erhält der Kreditnehmer einen Betrag in Höhe von 350.000 € ausgezahlt. Der Betrag fließt ihm zu, daher wird der Wert positiv erfasst.
1 SHIFT PMT	PMT – 2.333,33	Der Tilgungssatz beträgt 1 %. Es wird direkt die Annuität angezeigt.
FV	FV – 299.516,93	Die Restschuld nach 10 Jahren, zahlbar an die Bank, beträgt 299.516,93 €.

Ergebnis: Nach 10 Jahren Laufzeit und 120 Monatsraten von 2.333,33 € bei einem Nominalzinssatz von 7 Prozent beträgt die Restschuld 299.516,93 €.

21. Lösung

a) Restschuld:

Eingabe	Display	Erklärung
1 P/YR	P/YR 1,00	Der Kunde zahlt einmal am Ende des Jahres.
10 xP/YR	N 10,00	Der Kunde zahlt 10 Raten in 10 Jahren.

7 I/YR	**I/YR NOM%** **7,00**	Der jährliche Nominalzins beträgt 7 %.
80000 PV	**PV** **80.000,00**	Die Schuld beträgt 80.000 € und wird dem Kunden gutgeschrieben (positive Anfangszahlung).
8000 +/– PMT	**PMT** **– 8.000,00**	Die jährlichen Raten (Zins + Tilgung) betragen 8.000 €.
FV	**FV** **– 46.840,52**	Die Restschuld beträgt 46.840,52 €.

Ergebnis: Die Restschuld nach 10 Jahren bei einem Zinssatz von 7 Prozent liegt bei 46.840,52 €. Diesen Wert sollten Sie speichern oder notieren.

a) Annuität:

Eingabe	**Display**	**Erklärung**
8 I/YR	**I/YR NOM%** **8,00**	Der jährliche Nominalzins beträgt 8 %.
RCL FV +/– PV	**PV** **46.840,52**	Die Restschuld beträgt 46.840,52 € (positive Zahlung, weil dieser Betrag dem Kunden zufloss).
0 FV	**FV** **0,00**	Am Ende der Laufzeit soll die Schuld bezahlt sein.
PMT	**PMT** **– 6.980,62**	Die jährliche Annuität beträgt 6.980,62 €.

Ergebnis: Die jährliche Annuität liegt nach 10 Jahren und 8 Prozent Jahreszins bei 6.980,62 €.

22. Lösung

a) die ersten 4 Jahre:

Eingabe	Display	Erklärung
12 P/YR	P/YR 12,00	Es erfolgen monatliche Zahlungen.
4 xP/YR	N 48,00	In 4 Jahren werden 48 monatliche Zahlungen geleistet.
10 EFF%	I/YR NOM% 9,57	Es wird ein effektiver Zins von 10 % pro Jahr unterstellt.
0 PV	PV 0,00	Es erfolgt keine Einmalanlage.
900 +/– PMT	PMT – 900,00	Monatlich werden 900 € gezahlt.
FV	FV 52.380,57	Nach 4 Jahren hat der Anleger ein Vermögen von 52.380,57 €.

Ergebnis: Nach 4 Jahren kann Lisa bereits auf ein Vermögen von 52.380,57 € zurückgreifen.

Aufgebautes Vermögen bis zum 60. Lebensjahr:

Eingabe	Display	Erklärung
12 P/YR	P/YR 12,00	Es erfolgen monatliche Zahlungen.
31 xP/YR	N 372,00	In 31 Jahren werden 372 monatliche Zahlungen geleistet.
10 EFF%	I/YR NOM% 9,57	Es wird ein effektiver Zins von 10 % pro Jahr unterstellt.
RCL FV	FV 52.380,57	Entnehmen Sie dem Speicher das Vermögen der ersten 4 Jahre.
+/– PV	PV – 52.380,57	Tragen Sie das bereits angesparte Vermögen als einmalige Zahlung ein.

100 +/– PMT	**PMT** **– 100,00**	Monatlich werden 100 € gezahlt.
FV	**FV** **1.233.577,37**	Nach 35 Jahren kann der Anleger über ein Vermögen von 1.233.577,37 € verfügen.

Ergebnis: Lisa kann nach 35 Jahren über ein Vermögen von 1.233.577,37 € verfügen.

b) möglicher Restwert nach 25 Jahren:

Eingabe	Display	Erklärung
12 P/YR	**P/YR** **12,00**	Es erfolgen monatliche Zahlungen.
25 xP/YR	**N** **300,00**	In 25 Jahren werden 300 monatliche Zahlungen geleistet.
5 I/YR	**I/YR NOM%** **5,00**	Der Nominalzins der Anlage beträgt 5 %.
RCL FV	**FV** **1.233.577,37**	Entnehmen Sie dem Speicher das vorhandene Vermögen.
+/– PV	**PV** **– 1.233.577,37**	Tragen Sie das vorhandene Vermögen als einmalige Zahlung ein.
4000 PMT	**PMT** **4.000,00**	Die monatliche Rente soll 4.000 € betragen.
FV	**FV** **1.912.402,28**	Nach 25 Jahren bleibt noch ein Vermögen von 1.912.402,28 € übrig.

Ergebnis: Lisa Müller braucht sich um ihre Rente und möglicherweise auch um die ihrer Kinder keine Sorgen mehr zu machen, denn der Restwert in Höhe von 1.912.402,28 € nach 25 Jahren Rente ist sogar noch höher als das Vermögen, das zu Rentenbeginn vorhanden war. Herzlichen Glückwunsch, Frau Müller!

23. Lösung

Berechnung mit 5 Prozent effektiv:

15 • 4 = 60 € pro Monat

Eingabe	Display	Erklärung
12 P/YR	P/YR 12,00	Es erfolgen monatliche Zahlungen.
35 xP/YR	N 420,00	In 35 Jahren werden 420 monatliche Zahlungen geleistet.
5 EFF%	I/YR NOM% 4,89	Es wird ein Effektivzins von 5 % pro Jahr unterstellt.
0 PV	PV 0,00	Es erfolgt keine Einmalanlage.
60 +/– PMT	PMT – 60,00	Monatlich werden 60 € gezahlt.
FV	FV 66.507,78	Nach 35 Jahren hätte der Kunde ein Vermögen von 66.507,78 € angespart.

Ergebnis: Hätte Hubert auf das Lottospielen verzichtet, hätte er jetzt 66.507,78 € zur Verfügung.

Berechnung mit 10 Prozent Rendite:

Eingabe	Display	Erklärung
10 EFF%	I/YR NOM% 9,57	Es wird ein Effektivzins von 10 % pro Jahr unterstellt.
FV	FV 203.927,46	Nach 35 Jahren hätte der Kunde ein Vermögen von 203.927,46 € angespart.

Ergebnis: Mit einer 10-prozentigen Rendite hätte Hubert sogar ein Vermögen von 203.927,46 € erreicht.

Verrentung über 20 Jahre:

Eingabe	Display	Erklärung
12 P/YR	**P/YR 12,00**	Der Kunde erhält monatliche Auszahlungen.
20 xP/YR	**N 240,00**	Der Kunde erhält 240 Monate eine Auszahlung
5 I/YR	**I/YR NOM% 5,00**	Der Nominalzins der Anlage soll 5 % betragen.
RCL FV	**FV 203.927,46**	Der Rechner gibt das vorher berechnete Vermögen aus.
+/– PV	**PV – 203.927,46**	Sie zahlen das Vermögen als Einmalanlage ein.
0 FV	**FV 0,00**	Nach 20 Jahren soll das Vermögen aufgezehrt sein.
PMT	**PMT 1.345,83**	Die monatliche Rente beträgt 1.345,83 €.

Ergebnis: Die monatliche Rente beträgt 1.345,83 €.

24. Lösung

a) Entwicklung des Aktienfonds:

Eingabe	Display	Erklärung
1 P/YR	P/YR 1,00	Es erfolgt eine Verrechnung der Erträge pro Jahr. In diesem Fall sind Nominal- und Effektivzins gleich. Daher geben Sie den Zins im dritten Schritt direkt ein.
4 xP/YR	N 4,00	4 Jahre wird das Geld angelegt.
10 I/YR	I/YR NOM% 10,00	Der Fonds bringt 10 % Rendite im Jahr.
10000 +/– PV	PV – 10.000,00	Es erfolgt eine Einmaleinzahlung in Höhe von 10.000 €.
0 PMT	PMT 0,00	Es erfolgen keine monatlichen Zahlungen.
FV	FV 14.641,00	Nach 4 Jahren hat der Fonds ein Vermögen von 14.641,00 € erwirtschaftet.
1 xP/YR	N 1,00	Ein weiteres Jahr wird das Geld angelegt.
30 +/– I/YR	I/YR NOM% – 30,00	Es wird ein Zins von –30 % in diesem Jahr unterstellt.
RCL FV	FV 14.641,00	Das Ergebnis der ersten 4 Jahre entnehmen Sie aus dem Speicher.
+/– PV	PV – 14.641,00	Sie tragen das Ergebnis der vorherigen Rechnung als Einmalanlage ein.
FV	FV 10.248,70	Das Vermögen nach 5 Jahren beträgt 10.248,70 €.

Ergebnis: Nach 5 Jahren besitzt Herr Becker 10.248,70 €. Nicht gerade das, was er erwartet hat. Streuen Sie noch ein bisschen Salz in die Wunde und berechnen Sie ihm seine tatsächliche Rendite.

Eingabe	Display	Erklärung
5 xP/YR	**N** **5,00**	5 Jahre wird das Geld angelegt.
10000 +/– PV	**PV** **– 10.000,00**	Es erfolgt eine Einmaleinzahlung in Höhe von 10.000 €.
I/YR	**I/YR NOM%** **0,49**	Der Effektivzins der Anlage liegt bei 0,49 % pro Jahr.

Ergebnis: Ein Sparbuch hätte die Spekulation des Herrn Becker übertreffen können, bei einer tatsächlichen Rendite von 0,49 Prozent. Da hätte er besser den Rentenfonds gewählt.

25. Lösung

Gesamtvermögen nach 30 Jahren:

Eingabe	Display	Erklärung
12 P/YR	**P/YR** **12,00**	Es erfolgen monatliche Zahlungen.
1 xP/YR	**N** **12,00**	In 1. Jahr werden 12 monatliche Zahlungen getätigt.
20 +/– EFF%	**I/YR NOM%** **– 22,11**	Im ersten Jahr verliert der Fonds 20 % effektiv.
0 PV	**PV** **0,00**	Es erfolgt keine Einmaleinzahlung.
150 +/– PMT	**PMT** **– 150,00**	Es erfolgen monatliche Einzahlungen in Höhe von 150 €.
FV	**FV** **1.628,36**	Nach einem Jahr hat der Fonds nur 1.628,36 € erwirtschaftet.
2 xP/YR	**N** **24,00**	In 2. und 3. Jahr werden 24 weitere monatliche Zahlungen getätigt.

40 +/– EFF%	**I/YR NOM% – 50,01**	Der Fonds verliert durchschnittlich 40 % pro Jahr.
RCL FV	**FV 1.628,36**	Entnehmen Sie das Vermögen nach einem Jahr aus dem Speicher.
+/– PV	**PV – 1.628,36**	Geben Sie das Vermögen des ersten Jahres als Einmaleinzahlung an.
FV	**FV 2.889,72**	Nach 3 Jahren hat der Fonds 2.889,72 € erwirtschaftet.
1 xP/YR	**N 12,00**	Im 4. Jahr werden 12 monatliche Zahlungen getätigt.
10 +/– EFF%	**I/YR NOM% – 10,49**	Im 4. Jahr verliert der Fonds 10 % effektiv.
RCL FV	**FV 2.889,72**	Entnehmen Sie das Vermögen der ersten 3 Jahre aus dem Speicher.
+/– PV	**PV – 2.889,72**	Geben Sie das Vermögen der ersten 3 Jahre als Einmaleinzahlung an.
FV	**FV 4.316,68**	Nach 4 Jahren hat der Fonds 4.316,68 € „erwirtschaftet".
26 xP/YR	**N 312,00**	In weiteren 24 Jahren werden 312 monatliche Zahlungen getätigt.
11 EFF%	**I/YR NOM% 10,48**	Sie erwarten einen jährlichen Effektivzins von 11 %.
RCL FV	**FV 4.316,68**	Entnehmen Sie das Vermögen der ersten 4 Jahre aus dem Speicher.
+/– PV	**PV – 4.316,68**	Geben Sie das Vermögen der ersten 4 Jahre als Einmalzahlung an.
FV	**FV 306.889,80**	Nach 30 Jahren hat Heinrich ein Vermögen von 306.889,80 € „erwirtschaftet".

Ergebnis: Nach 30 Jahren kann Heinrich auf ein Vermögen von 306.889,80 € zurückgreifen.

Durchschnittliche Rendite über 30 Jahre:

Eingabe	Display	Erklärung
30 xP/YR	N 360,00	In 30 Jahren werden 360 monatliche Zahlungen getätigt.
0 PV	PV 0,00	Es erfolgt keine Einmaleinzahlung.
I/YR	I/YR NOM% 9,53	Ermittlung des Nominalzinssatzes.
EFF%	EFF% 9,96	9,96 % ist der Effektivzins der Rendite.

Ergebnis: Trotz des schlechten Starts seiner Aktienanlage kann Heinrich immer noch eine ordentliche Wertentwicklung erreichen, die mit effektiven 9,96 Prozent nur 1,04 Prozent von den vorgegebenen 11 Prozent abweicht. Wenn Sie Lust haben, dann können Sie diesem Ergebnis noch die Wertentwicklung gegenüberstellen, die eine 11-prozentige Rendite über 30 Jahre erwirtschaftet hätte.

26. Lösung

a) Wertentwicklung bei 10 Prozent Rendite pro Jahr:

Eingabe	Display	Erklärung
12 P/YR	P/YR 12,00	Es erfolgen monatliche Zahlungen.
32 xP/YR	N 384,00	In 32 Jahren werden 384 monatliche Zahlungen getätigt.
10 EFF%	I/YR NOM% 9,57	Der Fonds hat einen durchschnittlichen Effektivzins von 10 % pro Jahr.
0 PV	PV 0,00	Es erfolgt keine Einmaleinzahlung.

150 +/– PMT	**PMT – 150,00**	Es erfolgen monatliche Einzahlungen in Höhe von 150 €.
FV	**FV 378.356,33**	Nach 32 Jahren hat der Fonds ein Vermögen von 378.356,33 € erwirtschaftet.

Ergebnis: Bei einer konstanten Wertentwicklung könnte Horst nach 32 Jahren über ein Vermögen von 378.356,33 € verfügen.

b) Wertentwicklung mit Ablaufmanagement:

Eingabe	Display	Erklärung
29 xP/YR	**N 348,00**	In 29 Jahren werden 348 monatliche Zahlungen getätigt.
FV	**FV 279.586,74**	Nach 29 Jahren hat der Fonds ein Vermögen von 279.586,74 € erwirtschaftet.
+/– PV	**PV – 279.586,74**	Übernehmen Sie das Ergebnis als Einmalzahlung für die letzten 3 Jahre.
3 xP/YR	**N 36,00**	In den letzten 3 Jahren werden noch 36 Zahlungen geleistet.
5 EFF%	**I/YR NOM% 4,89**	Die nun gewählte Anlageform bietet dem Kunden jährliche ein effektive Verzinsung von 5 %.
FV	**FV 329.460,00**	Nach 32 Jahren kann der Kunde auf ein Vermögen von 329.460 € zurückgreifen.

Ergebnis: Mit Ablaufmanagement kann Horst ein Vermögen von 329.460 € ansparen. Das sind nur 48.896,33 € weniger als bei Alternative a). Dafür hat er im Vergleich ein geringeres Verlustrisiko.

c) Verlust, wenn der Fonds in den letzten beiden Jahren einbricht:

Eingabe	Display	Erklärung
12 P/YR	P/YR 12,00	Es erfolgen monatliche Zahlungen.
30 xP/YR	N 360,00	In 30 Jahren werden 360 Monatszahlungen getätigt.
10 EFF%	I/YR NOM% 9,57	Der Fonds hat einen durchschnittlichen Effektivzins von 10 % pro Jahr.
0 PV	PV 0,00	Es erfolgt keine Einmalzahlung.
150 +/– PMT	PMT – 150,00	Es erfolgen monatliche Sparleistungen in Höhe von 150 €.
FV	FV 309.426,50	Nach 30 Jahren hat der Fonds ein Vermögen von 309.426,50 € erwirtschaftet.
+/– PV	PV – 309.426,50	Übernehmen Sie das Ergebnis als Einmalzahlung für die letzten 2 Jahre.
2 xP/YR	N 24,00	In den letzten beiden Jahren werden noch 24 Zahlungen geleistet.
10 +/– EFF%	I/YR NOM% – 10,49	Der Fonds hat eine effektive Verzinsung von –10 % pro Jahr.
FV	FV 253.895,73	Nach 32 Jahren beträgt das Vermögen 253.895,73 €.

Ergebnis: Verzichtet Horst auf ein Ablaufmanagement, und der Fonds verliert in den letzten beiden Jahren, so reduziert sich das Vermögen auf 253.895,73 €. Dies entspricht einer erheblichen Differenz zum Ergebnis aus Aufgabe a), nämlich 124.460,60 €. Zur weniger riskanten Alternative b) beträgt die Differenz 75.564,27 €. Das ist ebenfalls ein nicht ganz unerheblicher Betrag.

27. Lösung

a) Berechnung

Laufzeit bei 6 Prozent:

Eingabe	Display	Erklärung
1 P/YR	P/YR 1,00	Es erfolgt eine jährliche Verrechnung der Erträge.
6 I/YR	I/YR NOM% 6,00	Der Nominalzins der Anlage soll 6 % betragen.
20000 +/– PV	PV – 20.000,00	Es erfolgt eine Einmalanlage in Höhe von 20.000 €.
0 PMT	PMT 0,00	Es erfolgen keine monatlichen Zahlungen.
40000 FV	FV 40.000,00	Am Ende der Laufzeit sollen 40.000 € Vermögen angespart sein.
N	N 11,90	Nach 11,9 Jahren hat der Anleger die gewünschte Vermögenssumme erreicht.

Ergebnis: Bei 6-prozentiger Verzinsung braucht Herr Pinsel 11,9 Jahre um den Ausbau aus eigener Tasche zu bezahlen.

Berechnung der Laufzeit bei 10 Prozent:

Eingabe	Display	Erklärung
10 I/YR	I/YR NOM% 10,00	Der Nominalzins der Anlage soll 10 % betragen.
N	N 7,27	Nach 7,27 Jahren hat der Anleger die gewünschte Vermögenssumme erreicht.

Ergebnis: Bei 10-prozentiger Verzinsung würde Herr Pinsel sogar nur 7,27 Jahre brauchen, um den Ausbau zu finanzieren.

b) Berechnung:

Eingabe	Display	Erklärung
12 P/YR	P/YR 12,00	Es werden monatliche Raten gezahlt.
7 I/YR	I/YR NOM% 7,00	Der Nominalzins der Anlage soll 7 % betragen.
20000 +/– PV	PV – 20.000,00	Es erfolgt eine Einmalanlage in Höhe von 20.000 €.
100 +/– PMT	PMT – 100,00	Es erfolgen monatliche Zahlungen in Höhe von 100 €.
40000 FV	FV 40.000,00	Am Ende der Laufzeit sollen 40.000 € Vermögen angespart sein.
N	N 74,06	Nach 74,06 Monaten hat der Anleger die gewünschte Vermögenssumme erreicht.
RCL xP/YR	xP/YR 6,17	Abfrage des Jahreswerts.

Ergebnis: Wenn er zusätzlich noch 100 € monatlich spart, hat Herr Pinsel das Geld bereits nach 6,17 Jahren zur Verfügung.

28. Lösung

Eingabe	Display	Erklärung
1 P/YR	P/YR 1,00	Es erfolgt eine jährliche Verrechnung der Erträge.
8,5 xP/YR	N 8,50	Die Gesamtlaufzeit der Anlage soll 8 Jahre und 6 Monate betragen.
380000 +/– PV	PV – 380.000,00	Es erfolgt eine Einmaleinzahlung in Höhe von 380.000 €.
5000 +/– PMT	PMT – 5.000,00	Es erfolgen jährliche Prämienzahlungen an die Versicherung in Höhe von 5.000 €.

600000 FV	**FV** **600.000,00**	Nach 8,5 Jahren wird das Gemälde für 600.000 € wieder verkauft.
I/YR	**I/YR NOM%** **4,44**	Der Nominalzins beträgt 4,44 %.
EFF%	**EFF%** **4,44**	Der Effektivzins der Anlage beträgt ebenfalls 4,44 %, aufgrund der jährlichen Verrechnung der Erträge.

Ergebnis: Eine Geldanlage die effektiv 5 Prozent pro Jahr eingebracht hätte, wäre eine bessere Alternative gewesen als der Kauf des Gemäldes.

29. Lösung

a) monatliche Rate:

Eingabe	**Display**	**Erklärung**
12 P/YR	**P/YR** **12,00**	Es werden monatliche Raten bezahlt.
4 xP/YR	**N** **48,00**	Die Laufzeit des Darlehens beträgt 4 Jahre, und es werden 48 monatliche Raten gezahlt.
1,2 EFF%	**I/YR NOM%** **1,19**	Der Effektivzins des Kredits beträgt 1,2 % pro Jahr.
35000 PV	**PV** **35.000,00**	Die Darlehenssumme beträgt 35.000 €.
0 FV	**FV** **0,00**	Am Ende der Laufzeit soll die Schuld bezahlt sein.
PMT	**PMT** **– 747,07**	Zur Tilgung des Darlehens muss der Kunde monatlich 747,07 € zahlen.

Ergebnis: Alternative a) bedeutet für Herrn Schubert eine monatliche Belastung von 747,07 €.

b) Darlehenssumme, die man mit einer monatliche Rate von 747,07 € tilgen kann:

Eingabe	Display	Erklärung
7,96 EFF%	I/YR NOM% 7,68	Der Effektivzins des Kredits beträgt 7,96 % pro Jahr.
PV	PV 30.788,49	Die Darlehenssumme beträgt 30.788,49 €.

Ergebnis: Trotz des höheren Zinses kann Herr Schubert bei gleichen monatlichen Zahlungen mit Alternative b) etwas günstiger finanzieren. Da er als Barzahler auftritt, muss er nur 30.500 € (35.000 € – 4.500 €) finanzieren. Dies kann er mit geringerem monatlichen Aufwand tun, als es in Alternative a) der Fall ist.

30. Lösung

Sie geben alle bekannten Zahlen in den Taschenrechner ein:

Eingabe	Display	Erklärung
2 P/YR	P/YR 2,00	Eswird halbjährlich gespart, also zweimal im Jahr.
30 xP/YR	N 60,00	Der Sparplan wird 30 Jahre lang geführt.
9 EFF%	I/YR NOM% 8,81	Es wird ein effektiver Zins von 9 % erzielt..
0 PV	PV 0,00	Es wird keine Einmalanlage gezahlt.
800 +/– P/D	P/D – 800,00	Es werden anfänglich 800 € halbjährlich gezahlt.
5 %D	%D 5,00	Der Sparbetrag erhöht sich um 5 %.
4 SHIFT %D	xD 4,00	Der Sparbetrag erhöht sich jedes 2. Jahr, also jede 4. Periode bei halbjährlicher Zahlung.
FV	FV 276.892,75	Berechnung des Endvermögens.

31. Lösung

a) Berechnung des Anfangsbeitrags:

Eingabe	Display	Erklärung
12 P/YR	P/YR 12,00	Es wird ein monatlicher Beitrag gezahlt.
17 xP/YR	N 204,00	Vor 17 Jahren wurde die Lebensversicherung abgeschlossen.
3 %D	%D 3,00	Die Dynamik im Vertrag beträgt 3 %.
12 SHIFT %D	xD 12,00	Jährliche Dynamik, somit Steigerung alle 12 Monate.
240,71 +/– SHIFT P/D	P/D –150,00	Eingabe des heutigen Beitrags von 240,71 € auf P/DE. Der BWK Business® gibt direkt die Anfangszahlung bei Abschluss der Versicherung an.

Ergebnis: Sparer Hannes begann mit einer Sparrate von 150 € die Lebensversicherung.

b) Berechnung des Effektivzinses:

Eingabe	Display	Erklärung
30 xP/YR	N 360,00	Die Gesamtlaufzeit der Versicherung beträgt 30 Jahre.
0 PV	PV 0,00	Zu Beginn wurde keine Einmalanlage getätigt.
RCL P/D	PD –150,00	Abfrage der Anfangssparrate, die noch von der Berechnung aus a) gespeichert ist.
160 000 FV	FV 160.000,00	Die prognostizierte Ablaufleistung der Versicherungsgesellschaft beträgt 160.000 €.

I/YR	I/YR NOM% 4,35	Berechnung des Nominalzinses.
EFF%	EFF% 4,44	Umrechnung in den Effektivzins.

Ergebnis: Sparer Horst hätte über die Gesamtlaufzeit einen Effektivzins von 4,44 Prozent erzielt.

32. Lösung

a) Berechnung:

Eingabe	Display	Erklärung
2 P/YR	P/YR 2,00	Zweimal jährlich wird eine Annuität gezahlt.
10 xP/YR	N 20,00	Die Gesamtlaufzeit beträgt 10 Jahre, es wird 20 Mal gezahlt.
6 I/YR	I/YR NOM% 6,00	Die jährliche Verzinsung beträgt 6 %.
70000 PV	PV 70.000,00	70.000 € Zahlungseingang beim Kunden, daher positives Vorzeichen (Zeitraum spielt keine Rolle, Zinsen wurden gezahlt, daher ist der Betrag gleich geblieben).
0 FV	FV 0,00	Am Ende der Laufzeit soll die Schuld bezahlt sein.
PMT	PMT – 4.705,10	Die Annuität beträgt 4.705,10 € halbjährlich.

Ergebnis: Die Schuld muss innerhalb von 10 Jahren mit 4.705,10 € halbjährlich beglichen werden.

b) Berechnung:

Eingabe	Display	Erklärung
1 P/YR	P/YR 1,00	Jährlich wird eine Annuität gezahlt.
5 xP/YR	N 5,00	5 Jahre lang werden keine Zinsen gezahlt.
6 I/YR	I/YR NOM% 6,00	Die jährliche Verzinsung beträgt 6 %.
70000 PV	PV 70.000,00	70.000 € Zahlungseingang beim Kunden, daher positives Vorzeichen.
0 PMT	PMT 0,00	Es werden keine Annuitäten gezahlt.
FV	FV – 93.675,79	Nach 5 Jahren ist die Schuld inklusive Zinsen auf 93.675,79 € angewachsen.

Jetzt können wir auch diese Annuität berechnen; obige Rechnung wird nur leicht verändert:

Eingabe	Display	Erklärung
2 P/YR	P/YR 2,00	Der Kunde zahlt halbjährlich.
10 xP/YR	N 20,00	Die Darlehenslaufzeit beträgt 10 Jahre.
6 I/YR	I/YR NOM% 6,00	Der Nominalzins beträgt 6 %.
RCL FV	FV – 93.675,79	Aufrufen der Restschuld aus dem Speicher.
+/– PV	PV 93.675,79	93.675,79 € Zahlungseingang beim Kunden, daher positives Vorzeichen.
0 FV	FV 0,00	Am Ende der Darlehenslaufzeit soll die Schuld getilgt sein.
PMT	PMT – 6.296,48	Die Annuität beträgt 6.296,48 € halbjährlich.

Ergebnis: Die Schuld muss innerhalb von 10 Jahren mit 6.296,48 € halbjährlich beglichen werden. Und sie liegt damit um 1.591,38 € höher als in Beispiel a).

33. Lösung

a)

Eingabe	Display	Erklärung
12 P/YR	**P/YR 12,00**	Es erfolgen monatliche Zahlungen.
30 xP/YR	**N 360,00**	In 30 Jahren werden 360 Monatszahlungen geleistet.
10 EFF%	**I/YR NOM% 9,57**	Es wird eine Effektivverzinsung von 10 % pro Jahr unterstellt.
5000 +/– PV	**PV – 5.000,00**	Es erfolgt eine Einmalanlage in Höhe von 5.000,00 €.
200 +/– PMT	**PMT – 200,00**	Monatlich werden 200 € gezahlt.
FV	**FV 499.815,67**	Nach 30 Jahren hat der Kunde ein Vermögen von 499.815,67 € angespart.

Ergebnis: Nach 30 Jahren hat der Kunde ein Vermögen von 499.815,67 € angespart.

b) monatliche Rente:

Eingabe	Display	Erklärung
20 xP/YR	**N** **240,00**	In 20 Jahren werden 240 monatliche Rentenzahlungen getätigt.
5 EFF%	**I/YR NOM%** **4,89**	Die Rente soll mit 5 % p. a. effektiv verzinst werden.
RCL FV	**FV** **499.815,67**	Das Vermögen vor Rentenbeginn beträgt 499.815,67 €.
+/– PV	**PV** **– 499.815,67**	Dieser Wert wird als Anfangszahlung angenommen.
0 FV	**FV** **0,00**	Nach 20 Jahren soll das Vermögen aufgebraucht sein.
PMT	**PMT** **3.267,98**	Die monatlichen Rentenzahlungen betragen 3.267,98 €.

Ergebnis: Mit dem in Aufgabe a) berechneten Vermögen kann sich der Kunde eine monatliche Rente von 3.267,98 € auszahlen lassen.

c) monatliche Belastung bei einer Rente von 1.500 € monatlich

– *ohne Einmalanlage:*

Eingabe	Display	Erklärung
1500 PMT	**PMT** **1.500,00**	Die monatliche Rente soll 1.500 € betragen.
PV	**PV** **– 229.415,16**	Bis zum 60. Lebensjahr muss der Kunde 229.415,16 € angespart haben, um seinen Wunsch zu realisieren.
30 xP/YR	**N** **360,00**	In 30 Jahren soll das berechnete Vermögen in 360 Raten aufgebaut werden.
10 EFF%	**I/YR NOM%** **9,57**	Es wird ein Effektivzins von 10 % pro Jahr unterstellt.

RCL PV	**PV – 229.415,16**	Das Vermögen vor Rentenbeginn muss 299.415,16 € betragen.
+/– FV	**FV 229.415,16**	Dieser Wert wird in den Speicher als benötigte Endsumme eingetragen.
0 PV	**PV 0,00**	Es erfolgt keine Einmaleinzahlung.
PMT	**PMT – 111,21**	Monatlich müssen 111,21 € eingezahlt werden.

Ergebnis: Ohne Einmalanlage muss der Kunde monatlich 111,21 € einzahlen, um die gewünschte Rente von 1.500 € zu erhalten.

– mit Einmalanlage von 5.000 €:

Eingabe	Display	Erklärung
5000 +/– PV	**PV – 5.000,00**	Es erfolgt eine Einmalzahlung in Höhe von 5.000 €.
PMT	**PMT – 68,92**	Monatlich müssen 68,92 € eingezahlt werden.

Ergebnis: Mit einer Einmalanlage in Höhe von 5.000 € muss der Kunde monatlich 68,92 € einzahlen, um die gewünschte Rente von 1.500 € zu erhalten.

d) inflationsbedingte Wertveränderung von 1.500 €:

Eingabe	Display	Erklärung
1 P/YR	**P/YR 1,00**	Es erfolgt eine Verrechnung pro Jahr.
30 xP/YR	**N 30,00**	Berechnung der Inflation nach 30 Jahren.

3 I/YR	**I/YR NOM% 3,00**	Die Inflationsrate beträgt 3 % im Jahr.
1500 +/– PV	**PV – 1.500,00**	Betrachten Sie diesen Wert als Einmalanlage.
0 PMT	**PMT 0,00**	Regelmäßige Zahlungen erfolgen nicht.
FV	**FV 3.640,89**	In 30 Jahren entsprechen 3.640,89 € der heutigen Kaufkraft von 1.500 €.

Ergebnis: In 30 Jahren entsprechen 3.640,89 € der heutigen Kaufkraft von 1.500 €.

Monatliche Belastung des Kunden für die berechnete Rente:

Eingabe	Display	Erklärung
12 P/YR	**P/YR 12,00**	Es erfolgen monatliche Zahlungen.
20 xP/YR	**N 240,00**	In 20 Jahren werden 240 monatliche Rentenzahlungen getätigt.
5 EFF%	**I/YR NOM% 4,89**	Die Rente soll mit 5 % pro Jahr effektiv verzinst werden.
3640,89 PMT	**PMT 3.640,89**	Die monatliche Rente soll 3.640,89 € betragen.
0 FV	**FV 0,00**	Nach 20 Jahren soll das Vermögen aufgebraucht sein.
PV	**PV – 556.850,25**	Bis zum 60. Lebensjahr muss der Kunde 556.850,25 € angespart haben, um seinen Wunsch zu realisieren.
30 xP/YR	**N 360,00**	In 30 Jahren soll das berechnete Vermögen in 360 Raten aufgebaut werden.
10 EFF%	**I/YR NOM% 9,57**	Es wird ein Effektivzins von 10 % pro Jahr unterstellt.

RCL PV	**PV – 556.850,25**	Das Vermögen vor Rentenbeginn muss 556.850,25 € betragen.
+/– FV	**FV 556.850,25**	Dieser Wert wird in den Speicher als benötigte Endsumme eingetragen.
0 PV	**PV 0,00**	Es erfolgt keine Einmaleinzahlung.
PMT	**PMT – 269,94**	Monatlich müssen 269,94 € eingezahlt werden.

Ergebnis: Unter Berücksichtigung der Inflationsrate von 3 Prozent muss man, um eine monatliche Rente mit der Kaufkraft von „heutigen" 1.500 € zu erzielen, 30 Jahre lang monatlich 269,94 € sparen.

34. Lösung

Effektivzins der Immobilienanlage:

Eingabe	Display	Erklärung
1 P/YR	**P/YR 1,00**	Es erfolgt eine jährliche Verrechnung der Erträge.
20 xP/YR	**N 20,00**	Die Gesamtlaufzeit der Anlage soll 20 Jahre betragen.
620000 +/– PV	**PV – 620.000,00**	Es erfolgt eine Einmaleinzahlung in Höhe von 620.000 €.
63000 PMT	**PMT 63.000,00**	Es erfolgen jährliche Zahlungen an den Kunden in Höhe von 63.000 € (80.000 € – 17.000 €).
465000 FV	**FV 465.000,00**	Nach 20 Jahren ist der Wiederverkaufswert des Hauses 465.000 €.
I/YR	**I/YR NOM% 9,71**	Der Nominalzins beträgt 9,71%.
EFF%	**EFF% 9,71**	Der Effektivzins der Anlage beträgt ebenfalls 9,71 %.

Ergebnis: Der Effektivzins der Immobilienanlage kann sich sehen lassen und ist mit 9,71 Prozent effektiv pro Jahr eine ordentliche Geldanlage.

35. Lösung

Berechnung der Gewinnentwicklung in 4 Schritten (Aufteilung des Zahlungsstroms):

Eingabe	Display	Erklärung
1 P/YR	**P/YR 1,00**	Es erfolgt eine jährliche Verrechnung der Erträge.
2 xP/YR	**N 2,00**	Die Laufzeit der Anlage soll zunächst 2 Jahre betragen.
5 I/YR	**I/YR NOM% 5,00**	Der Nominalzins soll 5 % betragen.
0 PV	**PV 0,00**	Es erfolgt keine Einmalzahlung.
4000 +/– PMT	**PMT – 4.000,00**	Es erfolgen jährliche Einzahlungen der Gewinne in Höhe von 4.000 €.
FV	**FV 8.200,00**	Nach 2 Jahren besteht ein Guthaben in Höhe von 8.200 €.

2 xP/YR	**N 2,00**	Die Laufzeit der Anlage soll weitere 2 Jahre betragen.
0 PMT	**PMT 0,00**	Es erfolgen keine weiteren periodischen Zahlungen.
RCL FV	**FV 8.200,00**	Entnehmen Sie das Ergebnis der ersten beiden Jahre aus dem Speicher.
+/– PV	**PV – 8.200,00**	Schreiben Sie diesen Wert als Einmalzahlung in den Speicher.
FV	**FV 9.040,50**	Nach 4 Jahren ergibt sich ein Guthaben in Höhe von 9.040,50 €.

2 xP/YR	**N** **2,00**	Die Laufzeit der Anlage soll weitere 2 Jahre betragen.
12000 +/– **PMT**	**PMT** **– 12.000,00**	Es erfolgen weitere jährliche Zahlungen in Höhe von 12.000 €.
RCL FV	**FV** **9.040,40**	Entnehmen Sie das Ergebnis der ersten beiden Jahre aus dem Speicher.
+/– PV	**PV** **– 9.040,40**	Schreiben Sie diesen Wert als Einmaleinzahlung in den Speicher.
FV	**FV** **34.567,15**	Nach 6 Jahren besteht ein Guthaben in Höhe von 34.567,15 €.

4 xP/YR	**N** **4,00**	Die Laufzeit der Anlage soll weitere 4 Jahre betragen.
7500 +/– PMT	**PMT** **– 7.500,00**	Es erfolgen weitere jährliche Zahlungen in Höhe von 7.500 €.
RCL FV	**FV** **34.567,15**	Entnehmen Sie das Ergebnis der ersten beiden Jahre aus dem Speicher.
+/– PV	**PV** **– 34.567,15**	Schreiben Sie diesen Wert als Einmalzahlung in den Speicher.
FV	**FV** **74.342,53**	Nach 10 Jahren ist ein Guthaben in Höhe von 74.342,53 € entstanden.

Ergebnis: Aus den Gewinnbeteiligungen hat sich ein Guthaben von 74.342,53 € entwickelt.

Berechnung des Gesamtergebnisses:

Nach Auszahlung des eingezahlten Kapitals + Bonuszahlung ergibt sich ein Gesamtvermögen von:

	100.000,00 €
+	40.000,00 €
+	74.342,53 €
=	214.342,53 €

Berechnung der Aktienfondsanlage:

Eingabe	Display	Erklärung
1 P/YR	P/YR 1,00	Es erfolgt eine jährliche Verrechnung der Erträge.
10 xP/YR	N 10,00	Die Gesamtlaufzeit der Anlage soll 10 Jahre betragen.
8 I/YR	I/YR NOM% 8,00	Eingabe der Verzinsung des Aktienfonds.
100000 +/– PV	PV – 100.000,00	Es erfolgt eine Einmaleinzahlung in Höhe von 100.000 €.
0 PMT	PMT 0,00	Es erfolgen keine periodischen Zahlungen.
FV	FV 215.892,50	Eine Aktienfondsanlage würde unter den angenommenen Voraussetzungen 215.892,50 € erbringen.
– 214342,53 =	= 1.549,97	Die Differenz zur Beteiligungsanlage ohne Berücksichtigung des Steuereffektes beträgt 1.549,97 €.

Ergebnis: Die Anlage steht hinter dem Aktienfonds kaum zurück. Bereits ein geringer Steuereffekt sorgt dafür, dass die gesamte Anlage besser rentiert als die Fondsanlage.

36. Lösung

a) monatliche Belastung mit Zins und Tilgung:

Eingabe	Display	Erklärung
12 P/YR	P/YR 12,00	Es werden monatliche Raten bezahlt.
15 xP/YR	N 180,00	Über 15 Jahre bzw. 180 monatliche Raten soll das Darlehen getilgt werden.

7 I/YR	**I/YR NOM% 7,00**	Der Nominalzins des Darlehens soll 7 % betragen.
EFF%	**EFF% 7,23**	Ermittlung des Effektivzinssatzes des Darlehens.
150000 PV	**PV 150.000,00**	Dem Kunden fließen 150.000 € zu.
0 FV	**FV 0,00**	Am Ende der Laufzeit soll das Darlehen getilgt sein.
PMT	**PMT – 1.348,24**	Die monatliche Belastung mit Zins und Tilgung beträgt 1.348,24 €.

Ergebnis: Die monatliche Belastung mit Zins und Tilgung beträgt 1.384,24 €.

b) monatliche Zinsen für die ersten 5 Jahre:

Eingabe	Display	Erklärung
12 P/YR	**P/YR 12,00**	Es werden monatliche Raten bezahlt.
5 xP/YR	**N 60,00**	Über 5 Jahre bzw. 60 monatliche Raten werden Zinsen gezahlt.
7,5 EFF%	**I/YR NOM% 7,25**	Der Effektivzins beträgt 7,5 %.
150000 PV	**PV 150.000,00**	Dem Kunden fließen 150.000 € zu.
+/– FV	**FV – 150.000,00**	Nach 5 Jahre wurde noch keine Schuld getilgt.
PMT	**PMT – 906,74**	Die monatliche Zinslast beträgt 906,74 €.

Ergebnis: 1.348,24 € – 906,74 € = 441,50 € werden daher über 5 Jahre in den Aktienfonds fließen.

Ablaufergebnis des Aktienfonds in zwei Schritten:

Eingabe	Display	Erklärung
12 P/YR	P/YR 12,00	Es erfolgen monatliche Zahlungen.
5 xP/YR	N 60,00	In 5 Jahre werden 60 monatliche Raten eingezahlt.
9 EFF%	I/YR NOM% 8,65	Der Fonds hat einen effektiven Zinssatz von 9 % pro Jahr.
0 PV	PV 0,00	Es erfolgt keine Einmaleinzahlung.
441,5 +/– PMT	PMT – 441,50	Es erfolgen monatliche Einzahlungen in Höhe von 441,50 €.
FV	FV 32.994,56	Nach 5 Jahren kann der Anleger über 32.994,56 € Vermögen verfügen.

Eingabe	Display	Erklärung
1 P/YR	P/YR 1,00	Es erfolgt eine jährliche Verrechnung der Erträge.
10 xP/YR	N 10,00	Die Anlage läuft weitere 10 Jahre.
9 EFF%	I/YR NOM% 9,00	Eingabe des effektiven Zinses.
RCL FV	FV 32.994,56	Entnehmen Sie das Ablaufergebnis der vorherigen Berechnung aus dem Speicher.
+/– PV	PV – 32.994,56	Setzen Sie das Ergebnis als Einmalzahlung in den Speicher.
0 PMT	PMT 0,00	Es erfolgen keine weiteren Zahlungen in den Fonds.
FV	FV 78.110,13	Nach 15 Jahren kann der Anleger über 78.110,13 € Vermögen verfügen.

Ergebnis: Herr Schulze kann nach 15 Jahren über ein Vermögen in Höhe von 78.110,13 € verfügen, um damit seine Restschuld zu tilgen.

Berechnung der Restschuld:

Eingabe	Display	Erklärung
12 P/YR	P/YR 12,00	Es werden monatliche Raten bezahlt.
10 xP/YR	N 120,00	Es müssen noch 10 Jahre bzw. 120 Monate Zins und Tilgung gezahlt werden.
7,5 EFF%	I/YR NOM% 7,25	Der Effektivzins beträgt 7,5 %.
150000 PV	PV 150.000,00	Nach 5 Jahre beträgt die Schuld immer noch 150.000 €, da bisher nur Zinsen gezahlt wurden.
1350 +/– PMT	PMT – 1.350,00	Die monatliche Zins- und Tilgungslast beträgt 1.350 €.
FV	FV – 72.196,62	Die Restschuld beträgt nach 15 Jahren 72.196,62 €.

Ergebnis: Alternative b) beschert Herrn Schulze zwar einen etwas höheren Effektivzins, aber nach 15 Jahren hat er sogar noch 5.913,51 € (= 78.110,13 € – 72.196,62 €) übrig, nachdem er die Restschuld getilgt hat.

37. Lösung

a) monatliche Belastung:

Eingabe	Display	Erklärung
12 P/YR	P/YR 12,00	Es werden monatliche Raten bezahlt.
10 xP/YR	N 120,00	In 10 Jahren werden 120 monatliche Raten bezahlt.
2,5 I/YR	I/YR NOM% 2,50	Der Nominalzins beträgt 2,5 %.
14000 PV	PV 14.000,00	Dem Kunden fließen 14.000 € als Darlehenssumme zu.
0 FV	FV 0,00	Nach 10 Jahren soll das Darlehen getilgt sein.
PMT	PMT – 131,98	Der Kunde muss 131,98 € monatlich zahlen.

Ergebnis: Die monatliche Belastung für Herbert beträgt 131,98 €, um das Darlehen innerhalb von 10 Jahren zu tilgen.

b) Vermögen in der Ansparphase:

Eingabe	Display	Erklärung
12 P/YR	P/YR 12,00	Es werden monatliche Raten bezahlt.
10 xP/YR	N 120,00	In 10 Jahren werden 120 monatliche Raten bezahlt.
7 EFF%	I/YR NOM% 6,78	Der Effektivzins der Anlage soll 7 % betragen.
0 PV	PV 0,00	Es erfolgt keine Einmaleinzahlung.
100 +/– PMT	PMT – 100,00	Es werden monatlich 100 € eingezahlt.
FV	FV 17.105,17	Nach 10 Jahren hat der Kunde ein Vermögen von 17.105,17 € angespart.

Ergebnis: Die Alternativanlage erwirtschaftet ein Vermögen von 17.105,17 € nach 10 Jahren.

Vergleichszinssatz:

Wir brauchen noch den Differenzbetrag der Anlage zur gesamten Summe von 28.000 €:

28.000 € – 17.105,17 € = 10.894,83 €. Dieser Betrag muss noch finanziert werden:

Eingabe	Display	Erklärung
12 P/YR	P/YR 12,00	Es werden monatliche Raten bezahlt.
10 xP/YR	N 120,00	In 10 Jahren werden 120 monatliche Raten bezahlt.
10894,83 PV	PV 10.894,83	Dem Kunden fließt eine Darlehenssumme von 10.894,83 € zu.
131,98 +/– PMT	PMT 131,98	Der Kunde muss 131,98 € monatlich zahlen.
0 FV	FV 0,00	Nach 10 Jahren soll die Schuld getilgt sein.
I/YR	I/YR NOM% 7,96	Der Nominalzins des Alternativdarlehens darf 7,96 % nicht übersteigen.
EFF%	EFF% 8,26	Ermittlung des Effektivzinses.

Ergebnis: Für eine günstigere Alternative als den Bausparvertrag muss Herbert ein Darlehen finden, dessen Zins 8,26 Prozent effektiv nicht übersteigt.

38. Lösung

Ermittlung der Monatsrate

Restschuld nach den ersten 4 Monaten:

Eingabe	Display	Erklärung
12 P/YR	P/YR 12,00	Es werden monatliche Raten bezahlt.
4 N	N 4,00	Es wird ein Zeitraum von 4 Monaten betrachtet.
6 I/YR	I/YR NOM% 6,00	Zinssatz erfassen.
180000 PV	PV 180.000,00	Dem Kunden fließt eine Darlehenssumme von 180.000 € zu.
2 SHIFT PMT	PMT – 1.200,00	Der Tilgungssatz beträgt 2 %. Es wird direkt die Annuität berechnet und angezeigt.
FV	FV – 178.790,97	Nach 4 Monaten ist noch eine Restschuld von 178.790,97 € zu tilgen.

Restschuld nach den folgenden 9 Jahren und 8 Monaten:

Eingabe	Display	Erklärung
RCL FV	FV – 178.790,97	Restschuld nach 4 Monaten.
+/– PV	PV 178.790,97	Die Restschuld wird als Anfangsauszahlung erfasst.
116 N	N 116,00	Die Restlaufzeit beträgt noch 116 Monate.
5 I/YR	I/YR NOM% 5,00	Neuen Zinssatz erfassen.
FV	FV – 111.098,53	Nach 10 Jahren ist noch eine Restschuld von 111.098,53 € zu tilgen.

Ergebnis: Nach 10 Jahren besteht noch eine Restschuld von 111.098,53 €.

39. Lösung

In der Fragestellung fehlt die Angabe der Darlehenssumme. Für die Ermittlung der Laufzeit ist dies jedoch unerheblich, da alle anderen Zahlungen sich aus der Darlehenssumme ergeben. Nehmen Sie eine beliebige Darlehenssumme an, beispielsweise 60.000 €.

Eingabe	Display	Erklärung
4 P/YR	P/YR 4,00	Zins- und Tilgungsverrechnung erfolgen quartalsweise.
8 I/YR	I/YR NOM% 8,00	Zinssatz erfassen. 2 % Verzinsung pro Quartal heißt 8 % Verzinsung pro Jahr.
60000 PV	PV 60.000,00	Erfassung der Darlehensauszahlung.
2,6 x 4 = SHIFT PMT	PMT – 2.760,00	Die jährliche Tilgungsrate beträgt 10,4 %. Die vierteljährliche Rate wird daraufhin angezeigt.
0 FV	FV 0,00	Das Darlehen soll vollständig getilgt werden.
N	N 28,81	Ermittlung der Laufzeit als Quartalsangabe.
RCL xP/YR	x P/YR 7,20	Abfrage der Tilgungsdauer in Jahren.

Ergebnis: Der Kreditnehmer benötigt 8 Jahre zur vollständigen Darlehenstilgung.

40. Lösung

Eingabe	Display	Erklärung
2 P/YR	P/YR 2,00	Vorgabe von 2 Zinsverrechnungen jährlich.
8 SHIFT I/YR	EFF% 8,16	Eingabe des nominalen Zins von 8 % auf die Doppelbelegungstaste NOM%. Der BWK Business® berechnet danach direkt den effektiven Zins.
+/– +/– I/YR	I/YR NOM% 8,16	Zweimaliges Ändern von EFF%, damit der Wert auf I/YR gespeichert werden kann.
1 P/YR	P/YR 1,00	Umstellung auf die tatsächliche Zahlungsweise.
20 xP/YR	N 20,00	Darlehenslaufzeit von 20 Jahren erfassen.
50000 PV	PV 50.000,00	Darlehenssumme erfassen.
0 FV	FV 0,00	Restschuld vorgeben.
PMT	PMT –5.153,40	Rate ermitteln.

Ergebnis: Die erforderliche Rate zur vollständigen Darlehenstilgung in 20 Jahren beträgt 5.153,40 €.

41. Lösung

a) Zur Absicherung des Todesfalles des Hauptverdieners wurde die Risikolebensversicherung über 100.000 € abgeschlossen. Weiterhin sollte das Darlehen über 100.000 € beachtet werden.

Berechnung der Absicherungshöhe:

4-fache des Bruttojahreseinkommen	192.000 €
– Risikolebensversicherung	100.000 €
+ Darlehen	100.000 €
Absicherungshöhe	192.000 €

Somit sollte noch eine Risikolebensversicherung über 192.000 € abgeschlossen werden.

Welche ewige Rente könnte die Witwe aus dem Betrag von 192.000 € bis zum 60. Lebensjahr beziehen?

Eingabe	Display	Erklärung
12 P/YR	**P/YR 12,00**	Monatliche Rentenauszahlung
28 xP/YR	**N 336,00**	28 Jahre soll eine Rente gezahlt werden, aufgrund der ewigen Rente könnte hier auch ein Jahr angegeben sein.
4 EFF%	**I/YR NOM% 3,93**	Effektiver Zins von 4 %.
192000 +/– PV	**PV –192.000,00**	Es steht ein Vermögen von 192.000 € zur Verfügung, welches in das Auszahlungsprodukt eingezahlt wird.
192000 FV	**FV 192.000,00**	Nach 28 Jahren soll immer noch ein Vermögen von 192.000 € bestehen.
PMT	**PMT 628,56**	Berechnung der monatlichen Rente.

Somit steht für die Witwe eine monatliche Rente von 628,56 € zur Verfügung. Wie hoch ist danach die Rente mit Kapitalverzehr vom 60. bis 90. Lebensjahr?

Eingabe	Display	Erklärung
30 xP/YR	**N 360,00**	Auszahlung über 30 Jahre.
0 FV	**FV 0,00**	Es steht mit dem 90. Lebensjahr kein Vermögen mehr zur Verfügung.
PMT	**PMT 908,74**	Berechnung der monatlichen Rente.

Somit könnte eine Altersvorsorge von 908,74 € ausgezahlt werden.

Grundsätzlich kann gesagt werden, dass auch eine Absicherung der 4-fachen Höhe des Bruttojahreseinkommens möglicherweise nicht ausreicht. Denn die Witwe müsste mit einer monatlichen Rente bis zum 60. Lebensjahr in Höhe von 600 € und ab dem 60. Lebensjahr mit 900 € auskommen. Das ist nicht unbedingt ausreichend.

b) Es könnte angenommen werden, dass die BU-Versicherung von 1.000 € gegenüber den Lebenshaltungskosten von 1.000 € ausreichen. Es bestehen jedoch noch für die Altersvorsorge Aufwendungen von 200 €. Diese müssen ebenfalls berücksichtigt werden.

Welcher Betrag müsste zu Beginn zur Verfügung stehen, damit monatlich über 28 Jahre ein Betrag von 200 € ausgezahlt wird?

Eingabe	Display	Erklärung
12 P/YR	P/YR 12,00	Monatliche Rentenauszahlung.
28 xP/YR	N 336,00	Der Betrag wird über 28 Jahre gezahlt.
4 EFF%	I/YR NOM% 3,93	Eingabe des effektiven Auszahlungszinses.
200 PMT	PMT 200,00	Monatlich sollen 200 € ausgezahlt werden.
0 FV	FV 0,00	Nach 28 Jahren soll kein Kapital mehr vorhanden sein.
PV	PV – 40.719,33	Es müsste also ein Betrag von rund 41.000 € zur Verfügung stehen.

Sie können nun Klaus L. fragen, ob er zurzeit einen Betrag von 41.000 € zur Verfügung hat, um eine monatliche Rente von 200 € auszuzahlen. Hat er es nicht, so muss die BU-Versicherung um 200 € aufgestockt werden.

42. Lösung

Als Erstes berechnen Sie die inflationsbereinigte Rente zu Beginn:

Eingabe	Display	Erklärung
1 P/YR	P/YR 1,00	Jährliche Inflation.
35 xP/YR	N 35,00	Vom 25. bis zum 60. Lebensjahr sind es noch 35 Jahre.
3 I/YR	I/YR NOM% 3,00	Die Inflation beträgt 3 % pro Jahr.
2000 PV	PV 2.000,00	Der Kunde möchte eine Rente von 2.000 € heutiger Wert.
0 PMT	PMT 0,00	Keine regelmäßigen Zahlungen bei Inflationsberechnungen.
FV	FV – 5.627,72	Berechnung der notwendigen Rente in 35 Jahren.

Somit muss eine Rente von 5.600 € mit dem 60. Lebensjahr ausgezahlt werden, damit der Kunde einen heutigen Wert von 2.000 € erhält.

Eingabe	Display	Erklärung
12 P/YR	P/YR 12,00	Monatliche Rentenauszahlung.
30 xP/YR	N 360,00	Der Kunde erhält die Rente vom 60.–90. Lebensjahr, also 30 Jahre.
5 EFF%	I/YR NOM% 4,89	Der Entnahmezins beträft 5 % effektiv.
5600 P/D	P/D 5.600,00	Die Rente mit dem 60. Lebensjahr, die sich pro steigern soll, beträgt 5.600 €.
3 %D	%D 3,00	Die Rente soll jährlich ab dem 60. Lebensjahr um 3 % steigen.

12 SHIFT %D	**xD** **12,00**	Die Rente soll sich jährlich erhöhen, also alle 12 Monate.
0 FV	**FV** **0,00**	Mit dem 90. Lebensjahr soll kein Vermögen mehr vorhanden sein.
PV	**PV** **– 1.506.436,02**	Berechnung des notwendigen Vermögens mit dem 60. Lebensjahr.

Somit muss der Kunde einen Betrag von rund 1,5 Millionen € bis zum 60. Lebensjahr sparen.

a) Berechnung der regelmäßigen Sparrate:

Eingabe	Display	Erklärung
12 P/YR	**P/YR** **12,00**	12 Zahlungen jährlich werden durch den Kunden eingezahlt.
35 xP/YR	**N** **420,00**	Der Kunde hat vom 25. bis zum 60. Lebensjahr Zeit, den Betrag zu erreichen, also 35 Jahre.
8 EFF%	**I/YR NOM%** **7,72**	Der effektive Ansparzins beträgt 8 %.
0 PV	**PV** **0,00**	Es wird keine Einmalanlage getätigt.
1500000 FV	**FV** **1.500.000,00**	Der Kunde muss einen Betrag von 1.500.000 € erreichen.
PMT	**PMT** **– 700,09**	Berechnung der Sparrate.

Ergebnis: Der Kunde müsste eine regelmäßige Sparrate von 700 € sparen, um sein Ziel zu erreichen.

b) Berechnung der Sparrate bei 5 % Dynamik:

Eingabe	Display	Erklärung
5 %D	**%D** **5,00**	Die Dynamik beträgt 5 %.
12 SHIFT %D	**xD** **12,00**	Der Sparbetrag soll sich jährlich erhöhen.
P/D	**P/D** **– 390,44**	Berechnung der anfänglichen dynamischen Sparrate.
SHIFT P/D	**P/DE** **– 2.051,13**	Berechnung der letzten Dynamik-Sparrate.

Ergebnis: Der Kunde könnte bei 5 Prozent Dynamik mit einem Sparbetrag von 390 € beginnen, der sich jedoch bis 2.050 € erhöht.

Häufig gestellte Fragen

- *Der Taschenrechner zeigt bei Kommabeträgen anstatt des Kommas ein Punkt an. Wie kann ich das ändern?*

In Ihrem Taschenrechner ist die amerikanische Voreinstellung gespeichert. Dort wird das Komma zu einem Punkt und der Punkt zum Komma getauscht (100,000.00). Sie ändern das, wenn Sie das Setup-Menü starten (SHIFT 0) und danach im Steuerkreuz zweimal nach rechts drücken. Hier können Sie zwischen amerikanischer und europäischer Einstellung wählen.

- *Der Taschenrechner zeigt mir mehr als zwei Stellen hinter dem Komma an. Wie kann ich das ändern?*

Auch hier gehen Sie in das Setup Menü (SHIFT 0) und drücken danach einmal die Taste rechts im Steuerkreuz. Hier können Sie zwischen 10 und keiner Nachkommastelle wählen.

Sie können auch außerhalb des Setup-Menüs die Taste SHIFT und danach „." drücken. Danach geben Sie die gewünschte Nachkommazahl ein.

- *Warum zeigt mir der Taschenrechner bei der Ergebnisabfrage die Bedeutung „IMPOSSIBLE" im Display an?*

Bei der Eingabe in PV, PMT, P/D oder FV haben Sie ein Minuszeichen vergessen. Sie haben zum Beispiel im gesamten Zeitraum nur Geld bekommen, ohne etwas zu bezahlen oder nur Geld bezahlt, ohne etwas bekommen zu haben.

- *Ich löse die Aufgaben genau nach dem Lösungsschema, komme jedoch nicht auf das angegebene Ergebnis. Woran kann das liegen?*

Das kann an mehreren Faktoren liegen. Es könnte daran liegen, dass Sie den vorschüssigen Zahlungsmodus eingeschaltet haben. Im Display steht dabei BEGIN und kann zu geringen Abweichungen im Ergebnis führen. Um das zu ändern, drücken Sie SHIFT P/YR. Nun müsste das BEGIN-Zeichen im Display wegfallen und Sie bekommen das richtige Ergebnis.

Falls das noch nicht der Fall ist, drücken Sie auf SHIFT C und lösen die Aufgabe erneut.

Es könnte auch an der Rundung der Zahlen liegen, wenn z. B. bei manchen Aufgaben mit dem genauesten Wert gerechnet wurde. Im Display sehen Sie zwar nur zwei Nachkommastellen, doch der Rechner rechnet immer mit dem genauesten Wert.

- *Kann man vorschüssige Zahlungen mit dem Taschenrechner durchführen?*

Ja, drücken Sie SHIFT P/YR, um vorschüssige Zahlungen durchzuführen. Bei vorschüssigen Zahlungen steht im Display „BEGIN", bei nachschüssigen ist nichts im Display vermerkt.

- *Der Taschenrechner zeigt „OVERFLOW" bei einer Dynamikrechnung im Display an. Woran liegt das?*

Eine Dynamikrechnung hat eine Laufzeit von über 88 Jahren.

- *Warum zeigt der Taschenrechner „!TOO SMALL" als Fehlermeldung?*

Sie geben bspw. einen Minusbetrag auf N ein. Das ist nicht möglich. Es gibt keine negativen Laufzeiten.

- *Warum zeigt der BWK Business® „!N=0" als Fehlermeldung an?*

Sie haben bisher noch keine Laufzeit N eingegeben.

- *Möchte ich einen Wert in YOERS speichern, zeigt der Taschenrechner „CALC NOT FIN". Was bedeutet das?*

Sie haben eine TVM-Berechnung noch nicht abgeschlossen/berechnet oder zwischendurch die Werte geändert. Berechnen Sie also nochmals, danach können Sie speichern.

Schluss

Das waren nun mehr als 350 Seiten geballtes Finanz-Know-how. Ich gratuliere Ihnen, dass Sie durchgehalten haben. Sie gehören nun zu den Finanzdienstleistern, auf deren Finanzberatung sich Kunden verlassen können. Wenden Sie den Taschenrechner und das erworbene Wissen jeden Tag aufs Neue an. Genießen Sie den Spaß und die Faszination, ab sofort mit jedem Interessenten locker und leicht über Geld sprechen zu können. Genießen Sie die Faszination, mit den in diesem Buch beschriebenen, einfachen Geldstrategien und Geldrechnungen jeden Interessenten, jeden Kunden zu verblüffen. Doch ich bitte Sie: Missbrauchen Sie das auf diese Weise neu gewonnene Vertrauen Ihrer Interessenten und Kunden nicht. Sie besitzen mit dem Taschenrechner und dem beschriebenen Know-how ein machtvolles Instrument. Setzen Sie dieses Wissen zum Wohle Ihrer Kunden ein. Das A und O jedes Verkäufers besteht nach wie vor darin, möglichst viele Empfehlungen zu erhalten. Sie haben mit den gelernten Methoden die Chance, persönlich (mit Überzeugung Ihrer Kunden) an neue Interessenten empfohlen zu werden. Sie haben die Chance, sich als Berater einen Namen zu machen. Und das ist bekannterweise die sicherste Form für eigenes Vermögen und Wohlstand: sich einen Namen zu machen. Zur Marke zu werden. Wenden Sie dazu das in diesem Buch beschriebene Wissen jeden Tag aufs Neue an. Gewinner handeln. Handeln auch Sie. Ich wünsche Ihnen den bestmöglichen Erfolg auf Ihrem Weg zu mehr Umsatz und Erfolg. Denken Sie daran: Das Prinzip der Gewinner lautet: Tue es jetzt! Und: Ich freue mich in jedem Fall darauf, wenn Sie mir Ihre Erfahrungen berichten, nachdem Sie begonnen haben, die in diesem Buch beschriebenen Geldgespräche in Ihrer täglichen Praxis zu führen. Mailen Sie dann an mail@berndwkloeckner.com. Ich hoffe, wir können die Qualität der Finanzberatung gemeinsam noch steigern. Vielen Dank.

Ihr *Bernd W. Klöckner*

Anhang

Der Cost-Average-Effekt bei Fondssparplänen

Ein Sparer zahlt monatlich in einen Fondsparplan ein. Der ausgewählte Fonds entwickelt sich genau parallel zum DAX. Welche Rendite hätte der Anleger erzielt, wenn er vor dem Platzen der Internetblase im Jahr 2000 begonnen hätte einzuzahlen und alle Fondsanteile in dem Zeitpunkt verkauft hätte, als der DAX den Höchststand von 2000 wieder erreichte?

Datum	Indexstand	Investitionsbetrag	Gekaufte Anteile
29.02.2000	7.644,55		
31.03.2000	7.599,39		
28.04.2000	7.414,68		
31.05.2000	7.109,67		
30.06.2000	6.882,44		
31.07.2000	7.190,37		
31.08.2000	7.244,79		
29.09.2000	6.798,12		
31.10.2000	7.077,44		
30.11.2000	6.372,33		
29.12.2000	6.433,61		
31.01.2001	6.795,14		
28.02.2001	6.208,24		

30.03.2001	5.829,95		
30.04.2001	6.264,51		
31.05.2001	6.123,26		
29.06.2001	6.058,38		
31.07.2001	5.861,19		
31.08.2001	5.188,17		
28.09.2001	4.308,15		
31.10.2001	4.559,13		
30.11.2001	4.989,91		
28.12.2001	5.160,10		
31.01.2002	5.107,61		
28.02.2002	5.039,08		
29.03.2002	5.397,29		
30.04.2002	5.041,20		
31.05.2002	4.818,30		
28.06.2002	4.382,56		
31.07.2002	3.700,14		
30.08.2002	3.712,94		
30.09.2002	2.769,03		
31.10.2002	3.152,85		
29.11.2002	3.320,32		
31.12.2002	2.892,63		
31.01.2003	2.747,83		
28.02.2003	2.547,05		
31.03.2003	2.423,87		
30.04.2003	2.942,04		
30.05.2003	2.982,68		
30.06.2003	3.220,58		

31.07.2003	3.487,86		
29.08.2003	3.484,58		
30.09.2003	3.256,78		
31.10.2003	3.655,99		
28.11.2003	3.745,95		
31.12.2003	3.965,16		
30.01.2004	4.058,60		
27.02.2004	4.018,16		
31.03.2004	3.856,70		
30.04.2004	3.985,21		
31.05.2004	3.921,41		
30.06.2004	4.052,73		
30.07.2004	3.895,61		
31.08.2004	3.785,21		
30.09.2004	3.892,90		
29.10.2004	3.960,25		
30.11.2004	4.126,00		
31.12.2004	4.256,08		
31.01.2005	4.254,85		
28.02.2005	4.350,49		
31.03.2005	4.348,77		
29.04.2005	4.184,84		
31.05.2005	4.460,63		
30.06.2005	4.586,28		
29.07.2005	4.886,50		
31.08.2005	4.829,69		
30.09.2005	5.044,12		
31.10.2005	4.929,07		

30.11.2005	5.193,40		
30.12.2005	5.408,26		
31.01.2006	5.674,15		
28.02.2006	5.796,04		
31.03.2006	5.970,08		
28.04.2006	6.009,89		
31.05.2006	5.692,86		
30.06.2006	5.683,31		
31.07.2006	5.681,97		
31.08.2006	5.859,57		
29.09.2006	6.004,33		
31.10.2006	6.268,92		
30.11.2006	6.309,19		
29.12.2006	6.596,92		
31.01.2007	6.789,11		
28.02.2007	6.715,44		
30.03.2007	6.917,03		
30.04.2007	7.408,87		
31.05.2007	7.883,04		
Summen:			
Gesamtwert der gekauften Fondsanteile:			
Rendite:			

Ergebnis: Ein Fondssparplan hätte in dieser Zeit eine Rendite von 14,43 Prozent erzielt.

Dankeschön

In erster Linie gilt mein Dank dem gesamten Team des Gabler-Verlags. Namentlich Bernhard Rudolf, Chefredakteur des Versicherungsmagazins. Ohne dessen Zutun hätte es die Zusammenarbeit mit dem Gabler-Verlag und folglich dieses Buch als Grundlage für Ihre weiter steigenden Erfolge nicht gegeben. Danken Sie es Herrn Rudolf und werden Sie Abonnent des Versicherungsmagazins.

Mein Dank gilt ebenso Maria Akhavan, verantwortliche Lektorin dieses Buchprojekts. Sie war es, die mit Begeisterung und Initiative den letzten Schliff anbrachte.

Wie immer gilt mein Dankeschön auch meinem Medienagenten Thomas Montasser. Mit der Erfahrung jahrelanger, erfolgreicher Agententätigkeit brachte er auch die Verhandlungen zum vorliegenden Buch in der ihm eigenen Form zu einem für alle Beteiligten sehr erfolgreichen Abschluss.

Ganz besonders gilt mein Dank noch einmal allen Mitwirkenden (siehe Seite 380). Ohne deren Zutun, Unterstützung und Korrektur wäre es um einiges schwerer gefallen, dieses 400 Seiten umfassende Buch zum Rechentraining erfolgreich umzusetzen. Insbesondere Stefan Horn hat bei mancher Aufgabe verblüffend einfache, kreative Lösungen entwickelt, wofür ich ihm ausdrücklich danke.

Zum Schluss gilt mein Dank allen Teilnehmern meiner Seminare, die ich seit 1998 in Deutschland, Österreich und der Schweiz durchgeführt habe. Deren Faszination und Zuspruch bei und nach den einzelnen Rechentrainings ließen den Entschluss reifen, einen Teil des Seminar-Know-how in Buchform zu fassen.

Ebenfalls bedanke ich mich in diesem Zusammenhang bei den verantwortlichen Entscheidern und Vorständen der Unternehmen, die seit 1998 regelmäßig das von mir gebotene Rechentraining ihren Mitarbeitern und Mitarbeiterinnen „verschreiben“.

Stichwortverzeichnis

Die Autoren

Bernd W. Klöckner® M. A.

Der Master of Arts (Universität Kaiserslautern) und Diplom-Betriebswirt (FH) studierte ferner systemisches Management, ebenfalls an der Universität Kaiserslautern. Zudem absolvierte er erfolgreich den MBA, Schwerpunkt Marketing. Bernd W. Klöckner® verfügt damit über eine in der Trainerbranche einmalige Mischung aus Wissenschaft und praktischer Verkaufstätigkeit. Bis heute verkauft und berät er aktiv Menschen zu Fragen der Altersvorsorge und des Vermögensaufbaus. Sein Credo: „Verkaufen und beraten kann nur trainieren, wer aktiv verkauft und berät!"

Der Finanzinsider und 42-fache Erfolgs- und Bestsellerautor mit über 250.000 Lesern seiner Bücher ist einer der erfolgreichsten, bekanntesten wie bestbezahlten Verkaufs- und Finanztrainer im deutschsprachigen Raum. Insgesamt trainiert er in acht Ländern. Bernd W. Klöckner® ist Rechentrainer Nr. 1 zum Thema „Angewandte, praxisorientierte Finanzmathematik". Seit 1997 erlebten mehrere zehntausend begeisterte Finanzdienstleister seine in diesem Buch beschriebene, erstmals veröffentlichte Verkaufsmethodik.

Bernd W. Klöckner® ist Initiator und Gründer der Klöckner-Methode, einem einzigartigen Verkaufs-, Kommunikations- und Rechentraining für Finanzdienstleister und Verbraucher, auf das bereits zahlreiche namhafte Unternehmen der Finanzbranche vertrauen. Ferner ist er Urheber und Begründer der von ihm entwickelten Verkaufstherapie®. Beide Trainings-Methoden wirken exzellent in der Kombination. Sind sofort umsetzbar. Das Besondere: Von ihm trainierte Teilnehmer/innen setzen das trainierte Wissen unmittelbar mit Erfolg und großen Erfolgssteigerungen um. Bestandteil des mehrtägigen Intervall-Trainings zur Klöckner Methode ist der von ihm entwickelte Finanztaschenrechner BWK Business®, ein Kompetenz-Tool für alle Finanzdienstleister, die zur Nr. 1 bei allen Geldfragen ihrer Kunden werden wollen. Die Erfolge der Teilnehmer/innen der Bernd W. Klöckner® Trainings sind umfangreich unter www.berndwkloeckner.com dokumentiert. Die Klöckner-Methode ist das einzige Training mit dokumentierter Leistungsbilanz. Das Team der Klöckner-Methode trainiert ausschließlich kleine Gruppen bis 16 Teilnehmer über mehrere Tage (mindestens 2 Tage je Gruppe).

Ab Sommer 2009 bieten Bernd W. Klöckner® und Ruth Watty gemeinsam mit einem Team ausgewählter Trainer eine 2-jährige Ausbildung zur/zum Verkaufstherapeuten/in® an. Inhalt ist eine bislang in der Verkaufs- und Finanzbranche einmalige Mischung aus kommunikativen, verkäuferischen Aspekten, Interventionen und Methoden.

Bernd W. Klöckner® ist Finanzinsider mit mehr als 23 Jahren Branchenerfahrung, ehemaliger leitender Wirtschaftsredakteur eines Verbrauchermagazins und bekannt durch zahlreiche TV-Sendungen (ARD Anne Will, Sabine Christiansen, Menschen bei Maischberger, ZDF Maybrit Illner, Johannes B. Kerner, BR Münchner Runde, WDR Hart aber fair, n-tv GELD; mdr Ein Fall für Escher, WISO und RTL). Der über Monate im Voraus gefragte Kongress- und Seminarredner ist zudem Chefredakteur diverser Publikationen.

Neben seinen Tätigkeiten im Bereich der privaten Finanzen trainiert er als Unternehmensberater und Coach mit großem Erfolg Mitarbeiter von Unternehmen auf der Grundlage der in seinem Buch „Die Magie des Erfolges“ beschriebenen, verblüffend einfachen und wirkungsvollen Erfolgsgesetze.

Der Autor arbeitet seit Jahren in enger Kooperation mit Dr. Claus Kriebel, Begründer und Entwickler der Finanzsoftware „Dr. Kriebel's Beratungsrechner". Mehrere tausend begeisterte Nutzer arbeiten mit dem EINSeitenplaner, einem faszinierenden Kompetenztool des Beratungsrechners. Passend zur Klöckner-Methode und zum Finanztaschenrechner BWK Business. Info: www.beratungsrechner.de

Bernd W. Klöckner ist in zweiter Ehe glücklich verheiratet mit Bianca Sommerfeld, lic. Rer. Publ. (FU Berlin), Journalistin. Er ist stolzer wie glücklicher Vater von drei Töchtern und einem Sohn. Mit seiner Familie lebt er in Berlin-Wannsee.

Weitere Informationen erhalten Sie unter www.berndwkloeckner.com

Direkter Kontakt zum Autor: mail@berndwkloeckner.com

Werner Dütting

Werner Dütting ist Diplom-Betriebswirt (FH) und als wissenschaftlicher Mitarbeiter im FAF Verlag tätig. Er ist ausgewiesener Kenner der Finanzprodukte am Markt. Werner ist Autor mehrerer Bücher. Als freier Finanzjournalist publiziert er regelmäßig in Fachzeitschriften und Newslettern. Im Studium arbeitete er nebenberuflich als Finanzdienstleister und kennt daher den Markt. Bei der Entwicklung des Finanztaschenrechners BWK Business® war er für die Bereiche Finanzmathematik und Prüfung zuständig.

Werner, Jahrgang 1982, beschäftigt sich schon seit dem 16. Lebensjahr mit Finanzen und Börse und wendet seither die Kunst der praxisorientierten Finanzmathematik an. Er lebt zurzeit in Shenzhen/China und konnte durch ein Auslandssemester in Schottland auch den britischen Finanzdienstleistungsmarkt kennen lernen.

www.duetting.com
werner@duetting.com

Das Buch entstand unter Mitwirkung von (alphabetische Reihenfolge!) Prof. Heinrich Bockholt, Janusch Fischer, Werner Kerschgens, Werner Sommerfeld. Die genannten Personen haben durch sorgfältige Korrektur und Lektüre wesentlich zum erfolgreichen Abschluss dieses Buches beigetragen. Ebenfalls maßgeblich beteiligt war Stefan Horn, der bei der Erstellung der 400 Seiten entscheidend mitwirkte.